袁隆平

中国神农的世界传奇

YUANLONGPINGZHONGGUOSHENNONGDESHIJIECHUANQI

李洪文◎著

中国财政经济出版社

图书在版编目（CIP）数据

袁隆平：中国神农的世界传奇／李洪文著．—北京：中国财政经济出版社，2014.5

ISBN 978-7-5095-5383-1

Ⅰ．①袁…　Ⅱ．①李…　Ⅲ．①袁隆平—传记　Ⅳ．①K826.3

中国版本图书馆CIP数据核字（2014）第076357号

责任编辑：马　真　　　　文字编辑：闻　天

责任校对：新　言　　　　装帧设计：张子航

中国财政经济出版社 出版

URL：http//www.cfeph.cn

E-mail：cfeph@cfeph.cn

社址：北京市海淀区阜成路甲28号　邮政编码：100142

营销中心电话：010-88190406　北京财经书店电话：010-64033436

河北信德印刷有限公司　各地新华书店经销

710×1000毫米　16开　18.5印张　207千字

2014年7月第1版　2024年1月北京第2次印刷

定价：58.00元

ISBN 978-7-5095-5383-1

（图书出现印装问题，本社负责调换）

本社质量投诉电话：010-88190744

反盗版举报热线：88190492　88190446

前　言

古有后稷教稼穑，今有隆平多产粮，当论稻黍种植苦，百姓饱腹赞稷王！

——作者题记

据《史记·周本纪》记载：“周后稷，名弃。……及为成人，遂好耕农，相地之宜，宜谷者稼穑焉，民皆法则之。帝尧闻之，举弃为农师，天下得其利，有功。”周人以后稷为始祖，以稷为谷神。后稷传说是华夏农业生产的始祖，后被尊为“稷神”。而被全世界誉为“杂交水稻之父”的袁隆平，无疑就是当代中国的“稷神”。

20 世纪 70 年代，袁隆平的杂交水稻研制成功，在华夏大地广泛种植后，1976 ~ 1999 年，我国累计推广种植杂交水稻 35 亿亩，增产稻谷 3500 亿公斤，相当于解决了 3500 万人口的吃饭问题。中国创造了以占世界7%的耕地养活世界上22%的人口的奇迹，而这很大部分的贡献来自杂交水稻。近年来，超级水稻在我国累计推广4.14亿亩，每年增产的稻谷可以多养活7000万人口，袁隆平功不可没。

我国有60%的人吃大米，可见水稻在我国粮食生产中占有举足轻重的地位。20世纪80年代以来，由于我国工业发展和城市建设的不断扩大，致使我国的耕地面积以每年几百万、甚至上千万亩的速度急剧减少。对此，美国农业和环境问题专家莱斯特·布朗先生在《世界观察》上撰文提出了“谁来养活中国”的诘问。

袁隆平用杂交水稻，铿锵有力地回答了布朗的疑惑：虽然中国的耕地逐年减少，可是中国粮食的总产量，却在逐年增加。21世纪的中国人，完全可以养活自己。杂交水稻已被40多个国家推广种植。全世界一半以上人口以稻米为主食，如果世界上杂交稻面积增加7500万公顷，每公顷按增产2000公斤计算，能多养活四五亿人口。

20世纪80年代初，印度农业部前部长斯瓦米纳森博士庄重地将袁隆平请上国际学术会议的讲坛，他真诚地把袁隆平称为“杂交水稻之父”，并郑重地向各国专家介绍说：“袁先生不仅是中国的骄傲，也是世界的骄傲。他的成就给人类带来了福音。”各国水稻专家纷纷向袁隆平表示祝贺：“中国人了不起”。

1998年，列支敦士登大公汉斯·亚当二世以私人身份，来到中国湖南，并在长沙芙蓉园宾馆见到了袁隆平，他虔诚地告诉袁隆平：自己做梦都想见到他。

湖南省四达资产评估事务所在长沙举行资产评估发布会，他们通过210天、对11万组数据的严格审查论证，评定“袁隆平品牌”的无形资产价值为1008.9亿元人民币。袁隆平身价千亿！

袁隆平获得的成果是有目共睹的，他先后荣获了8项国际粮食大奖。2001年2月19日，在庄严雄伟的北京人民大会堂，袁隆平获得首届国家最高科学技术奖。

点燃了火炬不是为了火炬本身。1987年11月3日，袁隆平荣获联合国科教文组织颁发的1986～1987年度科学奖，奖金1.5万美元。他把这次所得奖金全部捐献出来，成立“袁隆平杂交水稻奖励基金会”，用以奖励为杂交水稻作出贡献的单位和个人。经过20多年的发展，现为湖南省袁隆平农业科技奖励基金会。

1公斤稻米大约四万粒，如果按每5公斤稻米能铺满1平方米的面积计算，杂交水稻推广种植20年，我国已通过杂交水稻增产3500亿公斤，这3500亿公斤稻米可以铺700亿平方米的面积。地球的赤道长度是40700千米，用袁隆平培育增产的杂交水稻，就可以为地球铺一条大约1千米宽的金灿灿的“稻米腰带”——这是一条多么绚丽、多么壮观的腰带！

1995年，袁隆平当选为中国工程院院士。2006年，袁隆平当选为美国科学院外籍院士，成为中国农业科学界首位入选美国科学院的外籍院士。并于2007年正式就任美国科学院院士。

1999年10月，经国际小天体命名委员会批准，中国科学院北京天文台将施密特CCD小行星项目组发现的一颗小行星（8117）命名为“袁隆平星”。2014年初，挪威诺贝尔委员会公布了2014年诺贝尔和平奖候选名单，84岁的世界“杂交水稻之父”袁隆平院士榜上有名……

曾在武汉大学的一场“袁隆平：我的中国梦”的讲座上，袁隆平手拿里着扩音喇叭，站在武汉大学的梅园操场的讲台上，大声地“喊”出了自己的两个“中国梦”：一是希望我们的水稻能长得很高很高，高到我们可以在水稻下乘凉；二是希望我们的杂交水稻能够被种到全世界，这样至少能多养活 5 亿人口……

岳飞曾经说过：以身许国，何事不可为？

目　录

1

颠沛流离，童年躲避战乱的时光

幼是定基，少是勤学。

——（明）洪应明

究竟是怎样的童年，才能成就一个人的辉煌？人性的光辉，能否为时代战乱亮一盏小小的萤火？袁隆平出生在北平，那是一个军阀混战的年代。当北平协和医院的大夫抱起还在襁褓中的小隆平之时，她恐怕无法想象，自己怀里抱着的小男孩，以后会和杂交水稻紧紧地联系在一起。

袁家从北平开始，天津、江西、武汉一路躲避战乱，几乎无处安身。袁家坐船经过三峡的时候，小隆平失足落水，差点被冰冷刺骨的江水吞没；小隆平躲在防空洞中，当他听着外面敌机投掷的炸弹“轰轰”爆炸的巨响，恐怕没人告诉小隆平“天将降大任于斯人也，必先苦其心志，劳其筋骨……”这句话所蕴含的道理。

难道袁隆平以后取得令国人赞叹、令世界鼓掌的巨大成绩，都与他童年所遭受的颠沛流离有关？

这时，我们的耳边响起了高尔基《海燕》里的一句名言：让那暴风雨来得更猛烈一些吧！

满月，天安门下

东单西单鼓楼前，五坛八庙颐和园……正因为北平城物华天宝，富庶繁华，所以民国的时候，这里的战事也特别多，在这里生活的人，会经常受到兵燹战祸的威胁。小隆平刚刚出生，就需要面对硝烟、枪炮和军阀们贪婪的欲望……天降大任于斯人，命运不会和人开任何无聊的玩笑。袁隆平注定要用一颗金色的种子改变这个世界，而这颗种子，是否已握在他的手中？

北平城（北京）建城已有两千多年的历史，最初名字为“蓟”。其地理位置十分重要，它西峙太行，东连山海，南俯中原。沃野千里的北平城，确实是英才辈出之地。

1930年9月7日，北平城正是丹桂飘香、金风送爽的初秋时节。在北平协和医院产房里，传来了一阵婴儿洪亮的啼哭之声，当接生的女大夫告诉产妇华静女士新生儿是个男孩的时候，华静那疲惫的挂满汗珠的脸上，露出了欣慰和满意的笑容。

华静女士并不知道，给小隆平接生的女大夫就是林巧稚。林巧稚一生亲自接生了5万多名婴儿，她是中国现代妇产科学的奠基人之一。

林巧稚给新生儿冲洗后，一名小护士将并不安分的小男孩包在襁褓中，然后给候在产房外面的男人送了过去。这个焦急等待的男人名叫袁兴烈，他在平汉铁路局当秘书。他的妻子就是华静，华静在德安县高等小学当老师。这个新出生的小男孩，就是他们夫妻的第二个孩子。

华静女士躺在担架车上，被两名护士推出了产房，看着丈夫怀里的孩子已经甜甜地睡去，她虚弱的语气带着喜悦："兴烈，给我们的二儿子起个名字吧？"

袁兴烈想了想："他排在袁家'隆'字辈，为纪念出生在北平，就叫他隆平吧！"

隆平这名字，虽然有"家族隆盛，世事昌平"的寓意，可是北平城中真的不太平。小隆平出生半个多月后，即9月18日，张学良通电拥蒋，旋即派东北军12万人入关。当时蒋、冯、阎中原大战正在胶着之时，东北军大兵入关，双方平衡迅即倾斜。21日，东北军占领天津，23日占领北平。

东北军占领北平后，城内物价飞涨，市民的生活秩序更是乱作一团。为了规避兵燹战祸，袁兴烈工作的铁路局早已经放假。直到10月15日，阎锡山、冯玉祥、汪精卫联电张学良，表示战争停止，接受和平解决方案，北平城的秩序这才渐渐恢复。

笼罩在北平城上空的硝烟散尽后，袁兴烈也接到了铁路局复工的消息。他一个月左右的时间没有上班，再加上华静在家坐月子，花销颇大，袁兴烈平日里积攒的大洋，已经快要用光了。

袁兴烈为了庆祝复工，用家里仅有的钱，到刑部胡同的市场买来了一只老母鸡。母鸡被宰杀煺净后，他将鸡肉下锅，亲手熬汤。袁兴烈一边熬汤，一边兴奋地唱起了家乡赣剧《古城会》里的唱段

——张飞用目来观瞧，打量城外这位将英豪……

袁兴烈熬好了香喷喷的鸡汤，端着汤碗给刚刚坐完月子的华静送了过去。华静用汤匙喝完鸡汤，她也被袁兴烈欢天喜地的神情所感染，两个人一商量，决定抱着襁褓里的小隆平，乘兴去一趟天安门。

袁兴烈叫来了一辆人力车，华静怕小隆平被秋天的寒气凉着，出门之前，不仅为他裹了层棉被，还给他戴了一顶老虎帽。

天安门是明清两代北京皇城的正门。红墙飞檐琉璃瓦，气势巍峨，蔚为壮观。其设计者为明代的御用建筑匠师蒯祥。袁家三口人坐着人力车，沿着长安街，一直来到了天安门前，华静发现怀里抱着的小隆平，睁着一双亮晶晶的眼睛，一个劲地盯着天安门在看。

1924 年 11 月 5 日，冯玉祥派兵闯入紫禁城，逼溥仪离开了皇宫，民国时代的天安门，早已经不是清朝皇帝的大门了。

袁兴烈见小隆平专注的神情，一开始还以为儿子是被天安门的高大雄伟所吸引，可是瞧着瞧着，他就发现不对劲儿，小隆平最后竟“哇”地一声哭了起来。

袁兴烈仔细一看天安门的城楼，这才发现那里躺卧着几十个人。这些人有的衣不遮体，有的瘦骨嶙峋，有一个人显然已经身亡，他的脸上落满了苍蝇……

这些人都睁着浑浊的眼睛，盯着长安街上来来往往的行人，那无助的眼神中，有期盼、有无奈，更有一种无言的愤怒和怨怼。

袁兴烈一见小隆平连哭不止，急忙告诉车夫赶快回家。三轮车夫也不知道发生了什么，但他还是急忙调转车把，将小隆平一家人送了回去。小隆平回家后，还是一个劲地连哭带闹，说什么也不肯吃奶睡觉。

华静担心地摸着小隆平的脑门，问：“孩子是不是被吓到了？”

袁兴烈看着儿子的表情，他握着儿子的小手，叹了口气：“世道纷乱，饿殍满城，我只是个手无缚鸡之力的小职员，改变不了什么，将来就看你的了，如果你能让他们填饱肚子，那可就是功德无量的事情了！”

袁兴烈刚刚讲完这些半开玩笑的话，又哭又闹的小隆平一下子安静了下来。华静看着两手握着小拳头的儿子，惊讶地说：“孩子不哭了，这孩子好像能听得懂你说的话？”

“他真的能听懂我的话。”袁兴烈自信地说，“你信吗，咱们的隆平将来一定会有大出息。”

他们作为小隆平的父母，自然希望自己的孩子将来有出息。

华静随后也肯定点了点头。

善念，萤火虫的故事

古有孟母择邻，岳母刺字。父母才是孩子最好的老师。袁父曾经为宋哲元部的大刀队提供了五百把大刀，在当时那个形势不明、侵略者气焰正盛的时代，为军队献出抗战的武器，得需要颇大的勇气。

一个孩子，就像一张白纸，父母往往是在这张白纸上书写第一笔的人。袁家父母究竟赋予了小隆平什么可贵的品行？他们在小隆平的心中，种下了一颗善念的种子。一滴水可以折射一个世界，一点萤火就可以照亮人的一生，而善念必然会长成参天大树……

袁氏祖籍江西省德安县青竹畈。该村位于钟灵毓秀的庐山脚下，盛产迎风斗雪、傲然挺立的翠竹。

袁兴烈自幼便伴随着“咬定青山不放松”的翠竹成长，正是号称“四君子”之一的翠竹，赋予了他正直、执着的坚韧性格。

1931 年“9·18”事变后，日军完全控制了东北。1933 年 2 月，日军开始侵犯热河省（今分属河北、辽宁、内蒙古），该省省主席汤玉麟不战而逃。3 月初，日军已占领热河全境，并直逼长城一线。

何应钦在 1933 年 3 月接替张学良的职务，担任国民政府军事委员会北平分会委员长。他把东北军缩编成四个军，又请南京政府增调一部分西北军赶过来驰援。宋哲元的第 29 军首先接到调令，他们驻防的地方是北平以东，长城喜峰口、罗文峪和马兰峪，他们要在这里抵御日军的进攻。

袁兴烈在平汉铁路局工作，他借助工作的便利，积极为抗日的 29 军调配物资和弹药。当得知 29 军的大刀队缺少大刀后，他积极联系十几家自己熟悉的商户，这些商户的老板听说袁兴烈要筹钱买铁，打制大刀，支援抗日，纷纷慷慨解囊。袁兴烈用这笔钱很快买来了五千斤的好铁，然后找到北平地区最好的锻刀匠人，立炉生火，铁锤挥动，五百把锋利的大刀被打造出来。这些大刀随后被送到了喜峰口抗日的最前线。

一尺三寸婴，十又八载功。当时的小隆平才四岁，他对于家国沦陷、全民抗日这些话题，只停留在半知半解的状态，可是在他的脑海中，却有一个判别是非的标准，那就是父亲反对的就是错的，父亲积极做的就是对的。袁兴烈确实是一个伟大的父亲，他不仅严格要求自己，他还以身作则地成了小隆平的表率，袁父的所作所为，已经在小隆平幼小的心灵中，深深地打上了爱国的烙印……

袁兴烈这天拿着一张《北平日报》，满脸喜色地回到家里。喜峰口一战终于胜利了，报纸上刊登的都是29军大刀队歼敌三千人的好消息。29军大刀队的英雄事迹已经传遍了祖国各地，全国军民的抗日热情空前高涨，这里面就有袁兴烈捐献的五百把大刀的功劳。

为了犒劳袁父，华静当晚特意多做了两道菜，一道是干煸马兰头，一道是红烧草鱼。

小隆平也被父母兴奋的神情感染了，他一边吃鱼夹菜，一边跟着父母，小声地哼唱《大刀向鬼子头上砍去》的歌曲——

大刀向鬼子们的头上砍去，
二十九军的弟兄们，
抗战的一天来到了，
抗战的一天来到了！
前面有东北的义勇军，
后面有全国的老百姓，
咱们二十九军不是孤军！
看准那敌人，
把它消灭！
把它消灭！
冲啊！
大刀向鬼子们的头上砍去！
杀！

这首最著名的抗日歌曲，不管什么时候唱起来，都能令人热血沸腾，浑身上下激荡起挽民族于危难、救家国于水火的壮志豪情。

小隆平听父母谈论着锋利的大刀砍向鬼子脑袋的情节，他的心里，也是充满着莫名的激动和喜悦。他的灵魂深处，也被积极抗日的父母种上了一棵爱国的种子，这棵种子在小隆平的心田中生根发芽，逐渐成长，最后长成了一棵参天大树。这棵大树后来真的成为栋梁之才，成为支撑共和国之基的筋骨框架，成为通向中国梦的一架坚实云梯。

抗日战争爆发后，日军越过长城，开始对北平发起了进攻。为了躲避战火，袁兴烈领着一家人坐车离开了北平，首先来到了天津，接着又离开津门，辗转回到了江西的赣州、德安一带生活。

一家人生活的重担，就落在了袁父一个人的肩膀上。而教育家里几个孩子的责任，就落在了清瘦温娴的华静身上。

> 娉娉袅袅十三馀，豆蔻梢头二月初。
> 春风十里扬州路，卷上珠帘总不如。

读罢杜牧的《七绝》，眼前不时地会浮现出云一样轻、水一样柔的扬州女子。面对战乱、饥饿和困难的威胁，华静这位扬州女子，并没有被眼前暂时的困难吓倒，她心底的那种坚韧不屈、不向困难低头的中国女性共有的伟大品格，却真正地显现了出来。

华静不仅包揽了洗衣做饭的全部家务，而且担当了包括袁隆平在内的四个孩子的启蒙老师。

华静曾经在扬州教会学校读书，她不仅能讲一口娴熟流利的英文，而且通读过尼采的哲学著作。

纵论东西方教育，恐怕洋洋洒洒地要写几万字、几十万字才能说得明白，但简单而言，中国的教育可以概括为“授人以鱼”，而西方的创新教育关键在于“授人以渔”。

但不管用哪种教育方法，都需要由浅入深，因材施教。在德安的时候，华静并没有现成的语文教材，她只能拿一本尼采的哲学巨著——《悲剧的诞生》当小隆平的启蒙教材。高深的尼采哲学，有时候小隆平听不懂，华静就给他讲故事，让他明白道理。

母亲的教育对袁隆平的成长有着深远的影响。袁隆平在领着助手研制杂交稻的时候，经常有一句挂在嘴边上的话——失败了不气馁，找到原因从头再来就是了。这里面充满了尼采哲学辩证思想的光辉。

小隆平住在德安一带的时候，每逢夏日夜晚，母亲就领着他们兄弟在庭院中乘凉。小隆平喜欢一边唱着“小小萤火虫，飞到西，飞到东，这边亮，那边亮，好像许多小灯笼……”一边捕捉萤火虫，把一只只尾巴上闪光的萤火虫放在火柴盒里，这一个个火柴盒，在孩子们的眼里，就是神仙手中闪闪发光的魔法盒。

华静看着玩得不亦乐乎的小隆平，就给他们讲了一个关于萤火虫的故事。

五代时期，年轻的赵匡胤闯祸离京，半路救下少女京娘，他不远千里护送京娘安全回家。可是不久，京娘不幸死于战乱，后来赵匡胤领兵出征，不慎在夜战中迷失了道路，正在他着急的时候，忽见树丛林草之上，一只萤火虫在他面前徘徊飞舞……这只萤火虫，就是京娘的魂魄所化，赵匡胤在萤火虫的指引下，最后脱险离开了树林……

对于这样有情有义的萤火虫，小隆平自然不忍伤害，他本想将火柴盒中的萤火虫放飞，可是打开火柴盒一看，却发现装在里面的萤火虫，已经奄奄一息了。

小隆平找到华静，不解地问："妈妈，萤火虫怎么不能飞了？"

华静将萤火虫放在了桌子上，说："这只萤火虫已经快被饿死了！"

袁隆平从院内的花草上接来露水，滴到了萤火虫的身上，他又从饭碗中找来煮熟的米粒，放到了萤火虫的口边，可是萤火虫根本不能进食，最后还是死去了。

袁父为了家庭，吃苦耐劳，不惜起早贪晚地工作，在那个战争年代，不管物资多么匮乏，物价涨到了多么惊人的程度，落实到袁家的饭碗里，小隆平都没有挨过饿。可是这只被他当成玩物的萤火虫因饥饿而死去的事实，终于让他知道了，人类历史上最大的敌人，那就是——饥饿。

袁隆平心中充满了悲伤，他将那只可怜的萤火虫的尸体，装在火柴盒里，然后埋到了院子里的花草之中。

"夕殿萤飞思悄然，孤灯挑尽未成眠。"在白居易的《长恨歌》中，萤火虫是一种思绪；"于今腐草无萤火，终古垂杨有暮鸦。"在李商隐的《隋宫》中，萤火虫又变成了一种讽刺。可是在小隆平的心中，他无意杀死萤火虫的悲痛，又变成了一种"大庇天下寒士俱欢颜"的理想。虽然这颗理想的种子，刚刚在小隆平的心中萌芽，但谁又会想到，几十年后，他真的做到了！

袁隆平以后真的再也没有去抓萤火虫。

流离，生活中的桃花源

汉口是一个富商聚财的宝地，神农洞下的果蔬林，更是蕴满了美好和安宁。而湖南的桃园镇就是陶渊明在《桃花源记》中所描述的“仙境”，最适合避世隐居的地方。

小隆平在桃园镇可以泅水摸鱼、挖笋、读书，天真快乐的童年，在这里得到了最佳的释放，可是面对敌机投下的炸弹，他们一家，只得又踏上了逃难的征程。一滴水，怎么知道江河的流向？一粒沙，怎么感知大地的温度？战乱逃亡，莫非是唯一的选择，我们是否有明天？

1936 年秋天，袁隆平一家迁居湖北汉口。汉口古称江夏。在此做生意的大部分是本省的商人，外来客商中，要算陕西人最多，而汉水的发源地又正好在陕西，因此，陕西的商人来江夏是再方便不过了。当时在他们中间流传这样一首歌谣：要做生意你莫愁，拿好本钱备小舟，顺着汉水往下走，生意兴隆算汉口。

从那时候起，陕西人就开始把江夏叫汉口。他们说：汉口、汉口，就是汉水的出口。汉口位于汉水、长江交汇之处，登高远望，商贾云集，帆樯满江，汉口在古代就有九省通衢之称，水上交通极为方便。此地便被誉为“楚中第一繁盛处”，清朝末年，更是有“东方芝加哥”之名并驰名于海内外。

袁隆平一家迁居到汉口不久，袁母领着小隆平弟兄几人，来到距汉口不远的襄樊烈山东麓的“神农洞”游览。

根据《湖北通志》记载：神农氏起烈山。神农氏用木制作耒、耜，教民农业生产，给人治病，跋山涉水，不辞辛苦，遍尝百药。此“山高一里，下有一穴”，即其诞生所在。昔日穴口上建有神农庙，内塑其像，常年祀之。

神龙洞前，香火鼎盛，寺内僧人，击钟敲磬，吟诵经文。前往这里祭拜的善男信女，络绎不绝，他们在神农的塑像前，虔诚叩拜，顶礼焚香。小隆平低声问：“他们这是在干什么？”

华静说：“神农和后稷一样，他们教会了人们种植庄稼，所以受人们爱戴……”

小隆平不解地问：“难道向他们叩拜，就能不饿肚子吗？”

善男信女们向神农叩拜，是否能祈求来风调雨顺，五谷丰登，这个还真的不好说，华静想了想：“还是拜吧，祭拜完也许你一辈子，都不会被饥荒困扰了！”

华静领着孩子们在神农像前三鞠躬，然后离开了神农洞，他们一行人来到了山下一片郁郁葱葱的果园中。

山下的果园中，苹果树上结满红彤彤的苹果，葡萄架上挂着一串串翡翠般的葡萄。在桃林和葡萄架的空隙间，还夹植着各种蔬菜：紫色的茄子、青色的苦瓜、红色的辣椒……赤橙黄绿青蓝紫，七个色彩在这里，汇聚成一幅秋天的画卷；酸甜苦辣，在这里凝结成一曲生活的乐章。

小隆平走进了果园菜畦，他呼吸着果香菜鲜的空气，强烈地感觉到了一种沉甸甸的充实，这是一种生命的充实，这是一种精神的满足。美丽的田园，让小隆平有一种流连忘返的感觉，他忽然就有了一种奇妙幻想：如果自己是一株青菜，是一棵果树，那么他头顶就会有日月星辰的照耀，每天可以尽情享受云雾雨露的滋润，他身体的血管中，流淌的都是甘甜的果液、清凉的菜汁，那该是一件多么美妙的事情。

华静眼看着时间不早，便拉着小隆平离开了这里。小隆平一路上，还恋恋不舍地一个劲儿回头，直到果园的绿树再也看不到了，他这才说："我想明白了，拜神解决不了饿肚子，想要吃得饱，一是要靠土地，二是要靠自己一双勤劳的手！"

华静也没有想到小小的袁隆平，竟能讲出这样一番大人的话来，虽然她知道，光靠一个人，一双手，不足以改变什么，但她当时大概没有想到，她领着小隆平真实地感受了一下果园后，这对袁隆平以后选择自己学习和研究的方向，将会起到多么巨大的作用。

1937 年 7 月，卢沟桥事变爆发。不久之后，华北沦陷在日军的铁蹄之下。随着武汉会战即将紧锣密鼓地展开，袁兴烈不甘心作亡国奴，他又领着一家人从汉口动身，乘坐一只小木船，由水路逃往湖南。

小隆平一家人，经过半个多月的奔波，终于来到了湖南省风景如画的桃园镇。

> 结庐在人境，而无车马喧。
> 问君何能尔？心远地自偏。
> 采菊东篱下，悠然见南山。
> 山气日夕佳，飞鸟相与还。
> 此中有真意，欲辨已忘言

这首诗是东晋诗人陶渊明所作，桃园镇相传就是"不为五斗米折腰"的陶公写下的《桃花源记》的所在地。

桃园镇是一个只有几百户人家的小镇，镇里民风淳朴，屋舍俨然，镇边有一座清澈的桃花潭，潭边桃花遍布，树下芳草鲜美，每有风过，便花香四溢，落英缤纷。镇外土地平旷，良田中种植着桑竹。阡陌交通，鸡犬相闻。这里确实是一方避世隐居、躲避战祸的绝佳之地。

袁父在镇边租下了三间干净的民房。民房前面，有一道逶迤的竹篱笆，篱笆合围成了一个小院。小院中有菜畦和土地，可以植花种菜，栽豆莳瓜。院外的竹林中，有青笋香菌，摘下来，只稍作清洗，便可以炒出清香的菜肴。

“万爱千恩百苦，疼我孰知父母。”袁兴烈为养家，他在距离桃园镇不远的县城，找了份能供家里糊口的工作，这时的小隆平，也到了读书的年龄，他就被华静送到镇子里的弘毅小学去借读。读书之余，小隆平竟对音乐产生了浓厚的兴趣，他在桃园竹林里，自己截下一段翠竹，接着在青青的竹节上，还像模像样地钻开了7个音孔。

无师自通的小隆平坐在桃花潭边，快乐地吹奏竹笛，那淅淅沥沥的笛声，吸引来了飞鸟和游鱼，他那些小伙伴们也都成了他忠实的拥趸。这些小伙伴们不会想到，为他们吹奏笛子曲的这个童年伙伴，几十年后，用他的这一双手，竟为世人演奏出了一曲更为雄浑的“粮食”交响曲。

这首“粮食”交响曲，不仅慷慨激昂，而且充满了真挚的感情。这首“粮食”交响曲，飞到了富士山，飞过了太平洋，在地球的每一片不同颜色的土地上，铿锵地鸣响，奏出了21世纪不再饥饿的乐章。

袁隆平吹够了竹笛，就和小伙伴们放下书包，然后飞跑到竹林里去挖鲜笋。

美食家李渔在其得意之作《闲情偶寄》“饮馔部”中写到“笋为蔬食中第一品也，肥羊嫩豕，何足比肩”，二十四孝中孟宗哭竹生笋救母的故事，在老百姓中更是广为流传，可见国人对嫩笋的偏爱。

“扬州鲜笋趁鲥鱼，烂煮春风三月初。”桃园镇人没有吃鲥鱼的口福，但造物主的安排，却让这里的人有吃青笋的得天独厚的条件。青笋根据收获的季节不同，又可分为春笋、夏笋和笋鞭。其中最好吃的就是鲜、嫩、爽、翠的春笋。

会吃笋者，还有“臼笋”一说，即将出土的嫩笋上扣一石臼，等过一段时间再采收，臼下笋因不见光，所以优于一般笋，笋质更为脆嫩鲜美。桃园镇的人吃笋也有诀窍，他们找来敞口的瓦坛子，然后将坛子倒扣在青笋刚刚露出的笋尖上，青笋掘土长出，因为有坛子的限制，故而会在坛子中长成一个“笋疙瘩”，吃的时候，切断笋根、敲碎坛子，里面的坛笋，比之“臼笋”还要强上几分。

小隆平学会了坛笋的制作方法后，便从家里找来坛子，然后在竹林中扣了几个坛笋。清油烧笋，味道清香，要是再放上桃花潭中的鲫鱼，那味道简直就是绝美了。

桃花潭水，清澈见底，小隆平和小伙伴们，为了捕到美味的鲫鱼，他们手端用细竹篾编制的捕鱼工具，投身入水，下潭捞鱼。小隆平一开始的时候还不会游泳，可是下过几次水后，什么潜泳、仰泳、自由式便被他一一掌握了。可是小隆平的这些小伙伴中，有一个名叫小侉子的男孩，他生来瘦弱，下不了桃花潭，一下水就沉底，因此小伙伴都管他叫“旱鸭子”。

小侉子这天下学，直奔竹林中，采来了四五根青笋，他回家途中，正好路过桃花潭，小隆平和小伙伴们正在潭水中捞鱼。小隆平一个猛子扎到水潭中，立刻变成了一个小“浪里白条”，只见他手里端着捕鱼的竹篾，泥鳅似的在水中游来游去，不大一会儿，便捉到了十几条手指长的鲫鱼。

小隆平上岸穿衣，他找来草绳，将活蹦乱跳的鲫鱼穿起来，正要转身回家。小侉子上前一步说：“袁隆平，你敢和我赌纸牌吗？三局两胜，你要是输了，你手里的鲫鱼归我，我要是输了，筐里的青笋就是你的……”

桃园镇的孩子们当中，流行一种纸牌游戏，纸牌的画面上有鸡，有虫，有老鹰，还有木棒。如果是两个人玩，游戏的规则是：每人先抓五张牌，抓完牌后，两个人同时出牌，牌面大小，用的是生克的原理，木棒打老鹰，老鹰吃鸡，鸡啄虫，虫反过来可以蛀坏木棒。

小侉子运气实在不佳，三轮纸牌玩过后，他筐里的青笋，全都输给了小隆平。小侉子眼巴巴地看着小隆平提笋拎鱼回家，他心中着急，“哇”地一声，哭了起来。

小侉子的父亲逃难来到桃园镇后，因为身体不好，一下子病倒了。小侉子本想从小隆平手中赢来鲫鱼，回家让母亲做一碗鲫鱼炖笋，给父亲补补身子。现在别说鲫鱼，青笋都被输掉了，小侉子回到家里，不用想，一定得挨母亲几笤帚疙瘩。

小侉子低着脑袋，踌躇了很久，这才回了家。可是令他意想不到的是华静领着小隆平正站在自己家的院子里，给他们还笋送鱼来了。

小隆平当时拎着竹笋和鲜鱼回到家里，华静看着儿子手里的

“战利品”，她问明了原因，说：“隆平，你这么做是不对的，让我给你讲一个故事吧！”

华静讲的是一个关于狐狸的故事——一天，有只胖胖的狐狸正在觅食，听见一群雏鸡在墙内欢叫着，狐狸馋涎欲滴。它四处寻找，终于在墙下发现了一个小洞。为了钻过墙洞吃鸡，狐狸宁可绝食5天。饿瘦了身体后，它终于穿过了那个小墙洞。

狐狸贪婪地吃光了小院的雏鸡。这时，它发现自己吃得浑圆的身体无法再钻出小洞了。狐狸无奈，它又绝食5天，再次饿瘦了身躯。结果狐狸钻过墙洞，回到院外，瘦弱的狐狸因为跑不快，最后被等在外面觅食的野狼吃掉了……

华静给小隆平讲这个故事，就是要告诉儿子，小伙伴之间，应该互相帮助，贪婪不仅伤害友情，更可毁掉人的一生。

聪明的小隆平说：“妈妈，我知道该怎么做了，我要将鲫鱼和青笋，给小侉子家送过去……”

西谚曰：“播种一个行动，你会收获一个习惯；播种一个习惯，你会收获一个个性；播种一个个性，你会收获一个命运。”袁隆平以后再去桃花潭抓鱼，他都会预留一份，然后将这份鲫鱼给小侉子家送过去。而小侉子从山上采回青笋，也会分给小隆平。纯洁的友谊，让小隆平知道了互助的重要。

俗话说，一道篱笆三个桩，一个好汉三个帮。一个人再厉害，成就也不会大，想要取得成功，一定要大家一起努力。

小侉子父亲的身体，在鲫鱼汤的滋补下，很快就好起来了，小隆平和小侉子也成为了最好的朋友。

华静当年曾在一篇日记中这样写道：兽观其蹄爪，人看其幼小。隆平自幼聪明伶俐，心地善良，而且勤学好问，他日所至未可量也。

清苦但却快乐的田园生活，让小隆平暂时从战乱和逃难中解脱了出来。在桃园镇，小隆平好玩的天性，得到了很好的释放，可是隐居农村的生活，也很快走到了终点。

小隆平这天背着书包去上学，可是刚走出家门不远，就听头顶上传来一阵飞机的轰鸣声。小隆平跟随父母，一路从北平逃难到了桃园镇，半路曾经多次遭遇过日军飞机轰炸的经验使他断定那是一架日军飞机，他抬头一看，果然，天空中飞的是日军的战斗机。

小隆平领着小伙伴“嗖嗖嗖”几声钻进桃花林，躲进草丛之中。小隆平透过头顶的桃树叶，可以清楚地看到乌鸦般的日军战斗机在天空掠过，这些可恶的飞机来到桃园镇上空时，先是一个恶魔般的俯冲，接着投下了一枚枚重磅的航空炸弹，炸弹在镇中爆炸，木片瓦砾像冰雹一样乱飞，烟雾翻滚着冲天而起。宁静祥和的“世外桃源”在转眼间就变成了“人间的地狱”。

日军战斗机投完炸弹飞走后，小隆平背起书包，顶着飘散的浓烟，急忙向家里跑去，他的家虽然没有被日军的炸弹波及，可是身怀有孕的华静，却在巨大的爆炸声中早产了——小隆平的五弟“五毛”早早地来到了人间。

桃园镇被日军的飞机轰炸后，损失惨重，伤亡百人。袁兴烈发现被称为“世外桃源”的风水宝地也不能使一家得到庇护，就在“五毛”满月后，他毅然作出了直奔重庆的决定。

重庆是国民政府的陪都，那里总能找到一条属于袁家的活路吧？

歌声，重庆的生活

小隆平如果不是落江，他游泳的本领恐怕也不会太高强。只有见过了大江大河的风浪，才可以到人生的海洋中去奋勇搏击。陪都重庆在敌机的轰炸中不停地呻吟，小隆平读书的时光，经常会和防空洞联系在一起。

小隆平唱着抗战歌曲，一点点地长大，他喜欢嘉陵江，喜欢畅游江水的感觉。少年强则中国强，不管将来做什么工作，都要有个好身体，也许小隆平当时就有这样的想法——强身才能报国！

“自三峡七百里中，两岸连山，略无阙处；重岩叠嶂，隐天蔽日，至于夏水襄陵，沿溯阻绝。或王命急宣，有时朝发白帝，暮到江陵，其间千二百里，虽乘奔御风，不以疾也。”——这是郦道元在《水经注》中，描写三峡的文字。

长江之险，险在三峡，国民政府撤离南京，将陪都设在重庆，也正是看中了这一点。事实证明，三峡的险恶地形，确实可以阻止日军继续西进。

民国的时候，长江上多是摇橹划桨、悬帆趁风的木船。乘坐木船，顺水行舟，一日千里，快速迅捷，可是一旦逆水，那就只有借助纤夫之力了。

1939 年春，天气乍暖还寒，浑浊的江水中垃圾漂浮，四角尖利的暗礁，不时也会出现。袁隆平一家人，从桃园镇起身，先是坐车步行来到江边的码头，接着上了载人运货的木船，直奔陪都重庆而去。

世间三大苦——撑船，打铁，卖豆腐。可是这三样苦活计加在一起，也没有纤夫苦。袁隆平一家人乘坐的木船，一开始的时候还能在江水中借助橹桨的力量前行，可是船进三峡的水道后，因为江面变窄，水流湍急，橹桨的力量已经被江水抵消，想要前进，除了借助纤夫的力量，别无他法。

嘿哟，嘿嘿哟，嘿嘿哟，不放松！

嘿哟，嘿嘿哟，嘿嘿哟，拉呀拉！

嘿哟，嘿嘿哟，嘿嘿哟，使劲拉！

小隆平站在江风料峭的船头，他看着肩膀上挂着纤绳，在江岸石块、砂砾中拉纤的纤夫，心里有一种说不出的酸楚。虽然他当时还是个懵懂的少年，但在他的心里，却也忍不住一个劲儿地追问——他们为什么生活得这样辛苦？

木船之上，除了袁隆平的一家人之外，还有十多名逃难的灾民。时局的动荡，悲惨的气氛，压抑得大家谁也不肯多说一句话。小隆平虽然想向父母问一下心底的疑问，可是面对如此压抑的气氛，他最终也未能开得了口。

十几个纤夫中，有一个衣不蔽体的老者，他虽然步履蹒跚，可是拉纤的时候，身体如弓，始终也没放松过肩膀上的纤绳。他的肩膀已经被纤绳勒得血肉模糊了。

袁母看着不忍，她取出了一件穿过的棉衣，一针一线，将这件棉衣改成了一个软软的纤套。

中午的时候，纤夫将木船拉到岸边，他们将肩膀上紧绷的绳索，绑到了岸边的石头上。纤夫们一边吃着黑乎乎的烙饼，一边让自己缓上一口气。

袁父也早已注意到了这个老纤夫，他看着老纤夫只吃了半块烙饼，将剩下的半块烙饼用油纸包好又放到了怀里，便问道：“您这么大年纪，也不适合当纤夫呀？”

那个老纤夫长叹了一口气：“我儿子和儿媳都被日本人的飞机炸死了，剩下三个孩子，他们要吃饭呀！”

又是一个吃饭的问题。人类要想生存下去，必须要解决吃饭的问题。人是铁，饭是钢。人要不吃饭，别说当英雄，狗熊恐怕都当不了。

袁母将那个软软的纤套做好，交到老纤夫的手中，老纤夫浑浊的双眼中，留下了感激的泪水。

下午的时候，小隆平站在船头，正思考着心底的问题，此时，坐在船舱中的四毛因为心里憋闷出来透气，看到二哥隆平站在船头发呆，便叫了小隆平几声。可是小隆平因为想心事的缘故，他根本就没有听到弟弟的说话声。

四毛上前推了发呆的哥哥一把，被这突来的一推，小隆平在摇晃的船头立身不稳，“扑通”一声，竟掉进了冰冷的江水中。

不仅小四毛吓呆了，小隆平的父母也被惊住了，长江三峡，水流湍急，现在是初春，冰冷的江水中，还夹着如刀锋一样尖利的礁石，小隆平是在平静的桃花潭练就的水性，他失足跌落长江，一定是凶多吉少。

袁父袁母大声呼救的时候，那个老纤夫脱下衣服，一个猛子扎进了江水，将在长江水中浮沉的小隆平安全地救了上来。

刚被救起的小隆平嘴唇青紫，看着被吓得直哭的弟弟四毛，小隆平还不忘记安慰弟弟，他同时也下了个决心：一定要好好学习游泳，而且要在大江大河里学，等将来长大了，也要像老纤夫一样，不惧危险，下水救人……

小隆平一家人，也不知道在长江的木船上颠簸了多少个日日夜夜，他们最后终于来到了山城重庆。

万家灯火气如虹，水势西回复折东。
重镇天开巴子国，大城山压禹王宫。
楼台市气笙歌外，朝暮江声鼓角中。
自古全川财富地，津亭红烛醉春风。

这是大清光绪年间名士赵熙描写重庆城的一首诗。重庆位于中国西南部，其北部、东部及南部分别有大巴山、巫山、武陵山、大娄山环绕。地貌以丘陵、山地为主，坡地面积较大，有“山城”之称。

这座长江、嘉陵江两江环抱的山城，便是抗日战争期间的大后方——重庆。重庆这个城市依山而建，与水有缘，浩浩荡荡的长江在这里与嘉陵江汇合，使得重庆平添了许多水的灵气。

尽管抗日战争的烽火四处蔓延，但陪都重庆依然商贾云集，全国各地的许多商铺、大学校园都搬到了这座城市，此时重庆还是相当的繁荣。

袁隆平一家在重庆的嘉陵江边住下后，袁兴烈因为积极抗日，受到国民党将领孙仲连的赏识，被委任为国民党第二集团军驻渝办事处的上校秘书。

随着父亲的升迁，小隆平的家也搬到了嘉陵江的南岸，当时的门牌是——周家湾狮子口龙门浩街27号。

小隆平除了上学之外，他每天的第一件事，便是为母亲去老虎茶灶花2分钱买一壶开水，他可以趁打开水的机会，守在茶馆门口，听一小段没头没尾的评书，岳飞大破金兀术、杨家将满门忠烈的故事，也就深深地印进了他的脑海。

当时侵华日军为了扑灭中国人抗日的火焰，经常派飞机对山城重庆进行轰炸。玩，是孩子们的天性，低矮憋闷的防空洞自然挡不住小隆平，他趁着全校师生都躲在防空洞中的时候，偷偷地从防空洞中溜出来，然后自己跳进嘉陵江中去练游泳。

这天傍晚，别的同学已放学回家，可是小隆平和弟弟小隆德却没有回家，袁兴烈担心两个儿子的安全，他站在窗边一个劲儿地远眺，他竟发现不远处的嘉陵江中，有两个小孩的身影，正在一前一后地游泳。

袁兴烈取出军用望远镜一看，原来正是小隆平领着兄弟隆德在汹涌的江中戏水。袁父急忙提着拐棍出来，快步跑到江边，经过呼叫，小隆平兄弟二人这才浑身湿漉漉地从江水中上岸。

袁兴烈责问小隆平："你自己水性好，下江偶尔一游倒也罢了，怎么还带着弟弟隆德一起游?"

袁隆平天真地说："隆德水性不好，更需要学习锻炼嘛!"

袁兴烈生气了："出了危险怎么办?"

小隆平一拍胸脯说："请老爸放心，有我'浪里白条'在此，确保隆德平安。"

爱子之情，人皆有之，袁兴烈最后还是将小隆平兄弟二人揪了回去，给了他们一顿暴打。

据不完全统计，自 1939 年至 1941 年的 3 年间，作为国民政府陪都的重庆市，遭受了近万次空袭，处处房倒屋塌，硝烟弥漫，失去亲人的哭喊声，充耳可闻。

烟尘那炮火飞，战争呀迫燃眉，
全中国人民，死亡流离无处归。
大中华民族，誓死抗日不降贼，
为我民族生存，千辛万苦死不回。

面对敌机的轰炸，重庆的街头巷尾，都响着学生们的抗日歌声，听到这样慷慨激昂的歌曲，怎不令人心潮澎湃？浑身上下怎不涌起武装起来，到战场上杀敌的豪情？

同学们，大家起来，
担负起天下的兴亡！
听吧，满耳是大众的嗟伤！
看吧，一年年国土的沦丧！
我们是要选择“战”还是“降”？
我们要做主人去拼死在疆场，
我们不愿做奴隶而青云直上！
我们今天是桃李芬芳，
明天是社会的栋梁；
我们今天是弦歌在一堂，
明天要掀起民族自救的巨浪！
巨浪，巨浪，不断地增涨！
同学们！同学们！
快拿出力量！

小隆平当年唱得最多的就是这首歌，直到今天，这首抗日的歌曲仍然在传唱。小隆平以幼小的年纪，过早地开始面对多灾多难、饱受欺凌的祖国，这让他小小年纪就知道了“天下兴亡，匹夫有责”的含义。

虎豹之驹未成文，而有食牛之气；鸿鹄之鷇羽翼未全，而有四海之心。小隆平正是在遭受敌机的轰炸，家国面临着覆灭的危险环境中，一点点地读懂了岳飞和杨家将。小隆平暗暗立志，等自己长大，一定要为自己深爱的祖国做事，一定要为受苦受难的人民贡献出自己的一份力量。

小隆平就这样一天天地长大了……

2

求学上进，奋发努力的青年

形成天才的决定因素应该是勤奋。

——郭沫若

海绵是幸福的，因为它可以吸收比自身重几倍的水分。然而，袁隆平的求学之路，却充满了不确定的因素。从汉口扶轮小学，到龙门浩小学，从博学中学，再到相辉学院。袁隆平一路走来，留下的都是坚实、硬朗的脚印。

锥处囊中，其末立见。袁隆平的游泳水平，终于一鸣惊人，可是重庆美食的诱惑，却让他和国家游泳队的门槛，只差了一步之遥。当他报考飞行员，准备借助银鹰的羽翼翱翔长空的时候，终因战争形势的缓和，而又一次面临夭折。

孟德尔的理论在当时是“离经叛道”的。袁隆平坚信孟氏的遗传学，这就相当于宣布自己是一个“另类”。虽然他培育的红薯出了一些“成果”，但他突然发觉自己的研究竟误入了歧途……

中国缺游泳队员，缺飞行员吗？真的不缺。国内缺红薯、马铃薯的育种专家吗？答曰：红薯和马铃薯不是主粮，研究那两样东西，根本改变不了什么。中国缺的是能改变水稻低产的科学家，命运既然让袁隆平选择了农学，那么他就只能一路走下去，走出一条金光璀璨的中国“稻”路。

艰难，一路危险的求学

如果你是一个老师，你遇到一个在课堂上经常发问的少年，你会怎么回答？你会不会厌烦，继而敷衍、责难？

袁隆平在课堂上，究竟问老师一道什么问题，而老师敷衍的态度，令他从此对数学失去了兴趣呢？面对爱因斯坦最著名的 $E = mc^2$ 公式，袁隆平也是无法领会其中的奥秘。袁隆平一辈子的兴趣就是农学，让我们看看兴趣这个最好的老师，是怎么样引领袁隆平走上了杂交水稻的研究之路的！

“孩子的智商如同一座宝库，唯有品德和情操，才是打开这座宝库的钥匙。”这是小隆平的启蒙老师——他母亲华静女士常挂在嘴边的一句话。

华静辞去教师工作后，她将所有的心思都放在了包括小隆平在内的五个孩子的身上。华静不仅教会了小隆平关于尼采的“行动哲学”，她还教会了小隆平一口流利的英语，这对袁隆平以后在杂交水稻育种工作中直接查阅外文资料、迅速掌握国外最新的科研方向，起到了很大的作用。

“不要再把头埋进天堂这类东西的沙滩里，而要使头自由，使这颗尘世头颅为尘世创造意义！”

“想在善和恶中做造物主的人，必须首先是个破坏者，并砸烂一切价值。也就是说，最大的恶属于最高的善。不过，后者是创造性的善。”

袁隆平在这些闪烁着智慧光芒的尼采的名言中，汲取了很多营养。在以后的学习和工作中，他又悄悄地将这位先哲的名言，转换成自己“人生马达”的油料。

袁隆平在杂交水稻的科研项目中善于抛弃旧思维，打碎某些权威画出的“条条框框”，使中国杂交水稻研究始终领跑世界。可是，不管他取得了多么大的成绩，袁隆平始终都保持着谦虚谨慎的态度。

有一次接受中央电视台王志的采访，袁隆平曾经说过这样一段话：要威风做什么，我不要威风，威风有什么意思，还是谦虚一点好，人家还会尊重你，你一威风了，人家就会说这个家伙有点名气就翘尾巴，反而人家会鄙视你的。

袁隆平的这些话，是对尼采的名言的很好的继承和阐发。可见华静女士的启蒙，对袁隆平的一生，起了多么大的潜移默化的作用。

1936年，袁家移居汉口，当年8月，袁隆平进入汉口扶轮小学读书，成为一名“背着书包上学堂”的小学生。

扶轮小学是一所民国时期照顾铁路员工子弟就学的学校，这类学校一般都设在铁路沿线，既可以让铁路员工的子女就近上学，又能培养铁路的后备人才，实乃中国铁路教育的一大特色和创举。

"扶轮"一词来源于成语"灵辄扶轮"，灵辄为人名。据史书《左传》载：晋大夫赵宣子对灵辄有一饭之恩，故在晋灵公企图谋杀宣子之时，灵辄扶车以臂承，最后帮助宣子逃离虎口。扶车以臂承即"扶轮"，含有"扶持、辅佐、施恩和报效"等寓意。"扶轮"这个简单的词语里面，不仅有帮助别人成就伟大功业的寓意，而且包含着一段关于知恩图报的高尚情操。

可惜小隆平在那里只匆匆地学习了两年便离开了汉口，接着辗转进入了湖南的弘毅小学。弘毅小学距离"武陵人隐居"的桃花源非常近。读书之余，袁隆平下潭摸鱼，到竹林采笋；渴了有桃花潭清冽的水解渴，饿了有香甜的野果可以果腹，那里确实是人间的天堂。可是小隆平求学的愿望，还是被日军飞机投下的炸弹给炸得烟消云散了。

最后，小隆平随着一家人来到了重庆，在嘉陵江畔的龙门浩小学就读。袁家当年家住龙门浩街27号，距离学校并不远。每天清晨，小隆平牵着弟弟隆德的手，沿着龙门浩街干净的青石板，穿过晨雾，向学校走去。当年曲折的石板路两旁，大多是灰黑色调的二层居民小楼，显得安静宁谧——可是这油画中的一切，却在日军飞机的狂轰滥炸下，变成了一片片的残垣断壁。

为了应对轰炸，龙门浩小学的老师们在学校后边挖出了一座防空洞。每当敌机轰炸时，老师和学生们都会躲到里面，在日军频繁轰炸的日子里，老师就领着学生们早早来到郊区，然后找一个长满树丛和蒿草的深沟，借着深沟的掩护，小隆平手捧书本和同学们一起，在里面按时上课。

昨日兮昨日，昨日何其少！

昨日过去了，今日徒烦恼。

世人但知悔昨日，不觉今日又过了。

水去日日流，花落日日少，

成事立业在今日，莫待明朝悔今朝。

这就是小隆平当年唱的一首《劝学歌》。天空中虽然有敌人的飞机在飞，可是那邪恶的炸弹，仍然阻挡不住同学们求知的欲望，同学们坚信，虽然长城可以被炸塌，但会有更多的仁人志士，用他们的知识和热血铸就新的长城。

如果侵略者看到小隆平和同学们在“深沟小学”学习的场面，一定会瑟瑟发抖，敌人纵使船坚炮利，但也无法摧毁我们中华儿女的坚强意志。希望已经在这里生根发芽，相信用不了多长时间，便会结出丰硕的果实。

虽然也免不了儿时的贪玩习惯，但袁隆平凭着自己的智慧，经常能保持班上 4 至 6 名的好成绩。

1941 年 12 月 8 日凌晨，日军偷袭珍珠港，太平洋战争爆发，随着美军参战，日本已无暇东顾。敌机在陪都重庆的上空消失了，山城也恢复了昔日的平静。

1942 年 7 月，刚满 12 岁的小隆平从龙门浩小学毕业。随后考入了重庆复兴初级中学。

饱受战乱之苦的同学们分外珍惜这难得的校园生活。小隆平手里捧着散发着淡淡墨香的书本，脸上终于露出了笑容，能在鸟语花香的校园中学习，这是一件多么幸福的事情。

小学要学的是数学，中学要学的是代数。面对这个新学科，袁隆平满脑子都是好奇。上第一堂代数课时，老师在黑板上写下了几个代数公式。

袁隆平好奇地举手："老师，两个负数相乘，为什么会得正数？"

老师听完袁隆平的问题，不由得愣住了，想要弄清楚这个问题，必须要用高等数学，进行复杂的运算推理，其过程不是一个普通中学生能弄懂的。

老师想了想说："袁同学，你刚刚涉猎代数，只要记牢负负相乘得正的公式，并按规则运算就可以了。"

袁隆平提出的问题，得不到解决，疑问郁结在他心头，令他万分地难受。

还有一次，代数老师给同学们上课，面对黑板上的 $E = mc^2$ 公式，袁隆平问道："老师，为什么物质的能量和光速的平方成正比？"

这个问题更是难以解释，为了解答这个难题，著名的科学家爱因斯坦用了 10 年的时间。老师自然没有回答袁隆平的提问，袁隆平从此对数学就失去了兴趣。他高中毕业时，其他各门功课全优，只有数学成绩一般。

学农，成为相辉学院的学生

高考是一件让人费心的事情，而填报高考志愿，更让人头痛。袁隆平如果按照家长的意思，应该去报考中山大学，然后子承父业，在社会上混个一官半职，继而光宗耀祖，荣耀门庭。

袁隆平究竟要报什么学科，这个学科是否就有光明前途？这个学科真的值得让袁隆平付出一辈子的努力吗？

袁父袁母面对儿子的决定，真有一种接受不了的感觉，但他们毕竟是开明的父母，也许儿子的人生选择是对的。

袁隆平确定了考学计划，他就好像是一支箭，已经搭在命运的弓上，向目标毅然地射了出去……

1945年8月14日，这是一个值得纪念的日子。这一天，日本天皇颁布停战诏书，接受《波茨坦公告》，并宣布无条件投降。这一天，举国上下，万人空巷，军民士商，无不走上街头，敲锣打鼓，燃放鞭炮，庆祝这来之不易的抗日战争的胜利。

抗日战争胜利后，由于袁父的工作有所变动，袁隆平一家人于1946年6月由重庆迁回汉口。袁隆平转入汉口博学中学高一班读书。

博学中学是一座有着百年历史的学校，最初创办人是英国传教士杨格非牧师。虽然这是一座教会学校，可是宗教活动并不多，信教与否，完全自愿。袁隆平在校四年，只参加过两次宗教活动。宗教学校都很重视英语教育，不但英语课由外国人教，物理、化学这些学科也都由外国老师讲英语授课。

在博学中学良好的英文学习环境中，袁隆平的英语水平得到了进一步的夯实。袁隆平成名以后频繁出国，他在进行国际间的学术交流活动时，能够纯熟地运用英语和外国友人进行交流，都是得益于这段教会学校的学习生活。

在教会学校学习，也并非风平浪静。1946年秋天，联合国的善后救济总署给博学中学送来了一批所谓的救济物资。同学们打开一看，竟然全都是破旧的衣服和鞋袜。博学中学是男校，救济物资中竟然有不少妇女穿的花衣、裙子和高跟鞋。为了表示抗议，袁隆平和同学们一起，将这些“洋垃圾”付之一炬。

真正的男儿不在战场上杀敌，也应该在赛场上争光。1947 年秋天，湖北省举办全省体育运动会，学校挑选了十几名身材魁梧的同学，准备参加汉口的游泳选拔赛，袁隆平再也坐不住了，他急忙去找教体育的周老师报名。

袁隆平因为发育较晚，身材显得矮小一些，周老师打量了一下，说：“你个子太小，体力不成！”

前面说过，袁隆平在 8 岁的时候就已经开始畅游桃花潭了，他在重庆龙门浩小学念书的时候，更是畅游嘉陵江的“浪里白条”，袁隆平对于体育老师的武断，心里自然一百个不服气。

在同学的建议下，第二天一早，袁隆平悄悄来到学校。当周老师领着十几名游泳的选手骑着自行车赶去预赛场的时候，袁隆平飞身坐上一名同学自行车的后架，神不知鬼不觉地来到目的地。

袁隆平来到预赛场时才被发现，周老师便笑着说：“既然来了，那就试试吧！”

随着一声哨响，选拔赛正式开始，袁隆平飞鱼般地钻进了游泳池，随后他在嘉陵江锻炼出的水性就真正发挥出来了。只见他双臂挥动，水花翻腾，其他的选手很快被他远远地甩在了后面……袁隆平在预选赛中，竟取得了 100 米和 400 米自由式的两个第一名。

周老师也没有想到，袁隆平在游泳项目上竟有如此的实力。

他拉着袁隆平的手，兴奋的神情就好像得了宝一样。袁隆平随后参加了湖北省的省级比赛，面对强手，他临场不惧，最后获得了湖北省男子自由泳第二名的好成绩。

消息传到了博学中学，学校为之沸腾了。在博学中学的体育历史上，还从来没有取得过这样好的成绩。袁隆平归校时，校领导领着同学们手持鲜花，夹道欢迎这位为学校争得巨大荣誉的“游泳健将”。

因为袁隆平的勤奋和付出，他的游泳成绩终于被社会肯定，这让他以后做事更加自信，也更加努力。也许从那一刻起，袁隆平的人生观和价值观就已悄悄地改变，他睿智的眼光不再仅仅关注自己，而是能看得更深，看到更远大的目标。

不久之后，袁隆平代表川东区到成都去参加比赛，他来到成都后，发现成都的小吃不仅品种丰富，而且特别可口，没有比赛经验的袁隆平先吃龙抄手，接着再吃赖汤圆和“一蹦三跳”，这些东西吃到肚子里后，竟将袁隆平的肠胃给吃坏了，最后影响了比赛。在比赛中袁隆平虽然前 50 米遥遥领先，但后面 50 米就游不动了，总成绩是 1 分 10 多秒，只取得了第四名的成绩。

这场比赛之后，前三名都被吸收进了国家队，而袁隆平却被无情地淘汰掉了，不然他也很可能就成为国家级的运动员了。

1948 年年初，袁隆平的父亲被委任为南京政府侨务委员会事务科科长。随着父亲工作的再一次变动，袁氏一家人迁居南京。18 岁的袁隆平转学到南京中山大学附中高中部二年级读书。

1949 年夏季，袁隆平高中学业期满，面临高考。父亲给了袁隆平一个建议，那就是让他考自己的母校——南京中山大学，以便将来早登仕途，光宗耀祖。

袁隆平却对报考中山大学兴趣索然，在他的眼前，浮现的都是神农洞前那片果蔬园，油画一般的美丽景色：红彤彤的苹果、翡翠般的葡萄、紫色的茄子、青色的苦瓜、红色的辣椒……那瑰丽的色彩，就像是一条七彩的河流，可以让他在里面畅游不止。如果说音乐是一首流动的诗，那么，农作物的果实就是一首立体的音乐。

其实，袁隆平心里早有打算，他想到相辉学院去学农。

袁兴烈久居官场，早就为儿子计划好了以后的道路，他说："隆平，我希望你能报考南京中山大学，将来能在政府机关谋个好差事，也算子承父业了！"

袁隆平坐在椅子里，一言不发，他心里想的都是如何将自己学农的心愿告诉父亲。

袁兴烈见儿子不说话，他换了个角度继续问："隆平，你未来的志向是什么？"

"我想成为一个农业科学家。"袁隆平终于鼓足了勇气，给出了响亮的回答。

母亲华静怕父子俩谈崩，她在一旁赶忙打圆场："隆平，你父亲的意见你要好好考虑，当然，学农也是不错的选择，毕竟民以食为天嘛……"

袁家从北平辗转，一路逃亡，生病、战争和死亡的阴影，始终威胁着他们一家人，可是这些威胁，都赶不上人类历史上最大的敌人——饥饿。

袁兴烈和华静一见儿子目光远大，立志学农，他们倒也十分开明，便同意了袁隆平报考相辉学院的要求。

1949 年 8 月，袁隆平成功地考取了相辉学院。袁隆平当时并不知道，当他走进相辉学院大门的时候，一场关于水稻的、翻天覆地的革命已经在这里开始酝酿。此时，成功虽然有些遥远，但袁隆平确实迈出了通向成功之门的第一步。

四海无闲田，农夫犹饿死。在民国时代，最苦最累最没有社会地位的就是农民。袁隆平矢志学农，当时虽不能说是惊世骇俗之举，但却是一种让旁人无法理解的选择。

相辉学院是一所师资力量相当雄厚的学院，抗战的时候，上海复旦大学就曾经西迁到了该学院。1949 年 11 月，重庆解放，在 1950 年全国高等学院的调整中，相辉学院和四川大学、云南大学的农学系合并成立了西南农业大学。

袁隆平现在就是西南农业大学中的一名学子了。

决定，直奔安江农校

四年的大学生活，让袁隆平学到了很多有用的知识。可是孟德尔和李森科的博弈也让他有些不知所措，幸好他遇到了一位开明的管老师。有时候，站在人生的岔路口，需要作出选择的时候，若有人能够给予明确的指点，就显得非常重要。

人生禁不起太多的蹉跎，如果选错了方向，也许几年、十几年就这样白白地浪费掉了，幸好袁隆平没有被李森科无性杂交的那一套理论迷住眼睛，他最终一边拉着小提琴，一边投入了孟德尔的怀抱。现在可以看出，袁隆平的见识，确实是高人一筹。而这种超人的见识，在他研究杂交水稻的人生中，确实是起到了非常关键的作用。

袁隆平面临毕业，当他和同学们唱起毕业歌的时候，他的脑海里始终都有这样一个问题：毕业之后去做什么？又有什么命运在等待着我？

一对基因在杂合状态中保持相对的独立性，而在配子形成时，又按原样分离到不同配子中去的现象；一对基因在杂合状态各自保持其独立性，在配子形成时，彼此分离到不同的配子中去，在一般情况下，F1 配子分离比是 1∶1，F2 表型分离比是3∶1，F2 基因型分离比是 1∶2∶1——这是孟德尔关于遗传学的分离定律。

当具有两对（或更多对）相对性状的亲本进行杂交，在子一代产生配子时，在等位基因分离的同时，非同源染色体上的基因表现为自由组合。其实质是非等位基因自由组合，即一对染色体上的等位基因，与另一对染色体上的等位基因的分离或组合是彼此间互不干扰的，各自独立地分配到配子中去。这是孟德尔的独立分配律。

孟德尔 1822 年 7 月 20 日出生于奥地利的西里西亚，是遗传学的奠基人。这个戴着一副小银丝腿眼镜的人，后来成为现代遗传学之父。这位大科学家的几本遗传学著作，就放在西南农业大学图书馆一个不被人注意的角落，落满灰尘。

袁隆平在西南农业大学学的是遗传制种专业。在学校时，他一开始搞的都是苏联米丘林和李森科无性杂交的那一套。后来证明他们的那一套无性杂交的方法基本上是：只见树木，不见森林；只见量变，不见质变。最后结果是什么都没有！

袁隆平从不迷信权威，他在上课之余经常会去图书馆阅读国内外许多关于农业科技的书籍。他在不经意间，发现了孟德尔和摩尔根等人的遗传学书籍，在阅读过程中一旦有不明白的地方，他就去请教一位姓管的老师。

可是，当时孟德尔的观点和米丘林等主流的观点相悖。1957年，管老师被错误地打成了“右派”，因为不堪忍受批斗，在“文革”初期，这位正直博学的管老师就自杀了。

这天，袁隆平捧着一本孟德尔的书正在偷偷研读。忽然旁边的宿舍中传来了一阵悠扬的小提琴声。喜爱音乐的袁隆平，被悠扬的乐声吸引。他悄悄藏起书本，轻轻推开旁边宿舍的房门，下意识地抬腿走了进去。

宿舍的窗边，站着一位姓梁的同学，随着他手里琴弓的挥动，优美的小提琴声如春泉溪流般地流散了出来。演奏完毕，袁隆平上前一把拉住梁同学的手，说：“你的小提琴拉得太好听了，我要跟你学琴!”

梁同学看着袁隆平的手，说：“你的乐感不错，手还灵巧，学小提琴一定成!”

袁隆平省下家里给的零用钱，买来了一把廉价的小提琴，他先从最基本的小提琴练习曲开始，经过一段时间不懈的练习，他终于能拉出标准的《思乡曲》了。

袁隆平后来一边培育杂交稻，一边拉着他的小提琴，优美的《思乡曲》变成了一首雄浑的《水稻五重奏》，这首澎湃激昂的水稻五重奏，曾经在人民大会堂回响，最后飘出了国门，飘向了世界……

1952年，正值抗美援朝战争爆发的第三年，空军准备在西南农业大学800名学生中选拔飞行员。当时考试非常严格，一共有

36 个项目，包括内、外、五官科的检查，眩晕试验以及心理素质的检查，只要有一科“挂”了，就将毫不留情地被淘汰。

经过测试，袁隆平过关斩将，成为 8 名合格学员中的一个。

请看看天空：那是属于你的——这是米兰达裘莱讲过的名言。谁没梦想过成为一缕清风，谁又没臆想过成为一朵白云，谁又没幻想过自己变成一只飞鸟？其实在每一个人的心中，都有一个永不破灭的“飞天梦”。

袁隆平经过严格的体检后，便成了空军预备班的一员。他还荣幸地参加了当年庆祝“八一建军节”的晚会。可是第二天，还没等正式受训便传来消息，因为当时朝鲜战争形势缓和，已经进入了最后的谈判环节，国家也马上要进入十年的建设阶段，所以选上空军的大学生全部退回，袁隆平的“飞天梦”破灭，他又回到了西南农大继续读书。

四年的大学生活很快就结束了。袁隆平毕业的时候，同学们给他做了个鉴定：爱好——自由，特长——散漫。合在一起，就是自由散漫。

袁隆平的性格确实是这样，不愿意古板地拘束于礼节，更不愿意一本正经。

上大学的时候，入团很容易，可是袁隆平自由散漫惯了，起不到团员应有的模范带头作用，他就没有入团。袁隆平成名之后，湖南省委组织部一位领导找上门，动员他入党，袁隆平委婉地说，自己连党章都没读过，入党暂时还不够条件。那位领导又透露，组织已经考虑安排他担任湖南省农科院院长。

湖南省农科院可是个大摊子，每日忙于科研和育种工作的袁隆平依然婉拒了院长的头衔。

袁隆平解释自己不想当官的理由是：人的精力有限，他要继续研究杂交水稻，如果当了官，就要分散精力，影响他的人生事业。最后，他只作了杂交水稻研究中心的主任，并挂了个没有实权的、湖南省农科院名誉院长的头衔，通向仕途的大门被他悄悄地关上了。

七月的熏风吹送着花香，
祖国的大地闪耀着阳光，
迈开大步走向生活，
条条道路为我们开放，
再见吧亲爱的母校，
再见吧亲爱的老师，
再见吧再见吧，
我将要走向祖国最需要的地方，
让青春放射光芒，
我将要走向祖国最需要的地方，
让青春放射光芒。
……

这是上世纪五六十年代最流行的一首毕业歌。又到了一年一度唱毕业歌的时候，袁隆平从小学到大学，他已经在重庆生活了12年，龙门浩的石板路，城内老街上的轻雾，嘉陵江奔腾不息的江水，飘香醉人的山茶花。这座山城处处都留有他的身影，他真的舍不得离开重庆，他想留在重庆的科研单位，继续他的遗传学实验。

毕业填报工作单位志愿的前几天，学校在礼堂召开了分配动员大会。学校的领导向同学们发出了号召，毕业生统一分配，到祖国最需要的地方去。

当时国家的经济还处在刚起步的阶段，花钱费力地培养出一个大学生非常不容易。袁隆平经历过日军侵华的战争，他深知国弱将会被人欺的道理。他学农的目的不就是想培养出高产的农作物，解决百姓的温饱问题吗？在重庆可以搞遗传学的实验，换一个艰苦的环境，难道就不能搞出高产的农作物吗？

袁隆平想到了孟德尔，他通过 8 个寒暑对豌豆进行栽培实验，终于发现了生物遗传的基本规律，这其中有多少艰辛和曲折可想而知！于是袁隆平毅然写了决心书：服从学校的统一分配，到祖国最需要的地方去。不管自己被分到哪里，一定要干出一番轰轰烈烈的事业。

袁隆平的分配志愿递上去不久，他便被分到了湖南省农林厅（今湖南省农业厅）。袁隆平来到了湖南省农林厅后，工作人员给他开出了一封介绍信，让他到湖南湘西雪峰山下的安江农校任教。

袁隆平长达 18 年的教书生涯便在安江农校开始了！

实验，无性杂交的结果

古庙是清修之地，安江农校的现校址以前就是一座古庙。袁隆平难道要一辈子在这里“参禅悟道”？如果雪峰山和沅水的灵气能够不断地注入他的生命，让他的灵感迸发、研究有成，那也值得了！

袁隆平成了安江农校的老师。师者，传道授业解惑也。袁隆平教学生们学习俄语，会不会有发音的困难？袁隆平将月光花嫁接到红薯秧上，又会出现什么样的结果？这是一个苦难的时代，要面对浮夸风、大跃进，袁隆平就好像一条无法掌握命运的孤舟，但他的心中却有不变的方向，那就是育成良种、挑战饥饿！

安江农校位于湖南省洪江市安江镇。农校就坐落在风景如画的雪峰山下。雪峰山山势挺拔，因其主峰苏宝顶四季积雪不融，仿佛戴着一顶雪笠而得名。雪峰山上岩石皆褶皱，坡度多陡峭，树木颇耸生，以此而闻名三湘之地。

雪峰山为安江农校提供了筋骨，而逶迤如龙的沅水，就为安江农校提供了无边的灵气。沅水俗称沅江，发源于贵州云雾山鸡冠岭，流经黔东、湘西，至黔城以下始称沅江。该江全长千里。这条朝迎晨曦、晚浴星斗的沅水，就好像美人手中的一条绸带，对着远路而来的袁隆平婆娑起舞，袁隆平竟一下子就喜欢上了这里。

安江农校建在圣元寺中。圣元寺在民国的时候是当地最著名的一座大寺，可是却不幸毁于兵燹战祸。如今只残存着青砖黛瓦的僧房，而焚香念经的僧人早已没有了，只有院内数十株参天的古木还在静静地对袁隆平诉说着这座古刹昔日的辉煌。

袁隆平先坐船，再转火车，最后乘着烧木炭的汽车，几经辗转来到了安江农校。该校的校长对袁隆平的到来表示热烈的欢迎，他给袁隆平介绍该校情况的时候，还特意提到学校如今已经有电灯了。

电灯电话，楼上楼下，小面包，大列巴——这四样东西，在当时，就是人人向往和为之奋斗的目标。既然有电灯，这里就不算乡下。可是当袁隆平背着行李来到分给自己的教员宿舍时，他却不禁露出了一丝苦笑。

环顾四周，这座宿舍倒是不小，可是，墙上还依稀可辨内容不明的宗教壁画。人都说达摩在五乳峰的石窟中面壁十年，才悟出了真正的佛法；袁隆平将要在这里“修行”十八年，才能真正的“得稻”。

在历史的长河中，十八年只是白驹过隙，可是在一个人的一生中，十八年却是一段相当漫长的历程。袁隆平为了能够生活得温馨惬意一些，他首先打扫了一下卫生，再给窗子安上了窗玻璃，然后找来石灰水，将那些斑驳的壁画全部涂成了白色。

当时是解放初期，国家百废待兴，没有经费来维修这座农校，袁隆平也只好自己动手丰衣足食了。

袁隆平收拾完了自己的住处之后，来到了沅江边，看着碧波荡漾的江水，他抑制不住满心的兴奋，脱下外衣穿着短裤，一头扑进了清凉的江水中。沅水清澈得好似一块巨大的翡翠，柔软得好像母亲的一双素手，不管前面有多大的困难，袁隆平就好似一条逆流而上的鱼，一定要冲破艰难险阻，最后直冲龙门，化为蛟龙。

初登讲台，袁隆平看着台下同学们殷切的眼睛，不免有一些紧张，可是讲完几节课后，班上的同学们就都喜欢上了这个年纪虽小，却能将农学课讲得生动、明了、透彻的老师。

安江农校的学生大多是山里生山里长的山村娃。他们为了求知上进，有的背着装满干粮的小篓来上学，有的放学后，不仅要翻越几座高山，回家还要顺便打上一捆柴草。穷人的孩子早当家，严酷的现实让他们早早地成熟了，他们上课的时候，不仅注意听讲，而且懂得礼貌，袁隆平也非常喜欢这些善良淳朴的山里孩子。

家有三斗粮，不当孩子王。新中国成立初期，由于国家经济困难，尊师重教还只是停留在画饼充饥的阶段，袁隆平虽然每月领工资，但微薄的工资尚不足以让他摆脱清贫的窘境，那些世代务农、面朝黄土背朝天的山里娃的艰难，更是可想而知了。

湘西的冬天简直和北方一样寒冷，刺骨的寒风直往肉里钻。袁隆平站在讲台上，他看到很多穿得单薄的贫困学生因为没有防寒的衣服而冻得面色青紫，心里很不是滋味。课后他便翻箱倒柜，将自己能防寒的衣服全拿出来，让那些衣衫单薄的学生穿在身上。

那些学生看到袁隆平身上的衣服也不多，一个个面色犹豫，连声说："老师我们不要，我们不冷!"

袁隆平用命令的口气说："听话，穿上，一定要穿上，老师下个月发工资，我就有棉衣穿了!"

师者父母也。袁隆平的衣服并不值钱，但每一件衣服上，都包含着沉甸甸的师恩、暖洋洋的师情。

这天，安江农校校长听完了袁隆平的农学课，他拉着袁隆平的手说："现在全国到处都在学习苏联老大哥，我们学校的外语课，也准备改学俄文了!"

袁隆平在读大学的时候曾经学习过俄文，校长便有意让他做农校的俄文老师。

俄文和中华民族的汉文字一样，博大精深，都是世界上伟大的语言，袁隆平在相辉学院读得虽然不是俄语专业，但他有俄语的底子，经过突击学习，带俄语的初级班应该没有问题。

教书育人，自然要治学严谨，不能有一丝一毫的马虎。袁隆平接过校长布置的任务后，他就找出上大学时的俄文课本，精心背课。

管仲在《权休》中说：一年之计，莫如树谷；十年之计，莫如树木；终身之计，莫如树人。一树一获者，谷也；一树十获者，木也；一树百获者，人也。

经过精心准备和刻苦学习，袁隆平在大学期间学俄语时最难发的颤音P，也被他发得准确无误了。

袁隆平满怀信心地走上了俄语教师的讲台，他准确的俄语读音，生动的教学方式，得到了学生们的一致喜爱，学校的教职员工，也对教学认真的袁隆平赞不绝口。

为了快速提高学生们的俄语水平，袁隆平在上课做俄语习题的同时还领着学生们用俄语演唱《喀秋莎》和《红梅花儿开》。一有时间，他还用铿锵有力的声音为学生们朗读俄国伟大诗人普希金的瑰丽诗篇《假如生活欺骗了你》——

假如生活欺骗了你，
不要悲伤，不要心急；
忧郁的日子里需要镇静，
相信吧，快乐的日子将会来临。
心儿永远向往着未来，
现在却常是忧郁；
一切都是瞬息，一切都将会过去，
而那过去了的，就会成为亲切的怀恋。

当袁隆平用俄文教学生们朗诵普希金的这首诗的时候，那抑扬顿挫的音节，充满哲理的诗句，使学生们一个个无不为诗人坚强乐观的精神所感动。

当时俄国革命正如火如荼地进行，普希金却被沙皇流放。可是不管处境多么恶劣，普希金都没有丧失希望与斗志，他热爱生活，执着地追求理想，相信光明必将到来。

这首诗传入我国后深受人们喜爱，有的学生将这首诗抄写在课本的扉页上，当成自己一生的座右铭。

袁隆平教了一年俄文，使得全校学生的俄语都打下了坚实的基础，这时候，学校分来了俄语老师，袁隆平也就交出了俄语的“接力棒”。农校遗传学教研室的负责人认为，袁隆平大学的专业就是遗传学，应该让他学以致用，便将他调到了教研室，让他一边给学生上遗传课，一边参加必要的科研工作。

袁隆平对学校的安排欣然接受——我是一块砖，哪用往哪搬。袁隆平当时就是这样想的，俄文教学是工作，搞遗传学研究也是工作，不管在哪里，袁隆平都能发热发光。

当时的安江农校并没有教育部门统编下发的《遗传学》的课本。袁隆平为了将课上好，他就领着同学们上山下田，观察实物，采集标本，袁隆平亲自制图做表，并自编了一本非常实用的“土”教材。这种动手又动脑，实践加操作的教学方法，深得同学们的喜欢。

袁隆平上课虽然认真，却也没有什么讲究，一旦黑板上写满粉笔字，他将手一缩，拿起袖子就当板擦用。袁隆平天生乐观，一到下课，他就和学生们玩到一起，上课是老师，下课是兄长，袁隆平自然成了安江农校最受学生们欢迎的老师之一。

马克思曾经说过，在科学上没有平坦的大道，只有不畏劳苦，沿着陡峭山路攀登的人才有希望达到光辉的顶点。

1956年，党中央向全国科研战线的工作者发出了“向科学进军”的号召。借此时机，袁隆平立下雄心壮志，要研制一种新的、高产的农作物。

惟昊天之大旱兮，失精和之正理，遥望白云之蓬勃兮，滃澹澹而妄止……孽孽望之，其可悼也。憭兮慄兮，以郁怫兮。念思白云，肠如结兮。终怨不雨，甚不仁兮。布而不下，甚不信兮。白云何怨，奈何人兮——两千多年前，西汉著名政论家贾谊重农、悯农，面对着天上的白云，发出了急切盼雨的疾呼。

千百年来，我国的农业都是靠天吃饭。风调雨顺，老百姓的饭碗里就有余粮；一旦出现旱涝瘟蝗之灾，贫苦的百姓们只能卖儿鬻女，背井离乡、四处逃荒。

梦想中的世界充满了美好——如果能研制出一种上面长高粱，中间生玉米，根茎上结土豆的新型农作物，那将是一件多么鼓舞人心的事情？当时苏联生物学家米丘林、李森科的“无性杂交”理论之所以能在国内盛行，便是迎合了某些人不切实际而且违反自然规律的无稽观点。

袁隆平在安江农校教授遗传课的过程中，一开始，他还被米丘林、李森科的“无性杂交”理论迷惑了一段时间。

无性杂交技术，就是使两个亲本的原生质体，融合成为一个，具双亲遗传物质的杂种细胞，并在人工培养下，通过嫁接和胚胎等手段，使两个遗传性质不同的物种，进行可塑性的杂交方法。

无性杂交技术否认孟德尔基因说的存在，并将“基因”学说作为唯心主义进行批判。以现在科学的眼光看，当时的无性杂交技术以所谓的可塑性物资改变生物的遗传性，是没有理论根据的。

举一个简单的例子，用刀切去了老鼠的尾巴，按照米丘林的学说，这只老鼠的后代，就应该都没有尾巴才对，可事实上，这只老鼠繁殖的后代一个个都尾巴健全，根本不为人力的改变而改变。

1958 年是袁隆平开始做“无性杂交”实验的初始阶段，然而，随着“追英赶美”的“大跃进”的口号的提出，一个充满了口号和虚夸的年代开始了。学校开始停课，袁隆平被迫放下教鞭，他扛起铁锹，领着学生们来到农村，师生们开始了深翻土地的劳动。

“深翻三尺三，麦穗顶破天。”然而，实际上却事与愿违。土地被深翻之后，地表的熟土被翻到了地下，地下的生土被弄到了地表，原来一亩地的小麦还能打个三五百斤，可是深翻之后，一亩地的小麦，竟然连两百斤都打不到了。

深翻土地的“邪”风刮过之后，学校的师生们又接到了一个“光荣”的任务，那就是大炼钢铁。

“以钢为纲，纲举目张。”为了炼钢，学校的铁锅、铁铲被砸碎，铁床、铁舀子也未能幸免，全都被投到了炼钢的土炉子中，接受“革命熔炉”的再一次炼制。校园中的那些百年古树，也被砍倒，当成了柴火，塞到了炉下，成了炼钢的燃料。

“村村黑烟起，户户能炼钢。”在这种蛊惑人心的口号的鼓动下，全国各地、男女老少齐动手，大家真的炼出了很多的“钢”，可是这些所谓的“钢”，只是一些黑黑的“渣滓”，甚至连铁都算不上。

全国各地在“大跃进”风潮的鼓动下，什么亩产万斤粮、万头猪场、万鸡山等不切实际的、浮夸虚报等现象频繁涌现。国家依照各地送上来的报告，开始征收公粮。结果，征收公粮的额度严重超出实际产量，袁隆平和他的学生们也开始承受浮夸风带来的恶果，那就是袋中无粮，大家一起饱尝饿肚子的滋味。

周边农民饥饿难耐之下，开始吃草根、树叶和“观音土”。观音土一旦吃下去，便有一种胀腹的感觉，饥饿感是没有了，但却解不下大便，那可是会死人的。

为了果腹，袁隆平就领着学生们到雪峰山上去挖野菜，袁隆平乐观地告诉学生，这就叫自力更生、艰苦奋斗。想要填饱肚子，就只能靠自己的一双手。

湘西的孩子登山，都喜欢穿草鞋，袁隆平却穿不惯，雪峰山山陡路滑，解放鞋不能穿，他干脆打赤脚。一开始的时候，他的一双脚经常被草根刺破，尖石扎得他脚板钻心地痛，可是经过一段时间，脚底便生出了一层厚茧，他就能在山路上自由行走了。

采回野菜，他领着同学们将其洗干净，再用清水泡上几个小时，野菜的苦味被水浸泡变淡之后，他们就支起铁锅，开始煮野菜粥。虽然野菜粥苦兮兮的难以下咽，可是袁隆平依旧谈笑风生，领着学生们吃得很香。

一个人适应能力的大小和他的创造力的大小通常是成正比的。有人说，想要改变环境，必须要适应环境。袁隆平正在一点点地适应安江农校这个艰苦的环境，只有适应了环境，他才有可能在这里生根、生长……最后干出一番大事来。

谎言被重复一万遍，便是真理。当时，在国内的农科界，米丘林和李森科的“无性杂交”理论大行其道。袁隆平一开始的时候，也对这二人的理论笃信不疑。

袁隆平在“无性杂交”理论的指导下，首先决定在红薯身上搞实验，他先将在晚上绽放的月光花嫁接到红薯秧上，他这样做的目的只有一个，那就是想通过月光花增强光合作用，使红薯的淀粉增多，进而达到增产的目的。

袁隆平嫁接完红薯，看着生产旺盛的薯秧，心里充满了胜利的希望。但要想使薯秧结籽儿，必须进行短日照处理。那时的安江农校试验条件简陋，根本就没有任何遮光设备。袁隆平只好将自己的床单、被单统统拿出来，用墨汁涂黑，充当遮光的屏障。

袁隆平用抹黑的床单，通过遮阳，终于使红薯产籽。可是，在当时想买新的床单和被单不是光有钱就成，还要有限量使用的布票，这致使袁隆平在以后有很长的一段时间内盖的都是一个没有被单的裸棉套。

世界上有这样一种人，他可以为真理而献身，袁隆平就是其中的一员。为了科学，他已经准备豁出一切了。

袁隆平将番茄嫁接在马铃薯秧苗上，又将西瓜嫁接到南瓜上做实验，到了秋天，前一种嫁接秧苗上，结了一些奇形怪状的番茄和马铃薯。而后一种秧苗上，当年也结了一个“怪”瓜，大家一尝，纷纷咧嘴，其味道实在不敢恭维。

倒是经过月光花嫁接的红薯，给人以惊喜，师生们采收的时候，发现地下的红薯都很大，最大的一个，竟达到17.5斤，大家都兴奋地管这个红薯叫“红薯王”。

1960年，袁隆平来到湖南武冈县，出席了全国农民育种专家的现场会，开会的同行们见到那个巨形的“红薯王”都很兴奋，专家们也认为，增加薯类作物产量的方法已经被袁隆平找到了。当时，袁隆平的名字也经常出现在国内报纸的不同版面上。

这些消息传到安江农校搞育种的同行们耳中后，他们在背后都羡慕地说："还是袁隆平有眼光，把床单和被罩涂黑搞育种，如今一下子成了'报上有名，开会有请'的名人，这笔买卖真是划得来。"

如人饮水，冷暖自知。袁隆平的心里，却是暗暗叫苦不迭。他的实验只能在小范围内进行，一颗经过月光花嫁接的红薯，即使结了一个一百斤、两百斤重的巨形红薯，也并不具备多大的实用意义。因为农民不可能将大量的月光花一朵朵费时费力地嫁接到满地的薯秧上，他之所以不惜将被单涂黑对嫁接后的红薯进行短光照射实验，并促使红薯产籽，目的是想得到一大批能够投入农田生产的高产作物品种，可是，第二年，袁隆平将经过"无性杂交"得来的种子种到了实验田中，到了秋天，却发现那所谓的"优良变异"并没有将种子的优势遗传下来。

月光花嫁接红薯获得的种子现在只开月光花，根茎底下根本不长红薯了。番茄和马铃薯，西瓜和南瓜经过无性杂交获得的种子种下去，到秋天收获后发现，植株上也是只生一种作物……袁隆平不甘心，接下来又做了两年的实验，可是这些实验无一例外，全都失败了。袁隆平经过三年失败的实验，最后得出了一个结论，那就是这种"无性杂交"的方法并不能改变植物的遗传性，也就是说，他走进了一条死胡同。

1962 年，袁隆平为了找到失败的原因，一头钻进了图书馆，他在《参考消息》上看到一则消息：英美的两个遗传学家克里克和沃克，根据孟德尔、摩尔根的学说，研究出了遗传物质的分子结构模型，获得了诺贝尔奖。

然而，当时在国内还在学习前苏联的无性繁殖那一套。袁隆平后来跟他的学生们提起这事时说：“幸亏我猛醒得早，没拴死在一棵树上。”

袁隆平最后决定，还是走孟德尔的遗传学的路子，他相信只要沿着这条路走下去，前途应该就是一片光明！

苦难，开始培育稻种

袁隆平经常自比是一颗种子，这颗种子落在安江农校这块土地上，他要生根，他要发芽，他要成长。可是大环境却不允许他一点点地长大。

饥饿和运动，就像锋利的铁锄和巨镰，它们贪婪地切割着人世中的一切，包括荣誉、人性和生命。凡是不被那两种可怕的东西收割的，那一定是合格的种子，这颗种子经历了风雨，才有了得见彩虹的资质。

袁隆平在水田里发现那株鹤立鸡群的“希望之稻”，这颗水稻又会给他带来什么样的好运气？

安江农校为了支持袁隆平进行遗传学实验，特地给他分了半亩地作实验田。虽然这块实验田的肥水情况并不是很好，但对于袁隆平来说，已经很满足了。

袁隆平一开始利用孟德尔和摩尔根的遗传学，试图在实验田中首先培育小麦。可是，就在这时候，一个全国性的小麦会议召开了，袁隆平随后得到了一个令他震惊不已的消息，西藏的小麦都已经亩产千斤了，可是湖南省的小麦产量全国倒数第一，亩产平均不到300斤。原因是气候不适合，小麦容易得赤霉病。

袁隆平决定不搞小麦，可他琢磨是否搞红薯育苗的时候，中央面对全国性的灾荒，适时提出了“调整、巩固、充实和提高”八字方针。为了响应“全党动手大办粮食，大办农业”的号召，校党委也作出了决定，一定要走：“教学、生产和科研相结合的道路”。

袁隆平随后接到了一个任务，要他领着学生们去黔阳县硖州公社秀建大队，参加劳动锻炼。袁隆平领着学生们来到目的地，就住在生产队队长老向的家里。他每天一早就挽起裤脚和当地的乡亲们一起下田插秧，收工的时候，袁隆平和房东一起，吃红薯叶熬成的又涩又苦的菜粥。

对于农村生活，袁隆平一点也不觉得苦，稍有闲暇，便蹲在田边仔细观察，并拿起自己的记录夹，将春耕、播种、除草和施肥等事项的要点都一一记录在册。

袁隆平虽然是名牌农业大学毕业的大学生，可是他却没有忘记生他养他的这片土地，更没有忘记这片土地上的老百姓。他已经和当地的农民打成了一片，老向也很喜欢说话办事直爽、不拐弯的袁隆平，一来二去，他们俩就成了无话不谈的好朋友。

这天，老向身披蓑衣，冒雨背着一个沉甸甸的袋子从外面赶了回来。袁隆平纳闷地问：“向队长，你冒雨这是干什么去了？”

老向放下背上沉甸甸的袋子，揭开口袋嘴，从里面抓出了一把颜色金黄，籽粒饱满的稻种。他对袁隆平说：“袁老师，要想多打粮食，渡过眼前的难关，只有靠这些好种子！”

袁隆平接过老向手中的种子，问：“这种子真的能增产吗？”

老向告诉袁隆平，秀建大队的稻子连续减产，去年的时候，大家都去别的地方换种，这才没有吃国家的返销粮。讲完了这些话，老向叹了一口气，说："袁老师，我听说你们安江农校也在搞育种工作，要是能够培育出亩产五百斤、八百斤、一千斤的好种子，我们就不用整天吃这红薯粥了!"

庄稼一枝花，全凭粪当家，没有好种子，全是白抓瞎。袁隆平暗下决心，一定要加快培育种子的脚步，可是哪些种子农民最需要，究竟哪种作物的种子才是自己今后主攻的方向呢?

当天晚上，老向就将全体社员召集到了村部，开了一个抓紧种水稻的动员会。老向在会议上发言，令迷茫中的袁隆平有了一种拨云见日的感觉。

老向告诉全体社员，秀建大队总共有几千亩地，这些地百分之八九十都是种的水稻，也就是说，大家要想吃饱饭，必须要把水稻种好。他用"车轱辘话"强调了好几遍种植水稻的重要性。临散会，老向又搭上了一句："大家要注意一下，别忘了红薯要育苗了!"

听到这里，袁隆平才清晰地意识到，在湖南的种植业中，红薯只是个搭头，根本就没法和"大哥大"级别的水稻比，想要从根本上改变农村低产缺粮的状态，只有育出真正高产的水稻种子。

袁隆平在农村的劳动锻炼期满，又回到了安江农校，他在自己的半亩实验田中，全都种上了实验水稻。

世界上共有五大经济作物，分别是水稻、小麦、玉米、油菜和棉花。在袁隆平之前，后四种农作物在孟德尔和摩尔根遗传理论的指导下，已经分别杂交出高产的种子，唯有水稻的杂交育种工作一直停滞，裹足不前。

水稻是自花授粉作物，杂交有没有优势?这个问题，早在美国著名遗传学家辛诺特邓恩和杜布赞斯基所著的《遗传学原理》一书中，就给予了清楚的回答：自花授粉作物，自交不会使旺势消灭，异交一般不表现杂种优势。

袁隆平却对这些遗传学权威的观点持怀疑的态度，认为他们得出的“权威”结论应该是一种形式逻辑上的推理，他想：玉米也是自花授粉作物，为何它的杂交种子有杂交优势？而水稻这种自花授粉的品种却没有？

“让珊瑚远离惊涛骇浪的侵蚀吗？那无疑是将它们的美丽葬送……苦难过去就是甘美的到来”——德国伟大的诗人歌德对苦难的理解确实可以让我们得到深深的警示和启发。

袁隆平培养杂交水稻的实验刚刚起步，浮夸风带来的恶果——国内三年困难时期便开始了。随着一场大饥荒横扫中华大地，安江农校正常的教学秩序也被这场灾难彻底破坏了。

由于国家经济困难，除了少部分吃“皇粮”的城镇户口学生能够留校继续学习之外，其余大部分来自农村的学生，都已经全部被放假回家。安江农校这个占地百余亩的校园，一下子从喧闹陷入到了沉寂，袁隆平每天早上醒来，真有一种很不适应的感觉。

安江农校在学校后的山坡上给袁隆平划了一块自留地，袁隆平虽然在地里种上了红薯、土豆和各种绿油油的蔬菜，可是这些果腹的粮食和蔬菜长成得需要时间，为了缓解饥饿，袁隆平就开始制作双蒸饭。

双蒸饭，顾名思义，就是将蒸熟的米饭再放上苏打复蒸一次，米饭放上苏打后，蒸熟的米粒就会膨胀，经过双蒸处理过的米饭，就会比平时多出三分之一，可是不管怎么加工，米饭的总量没变，这种双蒸饭吃到肚子里之后，还是会饿，而且比平时饿得更快。

袁隆平最喜欢的体育运动就是游泳了，可是三年困难时期，因为吃不饱饭，体能不足，下江游泳无异于自杀，这项运动也就被迫中断了。

袁隆平虽然饿得走路打晃，可是他培育杂交水稻的工作却一点也没有松懈。

袁隆平当时培育水稻，用的也是农业育种科研工作中屡屡有较好成效的系统选育法。这种选育法，说得直白一点，就是到一个水稻群体中，选择表型良好的变异单株水稻加以培养。然后再优中选优，最后经过优胜劣汰，将遗传性最好的品种培育出来。

陈永康选育的“老来青”水稻品种，就是得益于系统选育法，而著名育种专家金善宝的“中大2419”稻种，也是这样选育出来的。

袁隆平这天饿着肚子，到已经抽穗成熟的水稻实验田去选种，他忽然发现一丘旱稻田中生长着一株“鹤立鸡群”般的特优稻穗。袁隆平最初还以为是因为自己饥饿，以至于出现了幻觉，他揉揉眼睛，定睛再瞧，这才认定，眼前耸立在田中的高大稻穗，正迎风向他频频招手……

这株特优水稻个体伟岸，十多个八寸长的稻穗扫帚似的向下垂着。袁隆平真好似在干旱的沙漠遇到了清泉，面对着上苍送给他的解渴的“甘霖”，他真有一种欣喜若狂的感觉。他俯下身子，仔细一数那株稻穗，一个分蘖，就有整整230个稻粒，如果用它做种子，相信亩产会超过千斤。

此时此刻，袁隆平真比捡到了“宝贝”还高兴，他马上找来一条红丝带，为这棵“希望之稻”做上了醒目的标记。

精神，战无不胜的法宝

希望越大，失望也越大，那株鹤立鸡群的“希望之稻”并不是袁隆平研究杂交水稻的助力器，反而让他尝到了失败的痛苦滋味。一个平凡的人若是面对失败，满世界都是挥之不去的灰暗，可是袁隆平却在失败的滋味中，发现了这株杂交水稻，一个别人无法察觉的优势……对他来说，那株“失败之稻”是他人生的一级台阶，一个路标，一盏航灯。

好比是两万五千里长征，有的人悲观失望，可是有的人从迈开第一步开始，就看到了胜利的曙光，很显然，袁隆平就是后者。不管是精神会餐，还是那场关于红薯的饕餮盛宴，袁隆平都是一个坚定的践行者，他嘴里发出的声音，始终是个双音节，那就是向前，向前，向前！

茅盾先生在他的《蚀·幻灭》一书中，写过这样一句话：既有希望，就免不了有失望。

在第二年春天，袁隆平将这颗稻穗结下的1024颗稻种全都种到了实验田里，一千多株稻种，就是一千多个希望。袁隆平几乎天天泡在稻田里，灌水施肥，灭虫除草，一有闲暇，便拿起记录夹，将稻苗各个阶段的生长特性，准确及时地记录下来。

袁隆平看着稻子，就好像看着自己的孩子一样，看着它们一天天长大，心里充满了欢喜和希望，稻田繁重和单调的劳动，在他看来，都已经是一种莫大的享受了。他是多么希望自己种在实验田的稻子能够茁壮成长，开花吐穗，结出一粒粒又黄又大、能够给稻农带来高产的稻种来啊。

如果水稻真的能够亩产千斤，那将家家仓廪充实，娃娃们碗里的食物不再是红薯粥，而是香喷喷的白米饭，他们可以尽情地吃，不再担心饿肚子，孩子们可以在阳光下尽情地玩耍，那将是一个多么美妙和谐的图画啊！

一转眼，袁隆平实验田中的水稻就到了抽穗的时节，可是这片“不争气”的禾苗抽穗早晚不同，高低参差，根本没有它们的“父本”水稻伟岸挺拔的英姿，一幅东倒西歪的“败家子”形象。

袁隆平失望地坐在田埂上，他用手抚摸着虽然不成功，但也浸透着自己辛劳汗水的稻穗，他的心中，有一百个声音，有一千个呼喊，都在问着同样一个问题：为什么会这样，这究竟是什么原因呢？

袁隆平在田梗上，一直坐到了日落西山，他的脑袋想得都快要炸裂了，可还是没有想通自己实验田中的稻子无法继承“父本”水稻优势的原因，最后还是“咕咕”作响的肚子把他的思路拉回到了现实。

袁隆平在田埂上费力地站起身来，他拖着因为饥饿和营养不良而变得无力的身躯，来到了学校后坡的菜园。他脱下外衣，用手挖出了二十多块还未完全长成的红薯，放到了外衣上，然后顺手又拔了几个大白萝卜，这才向自己的单身宿舍走去。

同校的教师李国文正在宿舍的门口焦急地等着袁隆平。袁隆平种植的水稻抽穗不理想，育种工作宣告失败的消息李国文已经知道了，他看着袁隆平摸黑回来，正不知道如何讲几句安慰的话呢，然而袁隆平却洒脱地说道：“国文，你来得正好，今天晚上，咱们俩来个大聚餐！”

李国文也是很长时间没有吃过饱饭了，他接过袁隆平手中的萝卜，一边用水洗，一边说："隆平，你的稻子……"

袁隆平一挥手，说："失败了不气馁，找到原因从头再来就是啦！"

不大一会儿，红薯和萝卜就被洗净切块，放到了两个柴火炉子上的洗脸盆中，随着炉中柴火的熊熊燃烧，脸盆中的"美食"就开始"咕嘟嘟"地冒出了香气。

袁隆平和李国文开始吃那盆红薯，刚吃了几块，袁隆平为了排遣不佳的心情，就给李国文讲起自己最喜欢吃的两道川菜——鱼香肉丝和麻婆豆腐。

鱼香肉丝是川菜的代表作，以细猪肉为主料，配以冬菇、木耳，以四川特有鱼香调料，软炒烹制而成。此菜色泽深红，咸甜酸辣兼备，真可谓鱼香鲜味浓郁，口味十分别致。

麻婆豆腐在川菜中更可说成是点睛之笔，该菜虽然是由豆腐制成的，但其特色在于麻、辣、烫、香、酥、嫩、鲜、活这八个字，气味芳香、香热麻辣、口感嫩滑，那是最开胃下饭的一道菜了。

袁隆平浑身上下，充满了乐观主义的精神，他管这种绘声绘色地描述美食，叫作精神聚餐，果然，伴着这两道"没影儿"的美味川菜，一盆红薯很快就见底了。

袁隆平用手一指那盆犹自冒着热气的白萝卜，说："李老师，接着吃！"

李国文却摇头连说："袁老师，我真的吃不下去了！"

袁隆平说："我再给你讲一道湘西好菜，你就有食欲了！"

葛根粉在湘西虽然是很常见的东西，可是袁隆平却深谙蒸制之道，先把葛根粉倒入盆中，接着加水慢搅，然后将其撮成丸子，下油锅一炸，那滋味，简直赛过太上老君炉内的九转仙丹。

虽然袁隆平描绘的葛根粉丸子异常美味，可是两人真的已经吃饱了，就在他们商量着如何处理这盆白萝卜的时候，农校 20 班的全永明踩着灯光走了进来。

全永明傍晚赶过来，也是安慰袁隆平来了。不用想，这盆白萝卜最后就都进了全永明的肚子了。

袁隆平看着全永明吃得连打饱嗝，他脑袋中拥堵的思路忽然贯通，他猛然起身“啪”地一拍桌子，说：“我种的水稻虽然失败，可是从另一个角度，反而证明我是成功的！”

水稻是自花授粉作物，纯系品种是不会分离的，可是出现性状参差的分离，就说明那株“鹤立鸡群”的水稻，是一株杂种。换句专业的话讲，就是一棵“杂交水稻”。

很多水稻遗传界的权威都说杂交优势只在异授粉的作物中存在，这株“杂交水稻”，不就是自花授粉作物中同样存在着杂交优势的最好证明吗？

失败是成功之母，袁隆平经过总结失败经验后，更是坚定了杂交水稻具有优势的判断！

三人之行，必有我师。袁隆平在埋头实验的同时，也不忘向前辈请教。1962 年，他自费来到北京，拜见了鲍文奎先生。鲍先生当时是中国农业科学院作物研究所的研究员，早年毕业于美国著名的加州理工学院，而长期在那里担任生物系主任的正是摩尔根。

鲍先生思想开明，他不仅鼓励袁隆平要大胆探索，而且告诉他实事求是才是做学问的态度。袁隆平在鲍先生的帮助下，得到了在农科院的图书馆中博览国外的水稻专业杂志的机会，杂志上有不少国外关于遗传学的热点问题，以及有关杂交育种的实际进展等的最新情况，这次来北京真是不虚此行，袁隆平感觉收获蛮大，培育“杂交水稻”的信心也更坚决了。

漆黑的黎明前夜，“杂交水稻”就好像是一颗高挂天际的启明星，已经开始对袁隆平眨起了妩媚的眼睛……

3

伉俪携行，甜蜜美满的家庭

舒适的家庭生活，是帮助一个男人成事立业的要素。

——雅科硕

王国维在《人间词话》中说：古今之成大事业、大学问者，必经过三种之境界：“昨夜西风凋碧树。独上高楼，望尽天涯路。”此第一境也。“衣带渐宽终不悔，为伊消得人憔悴。”此第二境也。“众里寻他千百度，蓦然回首，那人却在，灯火阑珊处。”此第三境也。

袁隆平和邓哲（原名邓则）的爱情，以及袁隆平在海南岛发现那株“野败”，都让他完美地体验了一回王大师所言的三种境界。有人说袁隆平和邓哲的爱情是“师生恋 + 闪婚”，这两样东西可都是现代潮人才能玩得起的新玩意儿，袁隆平身上究竟有什么神奇的魔力，一首情诗，一包喜糖，就让邓哲心甘情愿地嫁给了人送绰号“油榨鬼”的袁隆平？

杂交水稻早就在水稻权威的口中被打上了一个大大的红“×”，在水稻界有一个公认的真理，那就是水稻自交不退化，杂交无优势。袁隆平一个中专的教师，向这个被视为禁地的领域发起了进攻，他凭的绝不是冲动和鲁莽，因为他发现了一把能打开杂交水稻育种之门的金钥匙——雄性不育株！

爱情，漏在指尖的沙

不好的出身和家庭，让袁隆平心底忍不住发出了一声声“爱情，你在哪里”的呼喊。

可是树林内，虚幻的小提琴声中，长不出真实的爱情，飞动的琴弓，引不来姑娘们的瞩目。衣冠楚楚，相貌堂堂，真的是爱情的基础？出身清白，家境富有，难道就是爱情必备的土壤？可惜，这一切袁隆平都不具备，他具备的雄心壮志、才情渊博都深藏在心里，那是一座巨大的所罗门王的宝藏，那个探宝的姑娘，那个知道开门暗语的公主，你在哪里？你还是坐着南瓜马车，穿着闪亮的水晶鞋，赶快出现吧！

“蒹葭苍苍，白露为霜。所谓伊人，在水一方”——那个像云一样轻、水一样柔的女子，你究竟在哪里？袁隆平的另外一半，你究竟在何方？袁隆平不禁一次次地追问，可是得到的回答却是：天空寥落、山岳静肃，原野被霜，沅水流长……

袁隆平的“恋爱史”最早可以追溯到1956年，这一年，他曾经被派到黔阳的一所中学去代课，因为袁隆平学识渊博，性格随和，一位年轻的女化学教师向他偷偷地射出了丘比特的爱神之箭。

袁隆平和这个女化学教师谈了三年的恋爱，然而，那个女化学教师还是跟别人结婚了。袁隆平在杂交水稻领域捷报频传后，这个女化学教师曾经说过“一失足成千古恨”。可是，在那个时代，很多美好的爱情都成了政治的牺牲品。好在袁隆平心胸宽广，是一个善于避开世俗的纷扰、勤于专注自己事业的实干家。否则在那段灰暗的岁月里，他真不知道该如何坚持了。

袁隆平的父亲曾经做过国民政府的高官，自然是影响了袁隆平，在接下来的1957年的反右派斗争中，说话直爽、不懂政治、不知道保护自己的袁隆平被内定为中右。

这一天傍晚，心情沉闷的袁隆平站在学校校园的樟树林中，他肩膀上夹着小提琴，右手中琴弓挥动，拉响了马斯奈的歌剧《泰伊思》中的沉思曲。这首哀婉的小提琴曲又称为“泰伊思冥想曲”，这首曲子虽然结构简单，但里面饱含的忧伤情绪，能让听到琴声的人，无不为之动容。

深秋老树落叶飘，琴曲忧伤沉水流。袁隆平拉完了这首小提琴曲，他的心还沉浸在起伏的琴声中，曹延科老师从林外的小路走了过来。

曹老师是湖南人，他早袁隆平两年来到安江农校，现在和袁隆平同在一个教研室，因为生得慈眉善目，白白胖胖，于是大家都管他叫“曹胖公”。

曹胖公平时和袁隆平是无话不谈的好友。这天食堂的稀饭稀得都能映出人影，根本填不饱肚子，曹胖公的爱人无奈之下只得利用业余时间，采来了一篮子艾叶，然后捣烂掺入米粉，蒸出了一锅艾叶粑粑，他找袁隆平去试尝他爱人的手艺。袁隆平身体消瘦，早就露出了营养不良的迹象，而且又遭到了失恋的打击，曹胖公也怕袁隆平想不开，找他吃艾叶粑粑也是为了安抚他。

袁隆平听曹胖公讲完了他的担心，呵呵一笑："曹老师，你净为我乱操心，我小时候吞过钉子，顶着日军飞机扫射投弹去嘉陵江中游泳，这点小事儿哪能打击倒我，不过嫂子的艾叶粑粑，我是一定要吃的！"

袁隆平小时候确实有一个淘气的"小马驹"的绰号，他弄坏过婆婆的水烟袋，砸坏过婆婆家床下的荞麦坛子，并弄了一头一脸的荞麦面粉。小隆平看到木匠将铁钉叼在嘴里，他以为很好玩，就照样学样，叼着钉子，翻起跟斗，可是却将一枚尖利的钉子吞到了肚子里……袁隆平顶着日军飞机扫射投弹去嘉陵江中游泳，后来被父亲一顿胖揍的事情曹胖公也早就听袁隆平说过。曹胖公一看袁隆平面对失恋的打击并没有消沉和颓唐，他笑道："我早就知道失恋对你不算个事儿嘛！"

袁隆平今天的琴声中之所以充满忧伤和哀婉的情绪，是因为他在沅水的岸边看到了一具饿殍……曹胖公伸手挡住了袁隆平的嘴巴，他往林外看了看，一见没人，这才压低声音说："隆平，这种事情，还是少说为妙！"

两个人一前一后走出了树林，袁隆平告诉曹胖公，他看到饿殍，回来后就做了一个梦，他梦见自己培育的稻种成功了，那稻种种在地里，水稻长得跟高粱一样高，穗子像扫把那么长，颗粒像花生米那么大……这世上再也没有饥饿，处处都是一张张笑脸。

曹胖公明白袁隆平的意思，袁隆平是想尽快培育出“杂交水稻”。可是，对于研制杂交水稻，曹胖公却没有多大信心，美国哈佛大学的教科书《遗传学原理》中明确写道：“稻麦等自花授粉作物，自交不退化，杂交无优势……”袁隆平一个农校的老师，他竟要向遗传学的权威挑战，竟要向“杂交水稻”这一世界级的高难课题发起冲刺，这岂不是自不量力，在做一件蚍蜉撼大树的傻事儿吗？

困难只能吓倒懦夫懒汉，胜利永远属于敢于攀登科学高峰的人。暂时的困难和失败对于袁隆平来说，只是头顶的云，淡淡飘走；耳边的风，轻轻吹过；眼前的雾，悄悄散去……对于意志不坚定的人来说，困难是绊马索，是绊脚石。袁隆平有办法将绊马索变成通天绳，将绊脚石变成迈向胜利的台阶。

曹胖公的家虽然是低矮的小平房，可是他爱人蒸出的艾叶粑粑味道确实很好，吃到嘴里，先有一点艾叶所特有的苦味，可是苦味过后，嘴里就有了一种特有的甘甜。

袁隆平饱吃了一顿艾叶粑粑，曹胖公的爱人告诉他，在她们黔阳针织厂有个姓史的姑娘，两个人是好朋友，她想将史姑娘介绍给袁隆平。

袁隆平连声感谢曹胖公爱人给自己当红娘的好意，可是一出曹家便将这事忘到了耳前脖子后。三天过去，曹胖公一脸急切地在实验田中找到了袁隆平，说：“袁老师，你快上来，人家史姑娘在我家等着你呢！”

袁隆平虽然对这种拉郎配似的相亲不赞同，但曹胖公夫妻俩的好意他却不能不领。袁隆平上了田埂，回到单身宿舍，东找西翻，也没找到一身像样的衣服，最后袁隆平随手穿了一件皱巴巴的蓝哔叽长裤，上身套了一件紧绷绷的毛料中山装，衣冠不整地出现在曹胖公的家里。

纺织厂在20世经60年代可是一个好单位。史姑娘虽然没有多少文化，但人却长得漂亮。曹胖公的爱人在给史姑娘提亲的时候一个劲儿地夸袁隆平好，说袁隆平是个很有前途的育种专家，目前正进行着一项非常了不起的“杂交水稻”的实验，经过曹胖公爱人的介绍，史姑娘的脑海里已经出现了一位衣冠楚楚、风度翩翩、骑着白马的英俊王子的形象。

可是，当她看到皮肤被阳光晒得黝黑，穿着皱皱巴巴的衣服，浑身上下散发着泥土味道的袁隆平时，不由得大失所望，心也是一下子掉到了凉水缸中。

不用猜想，袁隆平的这一次相亲以失败告终了。

情诗，心灵的呼唤

怎么打动心仪姑娘的芳心？那就送她一束玫瑰花。如何向亲爱的姑娘求婚？那就送她一枚晶莹璀璨、散发着熠熠光辉的钻戒。

不过，这些东西袁隆平都没有。他住的是单身宿舍，他穿的衣服非破即旧，他兜里的票子入不抵出。但袁隆平有才华，他有满肚子的学问，他伏笔疾书，究竟写了怎样的一首情诗，这才叩开了邓哲的芳心？

邓哲给袁隆平回了一封信，看到信的内容，袁隆平就认定了，这辈子一定要娶她做自己的新娘——那段燃烧着激情的岁月，两颗热辣辣跳动的心，一段水晶般、不掺任何杂质的感情……

曹胖公夫妻二人一脸的懊恼，可是袁隆平却显得并不在意，曹胖公说：“袁老师，你教书一流，育种也不甘落后，可是找对象，你总得买件像样的衣服穿吧？”

袁隆平笑着说：“呵呵，这建议我接受，不过下次帮我找对象，你们还是给我找个不看重外表的吧！”

曹胖公为了给袁隆平物色一个中意的姑娘，确实是下了功夫。这天，曹胖公的两个学生，谢万安和王业甫，毕业分配工作后到他家里做客，曹胖公便向两个人说起了这件事。

谢万安和王业甫也都是袁隆平的学生，他们两个人对袁隆平的才学早就心存佩服，听说给袁老师找对象，他们齐声说：“曹老师，您问对人了，我们还真认识这样一个姑娘！”

曹胖公问：“你们说的是谁？”

谢万安和王业甫说的这位姑娘名叫邓则。邓则那年25岁，不仅才貌出众，而且还是安江农校当年的篮球队队长。邓则从安江农校毕业后，被分配到了黔阳县西路口的农技站，从事农业技术推广工作，因为家庭出身不好的缘故，至今仍是独身一人。

曹胖公曾经教过邓则，知道邓则是个好姑娘，他急忙安排谢王二人先到邓则那里问一问，婚姻可是大事，一点也马虎不得。

1963年冬日里的一天，谢万安和王业甫以同学的身份，到农技站去串门，他们来到邓则住的单身宿舍。两个人一边围着屋里的火炉烤火，一边将话题转到了邓则的婚事上面。

谢万安试探地说：“邓则，人家都说男大当婚，女大当嫁，你是不是也该成个家了？”

邓则笑道：“你们怎么突然关心起这事儿了？”

王业甫说：“其实我们今天来，是想给你介绍一位。”

“谁？”邓则好奇地问。

“袁隆平，袁老师！”谢王两人一起说。

提起袁隆平这个令她尊敬的名字，邓则嘴里虽然不说话，但心里却翻涌起一阵阵的涟漪。

袁隆平渊博的知识，绝好的琴技，幽默的谈吐，无一不令邓则着迷。让邓则记忆最深的一件事，就是她在学校念书的时候，袁隆平曾经教过她游泳。有一次，邓则一个猛子扎到河水中，头顶被河底的卵石撞了个青包。为此，袁隆平还特意领着她和其他学游泳的同学们下了馆子，为邓则压惊，可见袁隆平是个多么细心的人。

邓则听到两位同学当起了热心的红娘，她不由得羞答答地低下了头。

王业甫在一旁趁热打铁，说：“我们都了解袁老师，你和他真是天生的一对，看来我们这个月老还真是当对了！”

据唐代李复言《续幽怪录》中记载，一个名叫韦固的书生路过宋城，在南店巧遇一老人。老人依靠着布袋，在月光下翻检一本书。那书里记载着天下男女的姻缘，而布袋里装着的红绳是用来系住有缘男女的脚的，而系住脚的男女，今世必定会结成夫妻。老人还告诉韦固，他将来的妻子是在市场买菜的盲妇怀里抱着的三岁小女孩。韦固听了很不高兴，觉得盲妇生的小女孩根本配不上自己。韦固气得找人刺杀小女孩，但那人一时失手，只在小女孩眉心划了一刀。

转眼过了14年，韦固娶了相州刺史王泰的掌上明珠。这个姑娘人长得很美，只是眉间常贴着一片花子，连沐浴时都不曾拿掉。韦固觉得很奇怪，于是便问妻子，妻子说："小时候保姆抱着我去市场时，被一个狂贼刺杀，留下一个刀痕，所以用花子遮盖。"韦固听了，突然想到14年前的往事，便紧张地问道："那保姆是不是一个失明的妇人?"妻子答说："是啊!"韦固惊讶不已，想到当年月下老人说的话，深觉男女的姻缘，果真是上天注定，没有人可以改变。

此事传到宋城，宋城的地方官即将南店题为"订婚店"。因为故事中的月下老人掌管人间姻缘，所以后来就衍生出了"月下老人"这个成语。

袁隆平33岁未娶，而邓则25岁未嫁，是机缘巧合，还是造化弄人？其实命运早就作出了安排，月下老人早已经在两个人的脚上系了红线，这辈子他们是做定夫妻了。

谢王二人为了尽快促成此事，他们急忙赶回农校，找到了曹胖公。曹胖公听到这个振奋人心的好消息后，立马来到了袁隆平的单身宿舍。

袁隆平对邓则还是有一些了解的。邓则是一位仪态端庄，温良娴雅，一笑俩酒窝的漂亮姑娘，如果不是家庭出身不好，恐怕早就已经嫁人了。

曹胖公看着袁隆平不温不火的态度，他也急了，说："隆平，这可是天赐良机，你可一定要抓紧!"

袁隆平苦笑道："这事儿可急不得!"

袁隆平嘴里说不着急，他其实心里早就有谱了。这天晚上，他想着自己和邓则在安江农校以师生名义相处四年的融洽经历，便提起笔来，洋洋洒洒地写了一首热烈的情诗——

茫茫苍穹，
漫漫岁月，
求索的路上，
多想牵上，
一只暖心的酥手，
穿越凄风苦雨，
觅尽南北西东，
蓦然回首，
斯人却在咫尺中。

1963年的冬天是寒冷的，可是这首热辣辣的情诗正被邓则捧在手中。熟悉的笔体，带着温度的诗句，让寒冬里的邓则犹如沐浴在三春阳光中，浑身上下都充满了温暖和幸福的感觉。

她太熟悉袁老师了，虽然他们俩已经有四年没见面了，但袁隆平教学育人，埋头搞“杂交水稻”的事儿，还是通过各种渠道不断传到她的耳朵里。

对于理想中的白马王子，一百个姑娘就有一百种不同的憧憬和解释：有的姑娘心中的白马王子要有潘安之貌；有的要有石崇之富；有的要有霸王之势。邓则是个睿智的姑娘，她想要自己未来的另一半有司马相如之才。

袁隆平一张瘦削的脸被阳光这只神奇的画笔，涂满了黝黑的保护色。再看他赤脚下田时一个裤腿高一个裤腿低的“泥腿子”形象，天下没有哪个姑娘会将袁隆平和浑金璞玉联系到一起。即使努力上进，满肚子都是培育“杂交稻种”那样大学问的袁隆平被某一个姑娘遇到，这个姑娘也会将他当成“土坷垃”，一脚踢开。可就是这个不起眼的“土坷垃”，在邓则的眼里就是一颗“夜明珠”，就是一块“连城璧”。虽然珠未成型，璧未雕琢，但邓则那双慧眼已经早早地发现了袁隆平身上即使清贫、困苦和劫难也掩饰不住的光芒。

俄罗斯有一首歌曲，叫《要嫁就嫁给普京这样的人》。袁隆平和邓则结婚后，不管是身处逆境的低谷，还是跃上人生的顶峰，他始终对邓则都不离不弃，这份几十年如一日的爱情，真的让人万分羡慕，套用俄罗斯那首歌的歌名——《要嫁就嫁给袁隆平这样的人》应该会引起更多年轻人的共鸣吧?!

1963年的那个冬季，袁隆平和邓则两个人都被“爱情撞了一下腰”。他们通过鸿雁寄书，尺牍传情，感情也在一步步地升温。

有一次，袁隆平在信中写出了自己做的那个梦——他梦见自己种的水稻长得跟高粱一样高，穗子像扫把那么长，颗粒像花生米那么大，他就坐在稻穗下乘凉……

邓则给他回信，她相信有一天袁隆平的梦一定能通过努力变成有声有色的现实!

袁隆平在向别人讲述“禾下乘凉”梦的时候，曾经遭受到很多人的嘲笑和白眼，没想到邓则却认定他那个“白日梦”在不久的将来一定会变成现实。袁隆平这个浑身上下抽去了水分只剩下钢条的汉子，一时间感动得眼眶发湿，他这辈子已经认定了邓则这个好姑娘!

新娘，邓哲是个好姑娘

杭州市曾经做过统计，凡是在断桥上谈恋爱而最后结婚的夫妻，他们的爱情都是最幸福的，因为他们的婚姻得到了许仙和白娘子的护佑。

汉武帝刘彻曾经说过：我要取了阿娇，当以金屋储之。袁隆平和邓哲牵手，终于要走进他们的洞房了。

袁隆平究竟给邓哲准备了一间什么样的洞房，他们的婚礼又是如何的另类？两个人一路牵手走来，共同经历了风雨，历经了磨难，最后又幸福地开始庆祝银婚……看过了他们的婚礼，也许你就能找到真实的答案。

1964年春节，曹胖公一脸高兴地找到袁隆平，说："隆平，我给你带来了一个好消息！"

袁隆平在研究室刚刚做完育苗实验，满脑子都是"杂交水稻"的问题，他不解地问："莫非国内的同行在水稻杂交方面取得新进展了吗？"

曹胖公呵呵笑道："杂交水稻，杂交水稻，你满脑袋怎么都是杂交水稻？我这个好消息是关于邓则的！"

这年春天，黔阳地区要举行全区职工业余篮球比赛。李代举是裁判长。曹胖公和李代举为了袁隆平，他们使了一点小"手段"，将邓则的比赛地点定在了安江农校的礼堂。

邓则在安江农校参赛的一段时间对于袁隆平来说，就是"水稻扬花授粉"最为关键的时期。搞杂交水稻虽然可以旷日持久，但搞对象却得速战速决。曹胖公的意思很明白：邓则可是个好姑娘，不赶快逮住老婆入洞房，真要让哪个小伙子半路抢走，袁隆平哭都没地方哭去！

袁隆平用手挠了挠头皮，为难地说："这事儿我还没和邓则商量呢?”

曹胖公连说袁隆平书生气，但袁隆平担心的也并不是一点道理都没有，毕竟婚姻是两个人的事情，不管他如何愿意，总得邓则点头才成!

曹胖公拍了拍胸脯说:“袁老师，你以为我这个媒人是吃素的吗?你就等着欢天喜地入洞房吧!”

袁隆平终于点头:“那就一切有劳你这个大媒人了!”

春节刚刚过完，一场大雪便纷纷而至，节日欢乐的气氛夹着瑞雪兆丰年的喜悦，黔阳县职工业余篮球比赛也紧锣密鼓地开始了。

袁隆平“醉翁之意不在酒”，邓则来到安江农校参赛的第一天，袁隆平就将她请到了自己的单身宿舍。

曹胖公为免两个人尴尬，他在一边作陪。袁隆平在安江农校生活的点点滴滴，邓则早就有所耳闻，比如，不爱洗衣服的袁隆平就有一套远近闻名的解决洗衣难题的办法。

袁隆平搞“杂交水稻”有一套，他洗衣服也是奇招连连:第一招，他花钱请人将自己的衣服袖口显脏的地方翻过来缝上再穿;奇招之二，他将穿脏的衣服直接送给学生，然后从学生手里换取布票，直接买件新衣服，这样学生只要洗一下，就能得到一件不错的衣服，而他也省去了洗衣服的苦恼。

办法总比困难多，袁隆平面对问题，总会想出一套自己的解决办法，这在以后的育种工作中，确实得到了进一步的验证。

曹胖公在邓则来安江农校比赛之前，他就叮嘱袁隆平，一定要把宿舍打扫干净，他当日陪着邓则来到袁隆平的房间之前，他的心就先悬了起来。

室雅何须大，花香不再多。袁隆平的单人宿舍房间面积不小，可除了一桌、一床、一把椅子和一只旧衣箱之外，竟没有其他可称得上“高雅”的生活用品。

唯有床上堆放的一堆书籍显示着房间主人的博学多才。而墙边放着的旧脸盆和一套碗筷餐具，默默诉说着房间主人的形单影只和独身男人的不易。

邓则在接受袁隆平邀请之前，心里早就有所准备，一个单身汉的宿舍，基本上就是又乱又脏。可是她看着袁隆平收拾得有些模样的宿舍，心里不由得涌起了一丝丝的幸福感觉。很显然，袁隆平为了迎接她的到来，确实是下了一番功夫。

三个人说了会儿话，邓则吃了一个袁隆平亲手剥的甜橘子，可是她去墙边的脸盆旁洗手的时候，袁隆平却尴尬地说：“这个……这个脸盆不能洗手，它漏水了！”

邓则笑道：“那你怎么用它洗手呢？”

袁隆平急忙将脸盆漏水的一侧用手翘起来，这样水就集中到了不漏水的一侧，如此就可以洗手了。曹胖公看着邓则在袁隆平的帮助下洗了手，而她脸上并没有露出嫌弃的神色，他那一颗悬在喉咙眼的心，这才放到了肚子里。

曹胖公决定趁热打铁，他说：“邓则，你和袁老师要是都没有什么意见，我看就趁早将手续办了，这样，袁老师领人去赛场给你加油就名正言顺了！”

邓则一开始的时候害怕黔阳县篮球队的领队不同意，没想到曹胖公早有准备，他通过李代举老师，已经和篮球队的领队事先打过了招呼。

邓则为难地说：“婚姻大事，我总得告诉我妈一声吧？”

曹胖公还没有说话，袁隆平在一边告诉邓则，他们的事情，自己的父母也不知道。

曹胖公笑道："新社会，新办法，你们俩郎才女貌，知根知底，双方父母得到消息后，高兴还来不及，哪还能反对?!"

邓则觉得曹胖公讲得有理，她最后迎着袁隆平热切的眼睛，红着脸轻轻地点了点头，两个人的婚事，就这样被定了下来！

袁隆平和邓则要结婚的消息一阵风似的在安江农校校园里传开来，同学们都兴高采烈地跑来帮袁老师挂蚊帐、换床单、布置新房。女体育老师周宝珠给新娘子邓则做了一双绣着蝴蝶的新平绒布鞋。曹胖公拿出了五块钱，买来了一堆喜糖，招待来贺喜的农校师生。就这样，两人的婚礼在安江农校校长的主持下正式举行。

袁隆平和邓则的婚事可以用六个字来形容，那就是：既热烈又简单！

> 紫陌风光好，绣阁绮罗香。相将人月圆夜，早庆贺新郎。先自少年心意，为惜殢人娇态，久已愿成双。此夕于飞乐，共学燕归梁。
>
> 索酒子，迎仙客，醉红妆。诉衷情处，些儿好语意难忘。但愿千秋岁里，结取万年欢会，恩爱应天长。行喜长春宅，兰玉满庭芳。
>
> （《水调歌头（贺人新娶，集曲名)》)

这是南宋词人袁长吉写的一首祝贺他人结婚的贺词。要知道，结婚对于一对新人来说那是一辈子的大事。从今以后，他们不再形单影只，不再孤影彷徨，因为爱情的结合，他们就成了比翼齐飞的鸳鸯。

虽然他们没有收到满园的玫瑰，但是他们走过的路却铺满了同事和同学们美好的祝福；虽然他们的婚车不是劳斯莱斯，只是普通的自行车，但自行车上的爱情远比劳斯莱斯车里的爱情还要稳固和浪漫。

没有婚纱照，更没有灯红和酒绿，他们的爱情就是一坛老酒，经历了岁月的发酵，时光的洗礼，散发出的都是醉人的馨香。

袁隆平的一位同事兼好友，还特意在袁隆平单身宿舍的门上写了一副对联。上联是“水中仙独具慧眼择郎君”下联是“油榨鬼时来运转结良缘”。水中仙指的是邓则，而油榨鬼（自由散漫的意思）自然就是袁隆平了。横批是“皆大欢喜”。这副对联人看人笑，邓则和袁隆平结婚后还将这幅对联保留了一段时间。

婚礼过后，因为两个人不在同一单位，袁隆平仍然住在农校，而邓则住在农技站的单身宿舍，他们两个人分多聚少，开始了长达十多年的牛郎织女的生活。

袁隆平有了邓则这个贤内助后，更是一头扑进了“杂交水稻”育种的海洋，奋力钻研，忘我拼搏，有首歌唱得很不错：不经历风雨怎能见彩虹，没有人能随随便便成功！

想要上山打虎，必须有武松一样强悍的武艺，想要探骊得珠，必须有遨游四海的强大水性。

婚后，两个人除了感情好得蜜里调油之外，还有两个不能不提的变化，一是邓则不再管袁隆平叫老师，毕竟他们已经是名正言顺的夫妻了。二是邓则名字中的则，在四川话中，发音和“贼”是一样的，袁隆平就将“则”字改成了“哲”字。

邓哲，这个哲字中，不仅包含着睿智的成分，更有一种哲学的味道。从此之后，邓则就变成了邓哲。

与其在悬崖上展览千年，不如在爱人肩头痛哭一晚。爱情，你有喷香的味道，你有七彩的颜色，你有火辣的温度。令人无限向往的爱情，你真是个神奇的好东西！

杂交，有方法更得有方向

袁隆平一边吃着难吃的钵子饭，一边研究被权威专家认为是“死胡同”的杂交水稻。邓哲“懂”自己的丈夫可不代表周围的人都理解他。袁隆平要面对一个怎样的环境，那些用流言蜚语，宣布杂交水稻“死刑”的人究竟都有谁？

往事不堪回首，那些不利的环境，嘲讽的压力，又是如何被袁隆平变成了动力？袁隆平那一段艰苦的岁月，告诉我们一个可贵的道理，那就是：成功一定要有个好的心态。

钵子饭很多人都没见过，这是当年安江农校集体食堂的常见主食。首先在一种未经涂釉的素陶饭钵中加上稻米，然后把钵子放到四角状的木大蒸笼去蒸，蒸好以后，将两个饭钵叩在一起，即为钵子饭。

袁隆平和邓哲新婚后的第一顿饭吃的就是这东西。由于三年自然灾害刚刚过去，钵子饭里的稻米又黄又小，还干硬粗糙。食堂的大锅菜就更不入流了，不仅缺盐少油，而且寡淡无味。

袁隆平歉意地道：“邓哲，你和我吃的第一顿饭就亏了，你要是去吃运动员的小灶，一定要比这个强上很多倍！”

邓哲一边吃饭，一边认真地说：“要是你培育成了杂交水稻，我们就不用吃这么难咽的稻米了！”

袁隆平在和邓哲结婚前曾经和一位化学女老师有过一段恋情，因为袁隆平的出身不好，那个女老师经不住亲朋好友的劝说，最终放弃了袁隆平。可是这位化学女老师却始终对袁隆平念念不忘，她在袁隆平和邓哲结婚前的一段时间里，还曾给袁隆平写来了三封信，并在信中表达了想重修旧好的意愿。

邓哲和袁隆平结婚后，她也曾拿着化学女老师写的“修好信”问过袁隆平，当时的袁隆平笑着，嗔怪了邓哲几句“小心眼”，没过几天，那些信就都不翼而飞了。若干年后，邓哲开玩笑似的问起那些信的去处，袁隆平很认真地讲，早就被他一把火烧掉了。

爱情的眼里容不下第三者，袁隆平可不是脚踩两只船的男人，邓哲嫁给她，他会一辈子对邓哲好！

吃得菜根，则百事可做。邓哲虽然不做育种工作，但她有读农校的底子。袁隆平和自己的新婚妻子吃过钵子饭后，便开始探讨起“杂交水稻”培育的思路。

优中选优的培育水稻的方法，已经被国内外水稻制种界沿用了多年，虽然也选出了几个表现不错的水稻品种，但只是将水稻的单产从300斤增加到了500斤而已。

经过几十年的优选工作，能够选出的高产水稻品种都已经被选了出来，目前“优选法”基本处于停滞不前的状态，袁隆平觉得“优选”这条路的前景并不十分广阔。

想要使水稻高产，必须走杂交这条路。纵然这是一条充满了荆棘，充满了坎坷，充满了未知困难的路，但袁隆平认定了这条路后，任何困难也就阻拦不住他坚定地走下去的脚步！

邓哲问道："水稻杂交确实是一条新思路，可是水稻是自花授粉作物，怎么能得到杂交种子呢？"

袁隆平拿出了一册记录夹，这个本子上，清晰地写着两条水稻杂交育种的思路：第一种方法是人工去雄。水稻是自花授粉作物，也就是说，每株稻穗上有一百多朵花，每一朵花上，都会同时长出雄蕊和雌蕊。雌蕊的柱头被雄蕊受精后，一朵花结一粒种子，如果未能受精，这朵花便会成为一个空瘪的稻壳。人工去雄，就是人工去除这株稻穗上的雄蕊，然后再让其他稻穗上的雄蕊为这株稻穗上的雌蕊进行授粉和杂交。

这种人工去雄的方法费工费力，可以在实验室中小规模地进行，但是产生的种子有限，不可能在大田中搞大规模的实验，所以这种方法只是一个思路，基本可以对其进行否定。

第二种方法便是找到雄花不育的母稻。雌蕊正常，雄蕊不育，就是这株稻穗上的雄花蕊发生了病变，失去了自花授粉的能力，水稻想要生长，必须要借助周围水稻上的雄花为自己授粉，从而培育出杂交优质稻种。

雄花不育的母稻在自然界中虽存在，但却难于找到，将其培养成杂交水稻的"母稻"，更是困难重重。培养雄花不育的母稻工作在国外也没有先例，故此国际上的某些权威便在理论上断定，此方法没有实用价值。

邓哲对袁隆平的水稻杂交理论很是支持，可是袁隆平的杂交理论正式提出后，立刻在育种界招来了一片质疑之声。

不少反对他的人拿出了一份科学杂志，根据杂志上提供的最新消息称：早在 1926 年，美国人琼斯就发现了水稻雄花不育的现象，根据他的理论，日本、美国和菲律宾都曾进行过杂交水稻的实验，但却无一例外地都失败了。

杂交有优势，袁隆平为了说服反对他的人，便用宋应星在《齐民要术》中记载的例子：马和驴杂交可生骡，骡不管在负重和抗病方面，都优于马和驴。马和驴杂交可生骡的杂交实验，至今证明都很成功。

可是反对他的人也是振振有词：古人在动物杂交方面也曾经遭到过完败。比如，有人将家鸡与野鸡杂交，培养出一种称作“猥夷鸡”的家伙，这种鸡产下的鸡蛋孵出鸡雏，并没有改变野鸡原有的野性。

还有人用番鸭与麻鸭杂交，培育出的后代与番鸭相比，个头居然要小一半，因此得了一个“半番”的诨号。这些失败的例子，可以说比比皆是，水稻杂交那么多科技先进的国家都没有搞成功，像咱们这样科技还落后的国家就更别想了。故此很多人断定，袁隆平也定然会在这个世界公认的难题面前碰得“头破血流”。

邓哲将听到的“风凉话”、嘲讽的“衰败话”都告诉了袁隆平，袁隆平放下手中英文原版的《遗传学》，说：“外国人失败，不等于我袁隆平就失败，再说不经过实验，便认定某一个结论，那叫盲从，做科学研究，这种情绪要不得，在水稻育种工作中，这种情绪更要不得！”

袁隆平给邓哲讲完道理，接下来又讲他在国内开展杂交水稻研究所面临的有利条件。首先，我国是产稻大国，稻种丰富，可以极大地满足育种的研究之用；其次，我国幅员辽阔，海南岛等地是育种工作者的天然温室；此外，还有战斗在第一线的育种工作者可以联合展开攻关。

袁隆平讲完上面三个有利条件之后说："我之所以对培育杂交水稻如此有信心，最重要的是有你的支持！"

一个成功的男人背后，一定站着一位默默奉献的伟大女人。没有邓哲的支持，袁隆平能否搞得成"杂交水稻"这个真的很难说，有句歌词写得特别好——军功章，有你的一半，也有我的一半！

袁隆平育成了杂交水稻，这里面也可以说有邓哲的一半功劳。

袁隆平不仅有清楚的目标、坚韧的性格，他办事更是有条不紊，充满了条理性。袁隆平要用三系配套的方法使杂交水稻育种工作尽快成功。

何谓三系配套？是指配制一个优良杂交种所需要的特定的三个系，即不育系、保持系和恢复系，只有这三个系配成了套，杂交水稻的制种工作才算圆满完成。

如果不是专业的制种人员，看到这个三系法的理论定会云里雾里，不明所云。如果用浅显的话来说，就是这个复杂的杂交水稻育种工程，可以用优生优育作比喻。

首先，袁隆平要找到具有天然雄性不育系的"母本水稻"，这就是三系配套中的不育系；找到了不育系之后，接下来的工作就是找到"父本水稻"，这个"父本水稻"需要本身雌雄蕊正常，还能给"母本水稻"授粉，使它们繁育的后代仍能保持不育系的特征，这就是三系配套的恢复系；最关键的地方在最后，那就是再给"母本水稻"找一个处在雄性不育恢复系的"父本水稻"，第二个"父本水稻"除了能自繁外，还要有医治"母本水稻"不育系创伤的功能，使它们产生的"杂交稻种"能够恢复生育能力，天然雄性不育系经过“一母二父”的杂交，并成为可在大田种植的稻种。

发现，终于找到了不育株

> 很多婚姻就是这样，婚前幸福像朵花，可是柴米油盐的婚后生活，却平常得像是一根草。
>
> 三年魔咒，七年之痒，这就是婚姻之舟，很难绕过的两个危险暗礁，袁隆平和邓哲的婚后生活为什么历久弥新，感情永驻？难道在那个时候，邓哲就已经看出自己的丈夫一定会有光明的前途？
>
> 袁隆平下稻田做实验，给他送饭的就是邓哲。袁隆平中暑无法工作，那个抄起放大镜，帮他寻找雄性不育株的人，还是邓哲。邓哲在扮演着一个好妻子的角色，她的名字和贤内助画上了等号。

虽然说功夫不负有心人，但发现雄性不育株，还是费尽了力气和周折……

1964 年的 6 月下旬，骄阳似火，空气酷热，湖南这个季节最为炎热，如果在太阳底下放一只白蜡，相信用不了十分钟，它就会变成一地的蜡油。

袁隆平光着头，赤着脚，裤腿高卷，正手拿放大镜，站在稻田里，一株株地观察着扬花的水稻，仔细寻找着不育株。天然不育株究竟生得什么样子，它的形态有什么特点，这一切的一切，就好像一个谜，都等待着袁隆平亲手解开谜底。

当时还有一个姓潘的学生，也在稻田里帮袁隆平寻找着天然不育株。

袁隆平手里拿着放大镜，沿着田埂，一行行，一株株，一穗穗地找了下去，汗水沿着额头落下，他挥袖擦掉汗水，他的衣服上溅满了泥点，他全然不顾，袁隆平目不转睛地盯着稻田里的稻禾，生怕错过了发现天然不育株的机会。

按照书上提供的理论，天然不育株在普通稻田里的存在概率应该在三万分之一到五万分之一之间，可是一天过去了，两天过去了，五天过去了，袁隆平也不记得检查了多少稻株，天然不育株还是不肯露出它真正的面目。

袁隆平每天吃罢早饭下田，中午就着水壶里的白开水，吃两个凉馒头。即使中午最热的时候也不能休息。艰苦的环境，外加不合口的饮食，袁隆平犯起了严重的肠胃病。

可是一年水稻开花的时间只有十天左右，一旦错过了这段时间，要想找不育株，那就只有再等明年了！

众里寻他千百度，蓦然回首，那人却在灯火阑珊处。袁隆平朝思夜盼的伊人——天然不育株水稻，你究竟在哪里？

袁隆平头顶烈日，身处稻海，手里拿着放大镜，他已经拿出了不找到“伊人”便誓不罢休的劲头。袁隆平嘴唇干裂出血了，他顾不得擦一擦，胃痛了，他就用另一只手压迫止痛。这一天，因为天气太热的缘故，袁隆平身子一歪，“扑通”一声昏倒在了稻田里。

邓哲白天在农技站工作，因为实在放心不下丈夫的身体，这天中午的时候，她做好了热乎乎的饭菜，用饭盒盛着，然后骑着自行车给袁隆平送了过来。

邓哲刚刚骑车来到稻田边，就听见小潘发出的急切的呼救声，她急忙放倒自行车，跳下稻田，和小潘一起将昏倒的袁隆平救到了田边的树阴下。

袁隆平一身泥水，双眼紧闭，邓哲呼喊了半天，袁隆平才睁开了眼睛。小潘要用自行车推着袁隆平去看医生，可是袁隆平却连连摇头，说："时间来不及了，如果不抓紧时间，想要寻找水稻不育株，只能等到明年这个时候了!"

邓哲看着丈夫拿出了"拼命三郎"的劲儿，大有不找到不育株，誓不罢休的势头，她向农技站的领导请假，随后手拿放大镜，也加入到了寻找不育株的"三人小队"之中。

有人说大海捞针是最难的，可是毕竟针落到了海里，只要将海洋搜查一遍，也必然能找到那根落海之针。但在稻海中寻找天然不育株，却比大海捞针还要难，因为没有人知道天然不育株究竟是个什么样子，而且时间不等人，水稻扬花完毕，想要再找不育株，只有等明年了。

寻找天然不育株，就是一件倒计时的工作，压力简直比山都大。如果袁隆平找不到不育株，肯定会有一些人跳出来，扇阴风、点邪火，不知道又该说什么难听的话了。

一连找了13天，邓哲和小潘先后都有些泄气了，还是袁隆平压得住阵脚，他给两个人打气道："我有预感，一定能在今年找到不育株!"

当时袁隆平的胃痛得非常厉害，但是他还是忍着病痛继续工作，他没有去看医生，一直找到第16天中午。此时三个人差不多检查完14万株水稻的时候，邓哲只觉得头顶的阳光就好像一支支炙热的火箭，齐射在她身上，稻田里的水汽被晒得上升，成了一片湿漉漉的雾霾，令她五脏六腑说不出来的难受。邓哲在稻田里工作，就好像是在洗免费的“桑拿浴”，她最后实在坚持不住了，身子一软，瘫倒在了田埂之上。

在不远处工作的袁隆平，急忙将邓哲扶到了稻田边的树下，然后拿出解暑的十滴水，给邓哲服了下去，过了20多分钟，邓哲才缓缓地苏醒过来。

袁隆平为了抢时间，他让邓哲在树下休息，自己和小潘又到稻田开始寻找不育株去了。邓哲休息了一会儿，她只觉得胸口有一团火在烧，她实在待不住了，便拿起了放大镜又悄悄地下到了另一块稻田中。

下午两点多的时候，邓哲正在观察一个稻穗，她手中的放大镜忽然停了下来。她站直了身子，用急促的语气招呼道：“隆平，你快过来看看！”

袁隆平听到邓哲的招呼，他踩着田里的泥水，急忙跑了过来。

正常水稻开花，花药鲜黄，只要有外力触动，便会有大量的花粉飞出。可是邓哲面前的这株水稻，却是一副“病怏怏”的神态，袁隆平手持五倍的放大镜，首先检查这株“怪稻”的花药，检查的结果发现，这株水稻的花药不开裂，即使经过人力震动，也没有花粉飞出。

袁隆平为了确定它是否为自己要找的不育株，便对这株“怪稻”做了标记，接着采下它的花粉，并用碘化钾对其进行了测验。正常的花粉，遇到碘化钾后，就会呈现蓝色反应。这些花粉毫无变化，说明它们绝非正常的花粉。

袁隆平最后确定，这株“怪稻”就是他们朝思夜盼、望穿双眼、苦心孤诣一定要找到的天然不育株。

从 1964 年 7 月到 1965 年 7 月，袁隆平与邓哲等人在安江农校周围生产队的稻田里经过艰苦的寻找，一共找到了 6 株不育株。袁隆平为了精心培育这得来不易的不育株，以及它们的后代，不惜拿出了近一个月的工资——50 块钱，买来了 20 口大钵，然后将这六株“宝贝”栽到了大钵内的培养土之中。

论文，发在《科学通讯》杂志上

中国的国情就是这样，评职称需要论文，大学生考学位需要论文。论文，你真的让人爱又不是，恨又不是。

袁隆平的第一篇论文，究竟上面有什么新奇的内容，使它能在国内最权威的杂志上顺利发表？以至于后来大家都认为这篇论文就好像是播种机，是宣传器，是向杂交水稻进军的号角，是攻向杂交育种碉堡的一颗重型炸弹。袁隆平在这篇论文中，是否勾勒出杂交水稻育种的美好前景？

为了培育杂交水稻不育株，袁隆平需要购买大钵，可是一个非常现实的问题出现了，他缺钱，但他有睿智的头脑，他想出了一个完美的“购制”大钵的办法，遇到困难要克服，这就是袁隆平的性格。也正是这种性格，才让他在一条充满荆棘的科学探索之路上，稳稳地走了下去！

袁隆平面对天然不育株，就像呵护自己的孩子一样，每天浇水施肥，灭草除虫，并按时记录数据，经过两年的栽培实验，证明不育株的人工杂交结实率竟在 80% ~90% 。经杂交繁育出的水稻种子有一部分表现出明显的优势。

科学的道路上容不下半点虚伪。袁隆平经过反复实验，取得了大量真实可靠的第一手数据。他根据这些数据，写成了一篇《水稻的雄性不孕性》的论文，然后寄给了中国科学院主办的《科学通报》杂志。该杂志的主编，就是我国著名的科学家竺可桢先生。

在这篇论文中，袁隆平揭示了水稻不育株的三种主要表现，即无花粉型、花粉败育型和花粉退化型。这也算历史上首次成功揭露水稻雄性不育之谜的论文。袁隆平还在论文中正式提出了培育杂交水稻必须走三系配套的思路。

论文寄出后的一天，他蹲在大钵旁，不顾蚊虫叮咬，正在挥笔记录着不育株的生长情况。

邓哲轻轻地走到袁隆平的身边，袁隆平合上记录夹，兴奋地说："你看，咱们的稻苗生长得多好呀！"

邓哲听袁隆平兴高采烈地夸完了稻苗，便告诉了袁隆平另外一个好消息："我怀孕了！"

袁隆平兴奋地说："真的吗?!"

邓哲肯定地点点头。袁隆平上前一把抓住了邓哲的手，说："水稻不育株的第二代繁育成功，我们又有了孩子，这真是双喜临门呀！"

袁隆平借着高兴劲儿，告诉邓哲，自己准备再去买60只大钵，然后他要抓紧时间繁育不育株的杂交第三代。现在全国刚从三年自然灾害中解脱出来，党中央又号召全体科研人员要大搞粮食生产，袁隆平真想明天一睁眼，就能见到高产的杂交水稻种子。

但培育杂交水稻种子是一件旷日持久的工作。而且水肥、管理、撒药、除虫等种植水稻的任何一个环节都不能马虎。

中国有句古话，饿死爹娘，留下种粮。可见种子在农业生产中的重要性。一颗好的种子，必须要具备三个条件才能称其为好种子：首先对种植条件要求低，其次便是产量大，最后抵风霜、病虫等的抗逆性要好。如果将好种子的概念引申一下，想要培育成这样的好种子，育种的人，必须要有这三种超人的特质。

袁隆平的身上，很显然就具有这三种特质。他对生活质量的要求很低，可是面对困难，并战胜困难，却很有一套方法。如果一个人用身上的百点热，耀出千分光，就算是成功，那么袁隆平却是用身上的百点热，耀出了万分光。这种光就是照亮育种业，跨越五洲，泽及人类的粮食之光。

当时，袁隆平和邓哲两个人的工资加在一起也就有一百块钱左右，除了日常的花销，大部分工资都被袁隆平拿来买实验器材了。邓哲知道自己生下孩子之后，家庭的开销一定会成倍地增长，可是没有大钵，袁隆平的实验就没法做下去。但60个大钵得需要一百多元钱，邓哲为了支持袁隆平搞育种实验，她咬咬牙，还是将家里仅有的195块钱的存折取了出来，说："这是咱们全部的家当，你可要省着点花呀！"

袁隆平手里拿着存折，仔细一琢磨，这才觉得有些不妥。原本那些宝贝不育株，在他的心里，就是他最亲的孩子。为它们付出，为它们花钱，他不仅不会皱眉头，而且还觉得理所当然。

可是邓哲怀的可是自己的亲生骨肉，总不能为了水稻这个孩子，而冷落了亲生的骨肉吧？如果那样的话，他这个父亲就当得太不够格了！

袁隆平将存折又交到了邓哲的手中，他笑着说："我倒有个方法，能弄来免费的大钵，存折你还是先收起来吧！"

袁隆平需要的大钵只是装土种稻，根本不用考虑"形状"和"皮毛"的好坏，只要钵体没有裂纹，不漏水就可以。于是，袁隆平领着几个学生，推着手推车，直奔安江农校旁的钵窑而去。袁隆平和钵窑的老板一说目的，那个钵窑的老板用手往钵窑后一指："袁老师，您培育稻种，对老百姓来说可是大好事，那边有一堆废钵，你就随便挑吧！"

女作家三毛曾经这样写道：等我长大了，我要做个拾破烂的……人们常常不知不觉地将许多还可以利用的好东西当作垃圾丢掉，拾破烂的人，最愉快的时刻就是将这些蒙尘、废弃的好东西再度发掘出来……

变废为宝，那需要聪明，化腐朽为神奇，却需要智慧。

袁隆平领着学生们，挑了60个缺口漏釉、形状不匀的废钵，将其推到了自己的试验场。他这次一分钱没花，便为自己的"孩子"——第三代不育株水稻解决了"安乐窝"。毕竟他这个"父亲"目前太清贫，袁隆平暗暗发誓，等将来有了经费，一定要为它们买来最好的大钵，补偿对它们所有的亏欠。

1966年五一劳动节前的几天，一张30多块钱的稿费单翩翩寄至安江农校。拿着这张稿费单子，他兴奋得差点跳了起来，这张稿费单子发自科学出版社，他的《水稻的雄性不孕性》的论文，已经变成铅字，印发在了这一年《科学通报》第17卷4期的杂志上。因为这篇文章内容独特，观点清晰，论据明确，随后又被转登在了英文版的《科学通报》上，袁隆平前后一共收到了大约50元稿费。

袁隆平的工资当时是 73 元，50 元的稿费在当时也算是一笔“巨款”，可这笔钱和袁隆平付出的辛苦比起来，简直就是将绿豆丢进了西瓜园，一点都没有可比性，但这毕竟是袁隆平第一次得到稿费，面对自己的研究成果得到权威杂志的肯定，袁隆平心里真是比吃了枣花蜜都甜。

在当时，中国科学院有两份期刊，一份是《中国科学》，另一份就是《科学通报》，《科学通报》是上下半月刊，同时用中、英、法、德和俄语一起出版。当时很多在中国科学院供职的研究人员在《科学通报》上发稿都很困难，袁隆平以一个偏僻山区的农校教员的身份却在上面占了一席之地，他这篇论文的价值和分量，便可想而知了。

成熟的谷子低头，昂着首的一定是稗草。袁隆平的论文发表后，他没有声张，毕竟“杂交水稻”的实验才刚刚起步，以后还有很长的路要走……

同年的五一节，邓哲生下了一个英俊聪明的小男孩。袁隆平给自己的第一个儿子起名五一——五一国际劳动节，这个名字除了有纪念意义外，还有不忘劳动的意思，这朴素的名字，确实能引起人的无限遐思！

4

遇礁成浪，困苦逆境中的成长

艰苦是一把锋利的雕刀，时刻都在雕琢着人们的灵魂。

——（法）大仲马

渡河！渡河！渡河！这是宋代名将宗泽临终前发出的呼喊声。根据史书上记载，宗泽明知自己病重，在世不长，他病逝之前，还是念念不忘誓师北伐，临终无一语及家事，只是高喊三声“渡河”而逝。

每每读到这段文字时，也不由为宗泽的报国之心所感。袁隆平坚信，科学可以没有国界，但一个科学家却得有祖国。一个科学家如果不爱国，他一定不会做出很大的成绩……

即使是疯狂可怕的运动袭来，袁隆平爱国的心也不会变；不论稻株被毁，还是下矿劳动，不培育成功杂交水稻，袁隆平誓不罢休。

袁隆平和邓哲的婚姻经受住了考验，杂交水稻的实验没有半途而废。疾风知劲草，袁隆平又一次用行动，宣告了他没有倒下，他还有力量，他还有信心，将杂交稻的实验进行下去，让那些看袁隆平笑话的人伤心、懊恼、痛心疾首去吧！

典型，一个不关心政治的“白专”

在国内某些省份，父母给孩子起名都喜欢用一个“球”字。因为他们觉得只有处事圆滑，才可以在社会上立足，才能不吃亏，才能成就一番事业。

在袁隆平的词典里，圆滑这个词早就已经被他抠除了。试想，一个科研人员，要是人云亦云，盲从权威，他还会取得举世瞩目的成绩吗？如果一个育种人员，不安心工作，而是整天去关心运动的方向，这个人还能是合格的科研人员吗？

棱角分明、不关心政治的袁隆平，又将在那场运动中遭受怎么样的挫折和劫难呢？

一个人可以不懂政治，一个研究育种的农校老师可以不懂政治，一个未来能成为育种科学家的农校老师，也可以不懂政治，不懂政治并不是什么大不了的事，因为少关心一些政治，反而会使他更多的集中精力，向世界性的杂交水稻育种难题发起攻关和挑战。

但在某一个特殊敏感的时期，如果一个农校的老师不懂政治，只想着埋头将杂交水稻种子培育成功，那么他就会很危险。就好像在伸手不见五指的暗夜里，立身在深不可测的悬崖边上一样。一个不小心，时刻都有跌落下去粉身碎骨的危险。

袁隆平的家庭出身不好，他两耳不闻窗外事，一心只顾搞科研。加之他又很少参加学校的政治学习，很快，他就被视为农校教师队伍中“走白专道路”的典型。

白专典型，是指不关心政治，一心研究本专业学术的人。这个不大不小的“帽子”扣过来后，袁隆平虽然感到了压力，但是他的实验却没有停。那些对政治斗争非常敏感的人，觉得这顶“帽子”力度不够，接着又把“推崇西方资产阶级反动学术权威”的“帽子”狠狠地扣在了袁隆平的脑袋上。

当时的杂交水稻育种研究到了关键时刻，袁隆平既然已经成了“白专”典型，那就索性“白专”到底。他每日除了上课，便远离政治斗争，躲在实验田，侍弄他的不育株。邓哲看着丈夫这些日子有些郁郁寡欢，便说：“隆平，你心里要是苦闷，就和我说几句。”

袁隆平说：“他们说我是白专，那就白专吧，可是有不少的学生和同事，他们都不理我了！”

袁隆平头上戴着两顶吓人的“帽子”，也难怪那些经常向他请教问题的同学们都已经悄悄地离开了他，那些和他关系好的同事们，远远地看到了他，也都纷纷躲着走，再也不过来和他说话了。

邓哲劝道：“隆平，不管你头上戴了多少顶‘帽子’，你还是我的丈夫，我知道你是一个好人，一个只知道埋头干事，不知道抬头看一看政治风向的老实人！”

袁隆平这个有着钢铁一样意志力的男人，此时只觉得眼眶湿润，泪水差点没有掉下来。在这个世界上，恐怕只有邓哲才最懂袁隆平了。两个人共同生活了两三年，而且有了爱情的结晶小五一。袁隆平想什么，做什么，邓哲可以说是最了解。

在那个非常的时代，袁隆平真的需要有人和他抱团取暖。而这个人，就是邓哲。

袁隆平拉着邓哲的双手，感动得说不出话来，其实他想表达的意思也都尽在不言中了。

1966 年 5 月，一场史无前例的"文化大革命"运动席卷了神州大地。随着"五一六通知"的下发，黔阳地区派来了一个工作组，开始进驻安江农校，并成立了"文革"小组办公室，随后一场横扫一切"牛鬼蛇神"的运动就开始了。

工作组给安江农校"牛鬼蛇神"的数量精确到了 5%，也就是说，在整个安江农校所有教职员工的队伍中，必须要揪出八个"牛鬼蛇神"，不然的话，就不算革命，就不算完成上级交派下来的任务。

随着七名"牛鬼蛇神"被先后揪出来，出身不好并且还讲过毛主席错话的袁隆平就"光荣"地成了第八名"牛鬼蛇神"的候选人。

人非圣贤，孰能无过，谁都说过错话，办过错事，但袁隆平说过的这句"错话"，却"错"上了天，错得他差点"万劫不复"。

早在 1958 年，毛主席提出，我国农业要高速发展，必须要抓好"土、肥、水、种、密、保、管和工"八个方面的工作，这八项措施，被概括为农业的"八字宪法"。

袁隆平不关心政治，在他的潜意识中，既然是农业宪法，那么必然是农业部门提出来的，为了使这“八字宪法”更具有操作性，他就往里面加了一个字，这就是“时”——农时。不管如何贯彻“八字宪法”，都不要违背农时。

袁隆平当时的目光，真可以用“超人一等”来形容。记得当时在“八字宪法”公布不久的一个春天，那年残冬的寒冷还未退尽，上级为了提前完成播种面积的任务，不断催促各地生产队提早播种，谁成想当时的北方寒潮南移，造成了大面积的水稻秧苗冻死的重大事故。

《孟子·梁惠王》：“不违农时，谷不可胜食也。”要知道，人误地一时，地误人一季，不掌握农时的规律，胡乱指挥，必定会出大乱子。

袁隆平以一个知识分子固有的善良和正直，诚恳地道出了“八字宪法”的不足，可是他将八字宪法变成了九个字的事儿，被袁隆平一个研究室的同事听到了。这个同事为了表现自己，他在某一天的傍晚诡秘地敲开了工作组的房门，他用比刀剑还要伤人的长舌，开始向袁隆平泼脏水。诬陷的毒箭，果真根根穿肉透骨，并杀人于无形。

经过工作组无限上纲上线后，袁隆平公然反对主席、悍然篡改最高宪法的“罪行”就被落实了。工作组根据掌握的材料，罗织罪名，暗暗准备给袁隆平扣上第三顶更吓人的“帽子”——现行反革命。

现行反革命在当时可是重罪，这个罪名，就好像毒蛇猛兽一样令人害怕。进驻安江农校的工作组，哪会放过如此重大的线索？管事的王组长一方面指示手下的红卫兵开始对袁隆平猛贴“触及灵魂”的大字报，一方面派人对袁隆平展开了“深入骨髓”

的大调查。

一夜之间，安江农校的校园里，针对袁隆平的大字报铺天盖地的出现——“袁隆平引诱贫下中农子女走白专道路，我们坚决不答应!”“不许袁隆平贩卖孟德尔——摩尔根的资产阶级反动权威”，这样标题的大字报满目皆是。

高尚是高尚者的墓志铭，卑鄙是卑鄙者的通行证。有些人一辈子成不了伟大的人物，但他们却对毁掉伟大的人物深感兴趣。批斗袁隆平的报纸，从安江农校的东三楼开始贴，三天后，一百多张大字报，一直贴到了石板坪，再看这些大字报的口气，更是火爆——“打倒篡改毛主席‘最高指示’的现行反革命分子袁隆平”“向资产阶级反动知识分子袁隆平猛烈开炮”。

袁隆平这天从实验场回到学校，他只是瞧了一眼那些令人惊悚的大字报，正想转身回家，可是他的眼睛却被一张漫画吸引住了，这是一张丑化袁隆平的漫画。画上的袁隆平坐在一株水稻上，他嘴里叼着一根旱烟袋，手里捧着一本《遗传学》。看着这张漫画，袁隆平的嘴角露出了一丝苦笑。可是贴在这张漫画旁边的一张大字报，却让他吓了一大跳——大字报的标题竟是：砸烂袁隆平资本主义的坛坛罐罐!

袁隆平叫了一声不好，他直奔实验场跑去……那些大钵里种植的不育株，可是他爱逾性命的宝贝，真要被那帮红卫兵小将砸毁，没有了不育株，他的实验就搞不下去了!

毒手，对准了不育株

面对铺天盖地的大字报，袁隆平挺得住，可是面对

不育株被毁，袁隆平还挺得住吗？袁隆平种在大钵中的不育株水稻被毁，面对遍地狼藉，袁隆平只觉得天旋地转，仿佛时间都已经停止。

培育杂交水稻，上能充实国家仓廪，下可填饱百姓肚子，这本是功德无量的好事，袁隆平真的想不明白，自己究竟错在了哪里。

纵使遍地的荆棘，荆棘的缝隙中，还是生出了一朵感恩之花，李必湖和尹华奇，是袁隆平最看重的两个学生，他们做出了一件什么事情，又让袁隆平心中培育杂交水稻的星星之火重又复燃？

袁隆平上气不接下气地跑到了实验场，眼前的惨烈情景，让他一下子愣住了，那些被他摆成了两排的大钵，都已经被打碎，钵里种的稻秧全都被丢在地上，袁隆平三年的心血，就这样被毁掉了。

袁隆平大脑中一片空白，他疯狂地冲进了满地狼藉的实验场，满脑子都是一个想法，那就是看看是否有稍微完整的稻秧。可是寻找的结果让他彻底失望了，那些破坏秧苗的人下手太狠了，他们不仅打碎了大钵，而且还将地上的稻秧踩得稀烂。他和邓哲顶着烈日，千辛万苦找来的不育株，就这样被毁掉了，被彻底毁掉了。

实验从头再来，他并不害怕，可是三年的时间，三年的辛苦的实验，竟全都白费了。

袁隆平天生是个乐观的人，可是面对如此无情的打击，他也好像一个雷击到了头顶上。袁隆平的两只眼睛没有流泪，可是他的眼泪却“哗哗”地在往心里流，苦涩的泪水，将他的心泡得都快裂开了。

碎掉的大钵就是他的心，被碾成草浆的稻苗就是他的肉。袁隆平蹲在实验场，一直到太阳压山他也没有动，袁隆平活了三十多岁，这一次是真的伤心了。

邓哲见袁隆平一直不回家，她便抱着儿子小五一，到实验田里找袁隆平来了。她看着脸色煞白的袁隆平，关切地说：“隆平，你可要坚持住，没有了不育株，我们明年可以再去稻田里找，你要是倒下了，杂交水稻的实验项目谁还能做呀？”

砸碎这些坛坛罐罐，并不是那些人的真正目的，他们真正的目的是打垮袁隆平，让袁隆平向他们乞怜，向他们投降。可是他们想错了，别看袁隆平身体单薄，但他可不是弱者。他从实验场的废墟中站起了身，坚定地说：“你放心，不培育成功杂交水稻，我是不会倒下的！”

袁隆平本想将惨遭蹂躏的烂稻秧都掩埋起来，可是邓哲拉着丈夫的手，硬将他拉离了实验田。现在是敏感时期，如果袁隆平还在实验田里流连，没准明天的大字报上就会出现“袁隆平为资本主义黑秧苗招魂”等等的字样，袁隆平的档案上，又将添上一条新的罪状。

袁隆平一步三回头地离开了实验田，当他路过“黑帮”居住的牛棚的时候，一个黑影从路边“嗖”地一下闪了出来，倒将袁隆平吓了一跳。

袁隆平用戒备的声音问道：“谁？”

那个黑影低声回答：“我，李代举，是袁老师吧？”

这个黑影正是刚刚被打倒的李代举，他低声说：“袁老师，我告诉你一声，今天工作组找我谈话，说你马上要被打倒了，他们要我给你准备一个牌子，一张床，你，你心里还是提早有些准备吧！”

袁隆平对李代举说了声谢谢，然后和邓哲急忙回到家里，袁隆平打开电灯，然后对邓哲说：“我明天要是被打倒批斗，可能晚上要去住牛棚，恐怕就不能回家了！”

邓哲先把在怀里睡熟的儿子五一放到了床上，然后将锅里热饭菜端了上来，说：“你要住牛棚，我就天天给你送饭，你要是被下放到农村劳动，我抱着儿子，就跟你一块下田劳动去！”

人都说夫妻本是同林鸟，大难来时各自飞。可邓哲却绝非世俗女子，她生有一颗金子般的心。她不离不弃，生死相守的话语，真的好像是一把钥匙，打开了袁隆平的心结，又好似一只蜡烛，在默默地照亮着袁隆平人生中最最黑暗的一段岁月，还没等袁隆平说什么，就听外面传来“砰砰砰”试探性的敲门声。

邓哲问道：“谁？”

“是我们！”门外有两个声音一起回答。

邓哲开门一看，门外站着袁隆平的两个学生，一个叫李必湖，一个叫尹华奇。这两个学生都是来自“野菜、野果当杂粮，红薯要当半年粮”的农村，他们不仅学习成绩优异，而且性格耿直，绝非见风使舵的孩子！

袁隆平一见是自己最得意的两个学生，他就忙让两个人进屋，然后关上房门，用担心的语气道：“怎么这个时候还来我家，你们的胆子也太大了！”

李必湖说道：“袁老师，我家三代贫农，工作组再厉害，他们也不能把我咋样！”

“虽然工作组不能把你们怎么样，但你们应该站在革命群众一边，跟上斗争形势，对我进行检举揭发才是你们最应该干的！”袁隆平继续说道。

要知道在那个疯狂的年代，父子互相举报，夫妻反目背叛的事例比比皆是，袁隆平不明白两个学生的目的，他也只能这样试探地问了几句。

尹华奇接着说：“袁老师，工作组找我们，让我们给您贴大字报，可是我们相信您的为人，那种忘恩负义的事儿，我们是不会干的！”

真是路遥知马力，日久见人心。袁隆平教出的弟子中，也有分辨是非的好学生。

袁隆平让自己的两个学生坐到凳子上，给他们各倒了一杯水，然后问：“这么说，你们俩没有参与砸我的坛坛罐罐？”

李必湖看了一眼尹华奇，他低声道：“袁老师，别人不知道，我们可知道，那些大钵中种的不育株，可是您的心血，是您的‘孩子’，我们不仅没有砸，还在那帮造反派去毁禾之前，偷偷地为您藏起了三钵！”

袁隆平听李必湖讲完话，他上前一把拉住了两个学生的手，不敢相信地问：“你们说的可是真话？”

尹华奇凑到袁隆平耳边，用只有两个人能听到的声音说：“我们怕目标大，被人发现，所以分别在无花粉、花粉败育和花粉退化三种不育株中，各选了一钵不育稻秧，然后抬到学校果园旁的臭水沟边，藏了起来！”

对一个贪财的人来说，最好听的声音，莫过于金钱相撞的“叮当”声；对于一个音乐家来说，最好听的声音，莫过于雄浑悲壮的交响音乐；对于一个虔诚的佛教徒来说，最好听的声音，莫过于南海紫竹林中的迦陵鸟叫。可是，这些动听美妙的声音加在一起，也不敌尹华奇讲出的话——稻钵被他们藏了起来，它们并没有完全毁掉！

袁隆平听这二人说完话，他心里就好像开了两扇小窗户，那激动的心情好像鸽子一样“扑棱棱”地冲上了云霄。他激动地说：“你们做得太好了，作为老师，我要感谢你们的义举，作为一个育种工作者，我要给你们鞠躬！”

这两个学生一见袁隆平真的要给自己鞠躬，急忙从凳子上站了起来，慌得两手乱摇，说道：“袁老师，我们知道您是在干一件伟大的事情，您在做实验的时候，能无私地让我们参与进来，让我们学会了很多课堂上学不到的知识，我们就已经感激不尽了，怎么敢让您给我们鞠躬呢？”

在人际关系干涸的现实中，经常会出现海市蜃楼，只要你能走出人性的荒漠，就会发现生命的真实绿洲！

批斗，风萧萧兮易水寒

如果臭水沟边有不育株，那么臭水沟就是袁隆平最留恋的地方，如果臭水沟边可以搞实验，那么臭水沟就是袁隆平的天堂。

可是，福无双至，祸不单行，工作小组为了完成上级交派下来一定要揪出“牛鬼蛇神”的任务，批斗袁隆平已经被提到了议事日程。

袁隆平并不知道这些，他的命运竟悄悄地发生了变化。难道袁隆平的坚持，感动了上天，还是他的努力，惊动了过往的神灵？其实哪有什么上天和神灵？但袁隆平走向“文革”小组办公室的时候，心里却充满了“风萧萧兮易水寒”的味道！

三个人说话的声音虽然不大，但邓哲最后也听明白了，她走过来，惊喜地说：“你们的袁老师之所以将培育杂交水稻当作自己追求的目标，就是想让天下人都吃饱肚子，他给你们鞠躬，是在代表那些目前还没吃饱肚子的人感谢你们的义举！”

不管邓哲怎么解释，两个学生一左一右，拉住了袁隆平的胳膊，就是不让他给自己鞠躬。

袁隆平最后说：“你们俩先回去，搬钵的事情千万不要和别人讲，一旦老师被关到了牛棚，你们还可以将实验继续做下去！”

袁隆平送走了两个学生，等到夜深人静之后，这才穿上了衣服，然后偷偷溜出了家门，直奔学校果园旁边的臭水沟而去。

寂静的果园四处无人，除了“吱吱吱”蟋蟀的鸣叫，就是清凉的露水从树叶上落到地面的声音。袁隆平身上差不多都被露水打湿了。他弯腰来到了臭水沟边，拨开沟边的蒿草，往沟底一看，只见三个大钵都静静地站在沟底。钵中的不育株水稻长得绿油油，水灵灵，一点也没有受到这场人为灾难的影响。

最肮脏的臭水沟中，也能开出圣洁的花，让人远避不及之处，也能升起无边的希望。袁隆平看到了这三钵不育株水稻，他几乎失去的信心又一点点地恢复，他已经明显地感觉到杂交水稻研究的道路虽然曲折，充满了困难，但他定能将其一一克服。

得道者多助，失道者寡助。一般人在那个自顾不暇的险恶的环境中，完全有理由停下杂交水稻的实验，可是袁隆平却真的不能停下实验，他只觉得身后有一条看不见的鞭子，时刻在驱策自己，让他奋不顾身地一路坚定地走下去。

在象棋的棋盘上，有一种名叫卒子的棋子，它从来也没小看过自己“微薄”的价值，更没有怀疑过自己的“微小”能力，它为一去不回头而生，卒子不能回头，也不可能回头，因为它无杂念，只有一个目标，那就是前进。袁隆平也有一个目标，那就是育种。育种作为他此生行动的指南，已经深深融进了袁隆平的血液和行动之中。

袁隆平确定了三钵水稻长势良好后，便悄悄地回家了。虽然三年辛苦的培育并没有付诸东流，但自己被打成“现行反革命”后，一定要被关进牛棚或者被送到监狱，那将意味着研究必定中断。虽然邓哲或者李必湖、尹华奇三人可以接手自己的研究工作，但现在那三钵不育株水稻，分明就是三颗随时都有可能炸响的“地雷”。一旦被工作组发现，那铁定又是一个“誓死捍卫资产阶级权威”的黑证据，也许会让他们受到无情的牵连……

等待，是最折磨人的一件事情。袁隆平这些日子上山为家里砍了不少干柴，也备下了一些生活必需品，蹲牛棚他不害怕，可是不能因为自己去蹲牛棚，而让邓哲和儿子小五一再受什么委屈啊。

可是，接下来的一段时间，关于袁隆平的大字报并没有增加，工作组也好像忘记了他的存在。

袁隆平思前想后，觉得工作组是在和他玩猫捉老鼠的游戏。那些人一定是在全力搜集自己更大的“罪证”，然后将他一下子钉死在邪恶的十字架上，让他一辈子都休想翻身。

如果换作一个普通人，面对如此的重压，恐怕精神早就崩溃了。袁隆平的心情虽然有些忐忑，但他已经管不了那么多了。一有时间，他便会悄悄地来到臭水沟里，为他那三钵不育株浇水、施肥，并仔细地观察它们的成长过程，并将那些珍贵的数据深深地记录在自己的脑子中。他相信，这些珍贵的数据，总会有用得着的一天。

在漫长的人生道路上，无论是狂风暴雨，还是激流险滩，最要紧的是要相信人生的太阳一定会升起。这天傍晚时分，袁隆平刚刚从臭水沟那边回来，还没等他洗一下身上难闻的气味，就有一个红卫兵小将叩响了他家的房门。

袁隆平虽然不惧批斗，但他看着红卫兵小将，心里也是着实地紧张了一下。

红卫兵小将站在门口，口气严厉地对袁隆平说道："工作组的王组长，让你到'文革'办公室去一趟！"

袁隆平心里虽然有准备，但他还是问了一句："是不是要批斗我？"

红卫兵小将有些不耐烦地说："今天晚上是要开批斗会，批斗谁我不知道，我还要布置会场呢，你赶快收拾一下，自己去找王组长去吧！"

袁隆平看着红卫兵小将转身离开，他开始默默地收拾东西，邓哲放下了怀里抱着的小五一，走过来拉着丈夫的手说："隆平，我心里已经做好了最坏的打算，不管将来发生了什么情况，我都不会离开你！"

袁隆平听邓哲讲完话，他七上八下翻腾的心立刻踏实了不少，说："邓哲，古人说，人生得一知己，足矣，你不仅是我的爱人，也是我袁某人的知己，我真的庆幸，这辈子没有错过你，你就是我人生中最珍贵的宝贝！”

袁隆平手里提着蹲牛棚需要的东西，直奔学校“文革”办公室而去。走到半路，正好遇到了曹胖公，曹胖公一见左右没人，他一把将袁隆平拉到了小树林中，然后低声说：“我听说他们今晚要批斗你，你可一定要挺住呀！”

患难见真情，袁隆平也被好朋友的真挚友情感动了。他说：“曹老师，谢谢你，我要是被关进了牛棚，麻烦你帮我照顾一下家里！”

袁隆平怕两个人的谈话被别有用心的人看到会连累了曹胖公，他急匆匆地交代了几句话后，便离开了小树林，一直来到了“文革”办公室的门前。

风萧萧兮易水寒，壮士一去兮不复还。这就是袁隆平此时心里的真实感觉。袁隆平只是个农校的教师，他一不是团员，二不是党员。他从来也没有读过《资本论》和《共产党宣言》等著作，他只知埋头工作，甘做育种的老黄牛。他一没有私心，二没有野心，他就不明白，自己为何会与“牛鬼蛇神”“反动学术权威”画上了等号？

袁隆平心中有说不出的苦闷、彷徨和疑惑。虽然他现在就好像在黑暗中独行的夜行人，看不清前方的路。他就像是海洋中飘着的小帆船，面对激烈的风暴，只有随波逐流，即使前面是礁石和漩涡，他也没有控制帆船的能力，即使前面是绝路，也只有听天由命了……

文件，拯救袁隆平的福星

袁隆平感觉自己像是在坐过山车，一会落到了冰寒刺骨的谷底，一会又升到了阳光照耀的山峰。至今想起来，他都觉得那段岁月充满了令人心悸的戏剧感。

究竟是什么“东西”救了袁隆平，使他免除了被批斗的命运？袁隆平当时心中充满了狐疑，可是他却不敢去追问，政治这东西充满了变数，远一点，还是离它再远一点。

安江农校划给袁隆平 0.5 亩地，并被定名为中古盘 7 号实验田，袁隆平面对着实验田，他的心中充满了莫名的兴奋……

袁隆平敲门走进了“文革”小组的办公室，问道：“王组长，您找我？”

别看王组长才四十多岁，可是政治觉悟却挺高，讲起理论来，更是一套又一套。他手里捧着一个文件，正在仔细领会着上级的精神，他作为安江农校“文革”小组的组长，需要努力掌握新形势下政治斗争的新方向，他只要轻轻讲一句话，便可决定袁隆平的前途与命运。

王组长一见袁隆平，就放下了手中的文件，脸上露出了一点难得的笑意：“袁老师，你来了，快坐，快坐！”

袁隆平看着王组长模棱两可的态度，他心情忐忑地坐到旁边的凳子上，问：“王组长，今天晚上是不是要批斗我？”

“批斗你？原来是有这个安排，不过现在批斗会与你无关了！”

王组长殷勤地倒了一杯水，随后将水杯放在了袁隆平的手边。

袁隆平想了半天，思想也没转过弯来，他正要打破砂锅“问”到底，王组长却说：“袁老师，我正想到你的那片培育杂交水稻的实验田去一趟，咱们边走边谈吧！”

袁隆平悬在喉咙眼的一颗心虽然不落地，但王组长“手握实权”，他的话袁隆平哪敢违抗？要知道，在那个时代，像袁隆平这样的“白专典型”，王组长的一句话，就可以决定他究竟是“上天堂”还是“下地狱”。

袁隆平虽然不想“上天堂”，但他也不想“下地狱”，他只想老老实实地培育杂交水稻。杂交水稻对于他来说，就是上天堂。如果剥夺了他育种的权利，即使身处天堂，也如地狱。

袁隆平跟在王组长身后，两个人踩着稻田的田埂，一边走一边聊。王组长先问，孟德尔—摩尔根学说是怎么回事，接着又问袁隆平篡改“八字宪法”的问题。

袁隆平急忙解释：“我平日里不关心政治，并不知道‘八字宪法’是毛主席提出的，我虽然强调了‘时’的重要，但所谓篡改‘八字宪法’，纯属是对我的诬陷！”

王组长听完袁隆平的解释，他只是轻描淡写地说：“好，没有篡改毛主席的‘八字宪法’就是好同志！”

王组长看过袁隆平那些被打碎的大钵，连叫可惜，说：“袁老师，中央的精神是抓革命促生产，工作组干好革命工作的同时，也不能忘记生产，我们工作组准备种植一块丰产稻田，就请你给我们当技术参谋吧！”

袁隆平说：“请王组长放心，我一定当好这个技术参谋！”

王组长还告诉袁隆平，红卫兵砸了他的稻钵，绝对是错误的，他保证以后不会再发生这样的事情。袁隆平藏在果园臭水沟的三钵不育株水稻也可以运回来，名正言顺地搞实验了。袁隆平听王组长讲完话，着实被吓了一跳，如果不是事情有了转机，他那三钵不育株，也将面临灭顶之灾了。

袁隆平真没想到，自己在“牛鬼蛇神”的“大帽子”下转了一圈，那顶“帽子”并没有落下，而是不知道飘到了何方，他一转身，反而成了工作组的技术参谋。

袁隆平兴冲冲地回到家里，他和邓哲一说情况，邓哲释然地说道：“你虽然出身不好，可是历史清白，再说现在全国上下都在大办粮食，‘牛鬼蛇神’不缺你一个，但培育杂交水稻少你不成吧？”

袁隆平点了点头说：“毛主席说：‘农业是国民经济的基础，粮食是基础的基础。’不管搞啥运动，不吃饱肚子恐怕也运动不起来！”

袁隆平摆脱了被批斗的命运，可是安江农校八个“牛鬼蛇神”的指标却没有完成，王组长在安江农校的教职员工中经过挑选，最后一个“牛鬼蛇神”的指标，就被安在曹胖公的头上。

袁隆平找到曹胖公，他对自己的好朋友说：“曹老师，你放心，我和邓哲一起，一定会帮你好好照顾家的！”

曹胖公感激地拉着袁隆平的手，真不知道说什么才好。

1966 年，袁隆平在政治上坐过山车的经历，至今让人想起来都觉得万分荒唐和不可思议。直到一年后，袁隆平偶然遇到因为执行“资产阶级反动路线”而被清除出工作组的王组长，他才弄明白了事情的真相。

王组长当时认定袁隆平是“反革命分子”，他一边派红卫兵小将猛贴袁隆平的大字报造势，一边派人详查袁隆平的档案。用当时的话讲，那叫——广大革命群众和革命干部一定要擦亮眼睛，稳、准、狠地打击一小撮阶级敌人，并把敌人批倒、批臭！

工作小组的成员翻开了袁隆平的档案，他们一边审阅档案，一边罗织罪名，可是那无限上纲的调查，却在一封来自国家科委的公函面前“触礁”了。

袁隆平关于不育株水稻的论文在《科学通讯》上发表后，国家科工委的科学家熊繁衡立刻就发现了该论文的价值，他将这篇论文很快转呈给了科工委九局的局长赵石英。

赵局长阅读完论文后认为，水稻雄性不育的研究是一块还未被开垦的处女地，若能深入研究，势必对我国的水稻生产产生极其深远的影响。他随后请示了国家科工委党组书记聂荣臻，聂帅也对袁隆平独辟蹊径的研究表示支持。

赵局长就以科工委九局的名义，给湖南省科委和安江农校发出公函，并责成有关部门支持袁隆平关于不育株水稻的研究工作。

国家科委的公函上有这样一段话——我们认为这项工作意义很大，在国内还是首次发现，估计将是培育水稻杂交优质种的一个很好的途径，如果能够成功，将对水稻大幅度增产起很大作用……为了加强该项目研究的进度，希望你们列入你校科研计划，给予适当支持，并请将今年研究计划报告我委。

在《明史·朱升传》中，曾经记载着这样一个故事：朱元璋定鼎兴国前，他找到朱升，向其咨询国策。朱升只讲了三条：高筑墙，广积粮，缓称王。朱元璋决定采取了他的建议，最后取得了胜利。

毛主席就曾经说过：我们要“深挖洞，广积粮，不称霸”——

粮食生产一直是党中央最关心的问题。当时不管如何搞运动，但粮食生产这根弦始终被绷得紧紧的。

湖南科委根据国家科工委的公函指示，他们将“水稻雄性不育”课题正式列入到了省级的科研项目，并给袁隆平开了600块的科研启动经费，还保证经费会逐年递增。

后经湖南省有关部门批准，袁隆平可以正式配两名助手。李必湖和尹华奇本是“社来社去”的毕业生，他们在安江农校毕业后，还要回生产队去种田。经袁隆平的请求，这两名品德端正、学习成绩优异的学生就留在了他的身边，并成了他最为得力的左右手。他们的工资暂定每月18块，由湖南省农业厅拨付。

1967年3月，随着“文化大革命”的升级，安江农校成立了好几只“战斗队伍”。喧闹的教室中，已经放不下一张平静的课桌，学生们的心亢奋躁动，就好像一锅被烧开的水，他们不知道如何静下来，他们甚至不知道“那锅热水”是如何被烧开的，总之安江农校成了一锅乱粥。

虽说三人同心，其利断金，但在那个人人自危的环境中，袁隆平和他的两个助手在中古盘7号实验田中，能否创造出令世人惊叹的奇迹呢？

毁禾，至今未破的“五一八”奇案

袁隆平在一些人眼里也许是个另类。他领着两个学生，不关心政治斗争的新方向，而是整天“泡”在实验田中，鼓捣旁人一点都弄不懂的水稻。他们为了打击这个碍眼的另类，竟想出了一个异常卑鄙的办法，那就是毁禾。

袁隆平整天和不育株稻禾在一起，看着它们一点点地成长，在感情上，这些欣欣向荣的禾苗，简直就是他自己的亲人和孩子，真的不敢想，袁隆平见到被毁的禾苗，将会是一种怎样惨烈的场景。

路漫漫其修远兮，吾将上下而求索。1967 年 7 月，由袁隆平、李必湖和尹华奇三人组成的“水稻雄性不育科研小组”正式成立，现在袁隆平由自个儿单打独斗，升级成为有经费、有组织的正规军。

当年秋天，曾经藏在果园臭水沟中的三钵稻苗，结下了几百颗籽粒饱满的不育系的稻种。袁隆平为了加快制种的进度，他让尹华奇带着稻种，去了广东雷州半岛的闻县种植去了。

尹华奇经过培育繁殖，他带回安江农校的稻种就已经够种两三分地的面积了。1968 年初春，袁隆平领着李必湖、尹华奇两个人，在实验田中种上了花粉败育型和花粉退化型稻秧后，又在这些不育株的旁边，种上了 70 多个不同的测交品系。每一个测交品系水稻的稻田中，袁隆平都让李必湖插上了这个品系名称的木牌。水稻育种不仅需要持之以恒的毅力，还需要一丝不苟的精神，制种可是一件十分细心的工作，马虎和大意绝对和这项工作不能沾边。

当时的“文化大革命”运动正处在不断升温的状态，安江农校的主要领导已经被受派系斗争鼓动下的学生们夺了权，关进牛棚，并接受批斗。清冷的教室中，已经没有几个人上课了。红卫兵小将们身穿国防绿，头顶军帽，胳膊上带着红彤彤的袖标，一个个神气活现，亢奋得甚至已经到了疯狂的边缘。

袁隆平却两耳不闻窗外事，一心只想育成杂交稻，他们师生三人每天一早起来，吃罢早饭，便像上满发条般直奔实验田而去。三个人从早忙到晚，天天如此，安江农校热火朝天的“运动和斗争”，好像根本与他们无关。

黎巴嫩的诗人纪伯伦曾经写过这样一个寓言故事：从前，一位威严而聪明的国王统治着远方的维兰尼城。城市的中心有一口水井，一个女巫在井中点下七滴魔液，说：从现在起，凡喝了这井水的人就会发疯。

第二天清晨，除了国王，所有居民都喝了这井里的水，正如女巫预言的那样，他们全都变成了疯子。他们大声地议论：国王疯了，我们不能让一个疯国王统治国家，我们必须废黜他。

这天晚上，国王命人从井里汲来满满的一金杯水，国王将金杯里的水一饮而尽，于是遥远的维兰尼城热烈欢庆，因为他们的国王又恢复了理智。

在那个特别的年代，安江农校出现了三个异类，这确实是一种对“斗私批修”的讽刺，一种与“派系斗争”大潮不相和谐的音符。

造反派们一开始纷纷拉拢袁隆平加入他们的“战斗队”，可是袁隆平的时间太宝贵，他没有闲工夫参加无聊的派系斗争，当即委婉拒绝。见拉拢不动袁隆平，一些造反派小将就开始做李必湖和尹华奇的工作。

刚开始的时候，两个人还能坚持，可是时间一长，面对很多人的拉拢和劝说，他们也有点动摇了。这天，李必湖来到实验田，他对蹲在稻田梗上工作的袁隆平，说：“袁老师，我想加入学校的‘战斗队’，您看成吗？”

袁隆平一边观察着稻穗，一边答非所问地说：“你知道三青团吗？”

民国时代，三青团隶属于国民党，是个迫害爱国进步青年的组织。袁隆平念书的时候，三青团为了拉拢学生，经常举行夏令营、运动会和文娱节目，同学们纷纷被三青团组织释放的烟雾迷惑，他们都以能加入到该组织为荣。可是解放后，加入三青团的学生还不是一个个都遭到了清算？

袁隆平说道：“年轻人头脑简单，加入什么组织，可一定要慎重呀！”

李必湖点了点头，他有些不好意思地讲出了实话：“我有个女朋友，她动员我，让我参加她那个组织！”

李必湖在安江农校处了一个女朋友，这个女朋友不仅长得漂亮，而且还能歌善舞，她经常参加各种宣传活动，是某一个“战斗组织”中的活跃分子。李必湖不向“战斗组织”靠拢，很显然，两个人之间就出现了隔阂。拉近和女友的距离，这才是李必湖提出要参加“战斗组织”的原因。

袁隆平弄明白了事情的原委，他笑道：“其实你早就加入了一个名正言顺的组织！”

“水稻雄性不育研究小组”不仅在政府注册，而且还有经费，加入这个组织，可比整天高喊着“打倒一切”并“砸烂一切”的“战斗队”，要好上一百倍。

李必湖仔细一想，确实是这个道理，而且跟在袁隆平身边，不仅能学到很多有用的东西，一个月还有18块的工资赚，这可比那些高喊口号，打打杀杀的“战斗队”要强多了。

袁隆平手拿苗情记录夹，将不育株稻秧生长的状态都做了仔细的记录，然后语重心长地对自己的两名学生说："你们的文化课，都因为搞运动给耽误了，等忙完了这一段，我就开始给你们补课！"

一枝独秀不为美，万紫千红才是春。袁隆平不仅要让自己的两个学生尽早成为合格的制种人才，而且要让他们站在自己的肩膀上，尽快地超过自己。

李必湖和尹华奇对着袁隆平连声感谢，袁隆平摆手道："我们是协同攻关，共同进步，没有你们的协助，这片实验田里的稻子怎么能长得这么好呀！"

绿油油的不育株水稻实验田，水稻好似一株株充满了活力的精灵，正在你追我赶地生长。虽然杂交水稻的研究工作刚刚起步，但"不积跬步无以至千里；不积细流无以成江海"。育种就是这样，前进的路上充满了艰难和险阻，只要一步一个台阶地往上走，相信一定能到达胜利的顶峰。

袁隆平育种工作顺风顺水，家庭生活也是捷报频传，他的第二个儿子五二出生了。五二可是个机灵的小孩，他哭声洪亮，活泼可爱，袁隆平抱着自己的二儿子，一张脸上也是乐开了花。

1968 年 5 月 18 日夜，袁隆平正在家里睡觉。一觉醒来，发现外面风雨大作，他担心实验田中稚嫩的秧苗架不住风吹雨打，便急忙穿上雨衣，骑上自行车，直奔实验田而去。

大雨滂沱，袁隆平虽然穿着雨衣，可是瓢泼似的大雨还是让他全身都湿透了。雷声在低矮的云层中"轰轰"炸响，那一道道青色的闪电，仿佛是一条条疯狂的鞭子，劈头盖脸地向袁隆平狠抽了下来。

半个小时后，袁隆平推着自行车，顶风冒雨地来到了遍地泥水的实验田旁。借着闪电的光亮，他发现实验田中的秧苗竟然已经被人拔得精光。

袁隆平好像是被一个焦雷劈到了头顶上，他当时就惊呆了。莫非是雨水迷住了自己的视线，还是半夜里出现了幻觉？袁隆平揉揉眼睛，定睛往实验田中再望去——真的没有秧苗，只有一片白亮亮的泥水。四年的心血，一千多天的努力，竟然全都被不怀好心、丧心病狂的人给毁掉了。

袁隆平浑身发抖，大脑一片空白，他几乎疯狂地跳进了水田。他赤着两脚在泥泞中疾走，他在努力地寻找着劫后余生的不育株水稻。可是那毁禾的人真是太狠心了，两三分地，七百多株水稻全都被拔，竟没有一株完整的水稻留下来。

袁隆平最后栽倒在实验田的田埂上，那乱箭般的疾雨，幸灾乐祸似的直往袁隆平身上淋去。袁隆平不甘心地说："我不能倒下，为了杂交水稻，我不能倒下，我要站起来！"

袁隆平双手拄着泥泞的田埂，踉跄地站了起来，他没有回家，而是直奔学校和公安机关报案去了……

下放，到煤矿参加艰苦劳动

邓哲听到袁隆平"跳井自杀"的消息，急忙跑到实验田旁的水井旁，她看到了一个令自己吃惊的场面——浑身湿漉漉的袁隆平手里抓着一把稻秧，正从水井中被众人拉了上来。

袁隆平遭受的打击太大，更有甚者，竟诬陷袁隆平是这件毁禾案的“凶手”。在某些人眼里，袁隆平努力多年，却始终也没有取得杂交水稻研究的实际成果。袁隆平为了堵住别人的嘴而自毁禾苗确实“说得过去”。袁隆平百口莫辩，他现在头上顶着山一样大的压力，手里攥着刚刚从水井中抢救出来的几株禾苗，这几株禾苗能否被救活？他的心中充满了焦急、心痛和愤懑……

毁禾案案情简单，作案人员无非有两种人：一种是嫉妒袁隆平，怕他在杂交水稻育苗上取得成绩，会盖过自己的风头。第二种就是那些恨袁隆平不参加自己组织的人，既然你不给面子，那么我也让你难受，让你也不好过。

可当时的公安机关已经被砸烂，学校的组织早就瘫痪，大家都斗成了“乌眼鸡”，谁有心思管袁隆平这件小小的“毁禾案”呢？

袁隆平没有办法，只得和李必湖、尹华奇三个人一起，漫无目的地寻找线索。他们一连找了三天，却毫无头绪。第四天的时候，袁隆平在实验田附近的水井旁经过时，他忽然发现井口旁的泥泞中，露出了几片绿油油的稻叶……

这天，邓哲正在家里教小五一背古诗：“春种一粒粟，秋收万颗子。四海无闲田，农夫犹饿死。”虽然小五一不知道这首《悯农》写的是什么，但他还是背得奶声奶气、有模有样。

就在这时候，学校的一位女教师上气不接下气地跑了过来。她推开袁家的房门，叫道：“嫂子，不好了，袁老师，他跳井自杀了！”

听到这名女教师的话，邓哲不由得吓了一跳。稻禾被毁的事她早就知道，她也不止一次地劝过袁隆平，让他想开点，大不了从头再来就是了。

袁隆平生性乐观豁达，他怎么能跳井自杀呢？邓哲瞧着女教师着急的神色，也觉得不像是撒谎，她将小五一推给了女教师，她抱着在床上躺着的小五二，直奔实验田的方向跑了过去。

实验田旁的水井边，围着一圈在附近稻田里干活的农民。一身是水的袁隆平正被众人七手八脚地从水井中“捞”了出来，邓哲抱着儿子小五二分开人群，她对着袁隆平叫道：“隆平，你怎么能自杀呢？”

袁隆平一身是水，他喘了一会儿气，这才说出了话：“自杀？我没有自杀，我这是下井捞稻禾去了！”

原来，袁隆平在井旁看到稻苗后，他三步并作两步，急忙冲了上去，他将手伸进井旁的泥水中，竟从里面捞出了五株沾满了污泥的水稻秧苗。这些秧苗袁隆平太熟悉，这就是他用心血培育出的水稻不育株。

袁隆平将这五株秧苗放到水井旁，他伸头往水井中一看，发现浑浊的水井中果然漂浮着几株稻秧。袁隆平“嗖嗖嗖”几下，脱去外衣，然后“咕咚”一声，跳进了水井。

在附近干活的农民一看袁隆平跳井，他们急忙围拢过来救人，那名女教师上班经过，觉得情况紧急，这才直奔袁家给邓哲报信去了！

袁隆平一心记挂着他的杂交水稻，他怎么可能自杀呢？袁隆平跳进了冰冷的井水中，对于在嘉陵江中练就了水性的袁隆平来说，一两丈深的井水，哪能被他放到眼里？袁隆平确定水面上的稻秧是不育株后，他就一个猛子扎向了井底。井水浑浊，袁隆平虽然看不清井底有什么，但他抓了一把，还是带上来七八株还有泥坨的稻苗。

毁禾人并没有将不育株带走，而是丢进了水井。可是井水表面漂浮的那些稻苗都已经被水泡烂了。袁隆平踩着井壁上的石头缝，从井中出来后穿上衣服，拿起井旁地上的那五株不育株，经直向家里跑去。

那五株饱受摧残的不育株稻秧被他小心翼翼地栽到了瓦盆里后，他又一溜小跑直奔安江农校，他要去找学校的领导想办法，赶快营救井底的水稻秧。

安江农校的领导虽然被打倒，但袁隆平的“水稻雄性不育科研研究”毕竟是省级的科研项目，目前有了线索，自然是要查一查。

安江农校的领导急忙领人抬着抽水机来到了水井边，经过抽水机半天的工作，井水就被抽干了。可是井底的不育株经过这些天的水泡，根系已经全都沤烂，已经没有起死回生的希望了。

想做点事情，怎么就这么难！袁隆平仰头看着雪峰山，雪峰山山势陡峭，那上面并没有路，可是樵夫、药农经常进山，不也是硬踩出了路吗？杂交水稻的研究，一没有经验可以借鉴，二没有现成的捷径可以到达终点。袁隆平想想那些还在饿着肚子的老百姓，想想他们急盼粮食的眼神，他怎么能够放弃？他真的不能够放弃。

哥白尼为捍卫日心学说，不惜被烈火烧死。居里夫人为了提炼出“镭”元素，不惜自己的身体被镭元素的高辐射伤害。袁隆平的科研成果即使没了，但他的人还在，如果他放弃了研究，那就真的对不起对他寄予厚望的科研机关的领导，还有梦想着能种上高产水稻的老百姓了。

万幸的是，那五株饱受摧残的稻秧竟活了过来。有这五株稻苗，袁隆平四年的实验就没有白做，否则他的杂交水稻就得从头开始了。

“五一八毁禾案”的调查最后搁浅，污蔑袁隆平的谣言随后四起。首先说袁隆平是“科技骗子”，他以科研为名，用去了国家好几千块钱经费，可是却没有取得一点可以拿得出手的成果。袁隆平“骑虎难下”之后，就自己拔掉稻禾，并将其丢到了水井中，以便转移视线，嫁祸于人。

就在一盆盆的污水迎头泼向袁隆平的时候，一位省里的水稻育种专家来到安江农校讲课，他还是固执地照搬某些权威的论断——水稻是自花授粉作物，自交不退化，杂交无优势，因此，研制杂交水稻没有前途。

先有袁隆平“自毁稻禾”在前，再有专家“揭露”杂交水稻增产的骗局在后，袁隆平的处境更是雪上加霜。他在这段不被人理解的日子里，不管待遇多么不公，处境多么艰难，始终没有停止过水稻不育株的培育和繁殖。

袁隆平就像一架正在上坡的马车，他不能停下来，袁隆平就是为杂交水稻而生，为了杂交水稻，他即使付出一切也在所不惜。

尽管谣言四起，众口铄金，但没有确凿证据，实际掌管了学校管理权的“革委会”也不能贸然给袁隆平定罪。不过，他们却有另外一套整治袁隆平的办法。1969 年 6 月，“革委会”以到溆浦县低庄煤矿“宣传毛泽东思想”为由，抽调袁隆平和几十名还戴着“牛鬼蛇神”帽子的教师下放到低庄煤矿，并接受劳动人民的监督和改造。

抽调——这个词很令人玩味，表面上的意思是人手不够，调到煤矿后还有可能再回来，但时间长短，谁也不能保证。宣传毛泽东思想——这在当时是一件谁也不能推脱的政治任务。袁隆平面对迎头打过来的闷棍，自觉无力反抗，便把李必湖和尹华奇找到了自己的家中。

袁隆平将自己要到低庄煤矿接受劳动改造的事情说了一遍，血气方刚的李必湖大声说："袁老师，我找'文革'小组那帮人评理去！"

尹华奇也跟着大叫道："他们要让您去煤矿，我就砸了他们的桌子！"

袁隆平急忙制止住两个人的冲动，说："你们俩这样闹，是会坏事的！"

袁隆平的"水稻雄性不育研究小组"是省级的科研项目，造反派们无权取消，袁隆平去了低庄煤矿，李、尹二人还可以继续进行研究。再说两个人的编制还没有转正，他们要是去闹的话，不仅收不到效果，反而对他们两个也不利。

李、尹二人跟在袁隆平身边搞研究，经过袁隆平言传身教，两个人完全可以胜任不育株制种工作。袁隆平告诉自己的两名学生，一旦在育种工作中遇到了什么解不开的难题，可以去低庄煤矿找他，但不管发生了什么情况，遇到了多大的难题，不育株制种一定不能停！

袁隆平将家里的事稍作安排后，他就告别了邓哲，然后跟其他老师一起，坐上卡车，直奔低庄煤矿而去。

救星，北京来了一个专家

袁隆平被下放到低庄煤矿参加劳动，繁重的体力劳动虽然没有压垮袁隆平，但是却让他离开了自己心爱的育种事业。

袁隆平的两个学生，李必湖和尹华奇不干了，他们向上级主管部门写信发电报，为自己的老师奔走呼喊。终于，一个能解救袁隆平的人出现在了安江农校。可是，这个人却被农校的实际掌权者拒之门外。李必湖和尹华奇为了招待这位能够营救袁老师的客人，他们手握手电筒，走向了校外的池塘……

“他们终日在开滦煤矿的炭坑里做工，面目都成了漆黑的色，人世间的空气阳光，他们都不能十分享受。这个炭坑仿佛是一座地狱。这些工人仿佛是一群饿鬼……有时炭坑颓塌，他们不幸就活活压死，也是常有的事。”这是李大钊先生写于1919年春，题为《唐山煤厂的工人生活》的文章，刊发在进步刊物《每周评论》上。短短几十个字的描述，就让我们看清了煤矿工人不仅要承受巨大的苦累，还要面对极度的危险。

卡车一路颠簸，开行两百里后，袁隆平一行人就来到了溆浦县低庄煤矿。

低庄煤矿只是一座小煤矿，但受运动的波及，这里也是处处充满了压抑和戒备的气氛。袁隆平一行几十人的“黑帮”队伍被化整为零，分散住到了当地农民的家中。

每天一早，袁隆平听到哨声就开始集合，接着列队下矿。就这样，他白天参加重体力的采矿工作，晚上还要接受矿工和革命群众的批斗。

袁隆平以前经常和北京农大的教授通信，并在信中请教水稻育种工作中的问题。随着农大的那些教授相继被打倒，袁隆平也跟着成了被清算的对象，他成了最值得怀疑的“五一六”分子，所以他在低庄煤矿的生活，过得远比其他人还要苦。

不论是艰苦的下矿劳动还是充满侮辱性的批斗，袁隆平都不在乎。他心中牵挂的始终是安江农校实验田中的杂交水稻，李必湖和尹华奇现在干什么呢?

李、尹二人在实验田中将水稻不育株种好的同时，他们并没有忘记自己的老师——屡次遭受不公正待遇的袁隆平。

袁隆平被下放到煤矿劳动不久，省委派一名姓夏的权威人士到安江农校检查工作来了。李、尹二人正愁申诉无门，他们就一起去找夏某人。

夏某人是水稻“自交不衰退化，杂交无优势”理论的坚定“捍卫者”，他听完两个人介绍的情况，说：“袁隆平的科研方向错了!”

李必湖说：“我们今天上门，就是想请您到我们的实验田里去看一看，杂交水稻的确很有优势!”

夏某人跟着他们，来到了中古盘 7 号实验田，这位权威人士看罢稻田中绿油油的稻禾，用怀疑的语气说：“禾苗长势虽好，但产量不一定高，怕是只增草，不增稻!”

没有真实的产量当证据，任凭李、尹二人怎么解释，这位权威人士就是不为所动。

李、尹二人擅自向夏某这个权威诉苦，实在是将某些当权者没看在眼里。时隔不久，不仅科研经费被取消了，他们两个人每月 18 块的微薄工资也没有了影子。

德国剧作家布莱希特说过，真理是时间的孩子，不是权威的孩子。李必湖和尹华奇面对权威，面对压力，哪肯屈服？他们随后给国家科委发去了求助电报，接着又给湖南省科委、农业厅分别写去了反应情况的信件。

国家科委接到电报后，对两个人反应的情况非常重视，当即派了一名专家赶赴安江农校。这位年近半百的专家来到农校后，他向校“革委会”打听袁隆平的情况，却被这伙人以李、尹二人越权告状“违犯组织纪律”为由，将这位老专家拒之门外。

强龙难压地头蛇。老专家吃了闭门羹，更觉得这里面有问题。于是他就四处打听，了解水稻不育株的具体情况。李必湖和尹华奇得知此事，他们两人急忙找到了这位老专家。

李必湖和尹华奇眼看着天色渐晚，总不能让这位老专家露宿街头吧？他们两个人一商量，便在一个八人的学生宿舍，找到了一个床位，让老专家暂时住了下来。

老专家的住处解决后，晚饭吃什么，又成了一个大问题。李必湖和尹华奇工资停发，他们都处于半饥半饱的状态，两个人翻了半天的衣兜，最后终于凑足了一元钱，他们到校外的市场，买来了一个西瓜。

西瓜可以当水果，也是一道素菜。但招待远方的客人，再困难也得弄道荤菜，两个人正在发愁，李必湖忽听校外的池塘方向传来的“咕呱”的青蛙叫声，他说道：“我有办法了，咱们天一黑，就去抓青蛙！”

别看青蛙白天跳得很快，可是一到晚上，被手电筒的亮光一照，当时就变得“呆若木鸡”。李必湖和尹华奇一手一只手电筒，另外一只手中紧握着铁钳子，两个人用手电筒的光圈照住青蛙后，便悄悄地伸出钳子，然后将青蛙“咔嚓”一声牢牢地用钳子夹住。

二三十只青蛙被洗净切碎后，就成了一盘香气扑鼻的荤菜。北京来的老专家坐在学生宿舍中，一边吃着晚餐，一边听李必湖和尹华奇诉说情况。讲到动情处，李、尹二人不由得留下了眼泪。

老专家干了一辈子科学研究工作，对于袁隆平遭受的不公正待遇非常气愤，同时他也被袁隆平矢志不渝的钻研精神，以及李必湖和尹华奇对自己老师的真挚之情感动了。他离开安江农校，如实地向国家科委的领导干部反映了情况。

时隔不久，湖南省科委和湖南省农业厅派出工作组来到安江农校。他们经过详细的调查、核实，确定李、尹二人反应的情况属实。工作组经过研究，最后作出了决定：首先，袁隆平要从煤矿调回来。要知道，水稻不育株的科研项目意义重大，如果在安江农校继续实验，有很多方面的关系难于协调不说，实验的进程也无法保证。袁隆平的这项研究工作暂时应收归省农业科学院主管，由袁隆平和原来的两名助手担任主持工作，以加快该项目的研究速度！

袁隆平在低庄煤矿劳动改造两个多月，重新回到安江农校的时候，人又黑又瘦，体重至少掉了五斤。

李必湖和尹华奇两个人欢天喜地将袁隆平接回了家，邓哲为了给袁隆平洗尘，特意做了一锅面条。袁隆平领着两个学生，将一锅面条吃了个底朝天，吃完面条，袁隆平说：“从前做水稻不育株实验，一时半会儿没有成果，我们可以慢慢来。现在农科院责成我们成立‘湖南省水稻雄性不育科研协作组’，又给我们调拨了 3000 元经费，你们俩的工资，也由过去的 18 块，涨到了 26

块，我们再不拿出点研究成果，不仅对不住领导，我们对自己的良心也是无法交代了！”

李必湖说：“只要省里的领导重视，我们跟着您干，一定能干出个名堂来！”

尹华奇也是连声保证，一定要好好干。他们两个吃完了面条，告辞离开了袁隆平家。袁隆平抱着三岁的大儿子五一，又瞧着躺在床上的二儿子五二，真诚地对邓哲说：“真是辛苦你了！”

袁隆平作为丈夫，理应扛起全部的家庭重担，邓哲只要照顾好老人和孩子，就算是贤妻良母了。可是袁隆平这几年没消停过，不是被审查，就是遭批斗，再不就是下放劳动，家庭的重担，全都落在了邓哲瘦削的肩膀上。

邓哲一边麻利地洗碗，一边说：“隆平，‘湖南省水稻雄性不育科研协作组’成立后，我估计你就得到长沙去工作了，一个人出门在外，又没有我照顾你，你可要注意自己的身体呀！”

到长沙育种这个消息袁隆平本想晚几天再告诉邓哲，谁成想聪明的邓哲竟事先猜到了。

当一个好媳妇挺难，当袁隆平的媳妇更不容易。有的女人一心想将自己的丈夫拴在家里，三亩地，一头牛，孩子老婆热炕头，便是最终的理想和追求。可邓哲却不是，她知道自己的丈夫是个做大事的人，她要把袁隆平放出去，她要让袁隆平放开手脚，去做一番惊天动地的大事儿！

心有多大，世界就有多大，世界有多大，成功就有多大！

5 独辟蹊径，道路只为独具慧眼的人所设

创新是一个民族进步的灵魂，是国家兴旺发达的不竭动力。

——江泽民

南繁北育，就是冬天在海南岛繁育种子，到了春天再去北方种水稻。这就等于一年之中，种了两季水稻。虽然这样能加快水稻的繁育进程，但是育种的人要像候鸟一样，冬天南飞，春天北归，抛家舍业，实在是辛苦之极。

袁隆平在云南省元江县的时候，曾经遭遇了一场大地震，面对生死的考验，袁隆平和他的两个学生并没有退缩。没有粮食，他们嚼甘蔗吃香蕉充饥。无论条件何等艰难，三个人也没有离开大地震后的元江县。

海南岛的南红农场，条件艰苦，生活单调，袁隆平的“芳

邻”竟是一只小松鼠。为了尽快培育成“杂交水稻”，袁隆平的两名弟子终于找到“野败”，“野败”就好像一盏指路的明灯，让在黑暗中探索的袁隆平看到了希望。

三系配套——袁隆平魂牵梦系的三系配套，因为“野败”的出现，终于配套成功了。三系配套虽然成功，但随后问题也出现了，罗孝和培育的“三超稻”却出现了只增草，不增谷的窘境，面对着领导的不信任，同行的猜忌，袁隆平又该怎样渡过眼前的难关？

地震，元江考验着育种者的信心

元江大地震竟让育种的袁隆平遇到了，可是他们仅有的几小袋种子还挂在地震中的房梁上。怎么办？没有了种子，杂交水稻的实验根本就无法进行下去。

袁隆平的两名学生要冲进屋子抢救杂交稻种的时候，却被袁隆平一把拉住了……袁隆平培育杂交水稻，挚爱杂交水稻，面对珍贵的稻种即将被倒塌的房子埋没的危险，他为什么不让学生们去抢救稻种？面对地震，袁隆平这是怎么了？

师旷的名字和音乐密不可分；祖冲之是数学家的代言；看到了都江堰，就会想起李冰；看到碗里的白米饭，人们很自然地就会想到一个又黑又瘦，忙忙碌碌的身影，这个人就是袁隆平。

袁隆平在长沙的育种基地每年只能种植一季不育株水稻，一到秋天，稻叶转黄，稻粒成熟，袁隆平只能眼巴巴地盼着第二年春天的来临。

湖南省农业部门的领导对袁隆平的研究课题寄予了厚望。袁隆平为了加快杂交水稻的繁育进程，亲自参与并制定了“夏长沙，秋南宁，冬海南”的育种战略，这就是有名的“南繁北育”。

水稻优选育种，有很多成功的先例，但培育出一个品种，至少要八个世代。也就是说，在长沙一个地方搞水稻育种，如果顺利的话，至少要八年才能搞出一个成功的水稻品种。

但如果去南方育种，一年之中便可以培育三季，那么三年便可搞成一个品种。

袁隆平第一次以“湖南省水稻不育科研协作组”的名义到南方制种，去的地方就是云南省元江县。

云南地处西南边陲，古来交通不便，与中原阻隔，被称为“蛮烟瘴雨”之地。在《元江府志》卷二十一中记载：“元江于古为荒芜，不入版图。”解放前的元江因为天气湿热，所以是有名的烟瘴地区，瘟疫流行，人们十分害怕这个地方。在当地的甘庄坝，民间流传着一句口头语：“要到甘庄坝，先把老婆嫁。”足见那时候那里环境的恶劣。

解放后，当地政府修桥筑路，人民的生活条件得以极大的改观。袁隆平领着两名学生——李必湖和尹华奇来到元江县，他们住进了当地农科站无人居住的一所空房子里，并利用该站的水田进行繁育杂交水稻的实验。

这时，袁隆平种植的水稻不育株已经渐渐走上了正轨。他给培育的不育株命名为 C 和 D 两个系统，C 系统是由无花粉不育株育种得来的，而 D 系统是由花粉败育、花粉退化性不育株选育而来的。

C 和 D 两个系统的不育株水稻稻种被浸水后，李必湖和尹华奇找来了几个小布袋，他们按照袁隆平的吩咐，将浸水后的种子用布袋装起来，吊在房梁上悬挂起来，这样做的目的有两个，一是防止鼠害，二是促其尽快发芽。

两个人往房梁上挂完了稻种，来到外面，正准备处理一下稻田。这时候，土路上传来一阵自行车的铃铛响，一名乡村邮递员给李必湖送来了一封家信。信是他爱人写来的。信上说，他们的第一个孩子降生了，希望他回去一趟。

尹华奇一边干活，一边对看信的李必湖说："有什么秘密，公开一下吧？"

李必湖搪塞道："没有秘密，都是家常话儿！"如果袁隆平知道李必湖的爱人生孩子，他一定得让李必湖回湖南。可是这里的工作刚开始，他怎么能离开呢？

他们干完了稻田里的活，元江县农科站的党支部书记老周就来到了实验田。袁隆平和老周关系处得极其融洽，两人见面后说了会儿话，袁隆平将他让到了屋里，然后从枕头底下摸出了一幅扑克，说："来，咱们打一把牌！"

袁隆平领着两个学生，除了辛苦地育种外，打扑克就成了他们唯一的娱乐。老周瞧着那副已有些破烂不堪的扑克牌，说："育种我不如你，但是打牌你可就不行了！"

袁隆平呵呵笑道："打牌，打牌，要是你输了，可记着给我们换副新牌！"

四个人玩的是争上游。老周支持农科站工作，工作闲暇就和几个牌友甩扑克。他自认牌技高超，可是一上手才知道，袁隆平育种是个行家，打牌也是个好手。四个人"劈劈啪啪"地甩了一阵扑克，袁隆平竟把老周给赢了。老周看着天色已晚，不甘心地说：“明天咱们再战！”

袁隆平半开玩笑地说：“明天再战可以，但你记得拿副新牌过来呀！”

袁隆平送走了老周，三个人研究了一下明天的育种任务，便分别倒在竹床上，先后睡着了。

袁隆平倒在竹床上，他迷迷糊糊中忽然觉得外面的太阳晃悠悠地升起，老大的太阳好温暖、好耀眼。温暖的阳光照在实验田的稻禾上，那稻禾就好像是竹林里的青笋“嗖嗖”地往上长，长呀长呀，最后长得跟高粱一样高，穗子像扫把那么长，颗粒像花生米那么大，他和李必湖、尹华奇就坐在稻穗下，美美地乘凉小憩……

也不知是从什么地方飘来了一首歌曲——稻禾熟，白米香，百姓歌未觞，种春华，结秋实，天涯共此时……这首歌被唱得百转千回，分外好听。这声音袁隆平怎么这么熟悉？这声音不是邓哲的声音吗？邓哲怀里抱着五二，手里拉着小五一，不远千里，竟到云南来看望他来了。

袁隆平在稻禾下小憩，邓哲领着孩子来到他的身边，她伸出手来，一下下地晃着袁隆平的身体，袁隆平感觉有一阵风吹了过来，高大的稻禾开始摇动，脚下的土地开始摇动。袁隆平摸了一把脸，这才发现脸上落满了从墙皮上落下的石灰。他睁开眼睛仔细一瞧，这才发现，不仅自己躺着的竹床，就是他们住着的房子也在摇动。

袁隆平大叫一声：“不好了，快起来，地震了！”

育种的活儿真的很累，劳累了一天的李必湖和尹华奇，各自躺在竹床上，即使在地震中，两个年轻人也没有从香甜的睡梦中醒来。袁隆平喊了一嗓子后，李必湖和尹华奇都被惊醒了，他们看着住的屋子在地震的淫威中颠簸得就好像是狂风巨浪中的小船，他们只穿着内衣内裤，便拉着袁隆平一路飞跑到了门外。

地震在继续，脚下的大地就好像是在发疟疾似的乱颤，三人互相搀扶支撑着，这才勉强站稳，尹华奇忽然想起屋内的房梁上还悬挂着几个种子袋，他叫道："种子，我们的种子还在屋里！"

李必湖急得一跺脚："赶快抢救种子！"

李必湖和尹华奇正要转身冲进屋子去抢种子，袁隆平伸出两只手，猛地将两个人拉住了。他叫道："房子倒了，种子也砸不坏，你们俩不要冲动！"

袁隆平话音刚落，就听"轰隆"一声，他们住的小平房就在地震中坍塌了。

如果不是袁隆平拉住了李必湖和尹华奇，这两个年轻人真的有可能被埋在房子下面了。地震刚刚过去，一场急雨随后而至，袁隆平和他的两个学生只穿着背心短裤，他们在风雨中冻得瑟瑟发抖……

这就是1970年1月2日凌晨，发生在峨山县7.2级的大地震。峨山县距离元江县150公里，受地震波及，元江县也发生了5.6级地震。

考验止于生死，袁隆平的厄运，总该结束了吧？

野稻，一个正确的研究方向

为了完成杂交育种，袁隆平面对没有粮食的困境，领着两个学生靠嚼甘蔗、吃香蕉来果腹，硬挺着没有撤出元江这块“战斗阵地”。袁隆平在育种地简陋的窝棚中，明确地指出了以后杂交育种的正确方向——寻找野生稻。

杂交水稻的育种之路总是充满了数不尽的艰辛和坎坷。袁隆平虽然找到了野生稻，可是因为缺乏经验，没有用“短光处理”刺激这些野生稻尽早开花。第一次野杂实验最后以失败告终。袁隆平面临不利的局面，他又作出了另外一个重要决定……

地震过后不久，农科站的站长老周领着站里的职工顶雨来到实验田。震塌的小平房前，他看到袁隆平和两个学生安然无恙，这才长出了一口气。他让职工们举着手电，帮忙清理废墟。袁隆平领着两个学生，也在一边打下手。他们小心地将那几袋种子先扒了出来，然后再取出行李和衣服。众人将地震造成的废墟清理得差不多了，东面的天边也露出了鱼肚白。

老周拉着袁隆平的手，关切地说：“你们还是赶快离开元江吧，这里刚刚发生地震，不仅有余震的危险，而且口粮的供应也会出现大量短缺，等明年条件好了，你们再过来制种吧！”

袁隆平摇摇头，说：“我们的种子都已经开始浸水催芽了，如果不能按时下种，这些珍贵的种子就将报废了！”

老周一见袁隆平态度坚决，只得帮他们在农科站的水泥球场上搭建了一座简陋的窝棚。在窝棚里铺上稻草，草上放一张席子，这就是他们三人以后睡觉的地方。袁隆平等人的住处解决了，随后口粮供应果然出现了断档。

袁隆平现在即使手里有钱，在当地百姓的手中也买不到口粮。袁隆平听着自己和两个学生的肚子饿得“咕咕”叫，他说：“我们晚上吃米饭，早晨就用香蕉和甘蔗充饥！”

李必湖和尹华奇想都没想就齐声答应：“只要有一口吃的，我们就不离开实验田！”

当地老乡的田间地头种有大量的甘蔗和香蕉，只要花上很少的钱，就能买到这两样东西果腹。

香蕉以“香”冠名，自然十分可口，可是这东西却不能多吃，一个人要是连着吃十几天香蕉，就会吃得顶住了，不管多么好吃的香蕉，都将很难下咽。

袁隆平一边领着两名学生制种，一边嚼着甘蔗当食物。甘蔗汁中的蔗糖，可以为人体补充热量，甘蔗也可以常吃，但甘蔗渣还是将袁隆平等人的口腔都刺破了。后来老周告诉他们一个咀嚼的方法，那就是牙齿做上下运动，嚼完即吐蔗渣，尽量减少蔗渣和口腔的接触，便能最大限度地保护口腔。

袁隆平领着两个学生在元江育种四个月，他们一共吃了将近两吨的甘蔗。到5月初，实验田中培育的不育系种子终于成熟了。

实验的结果非但不令人振奋，甚至让人感觉有些沮丧。C和D这两个系统的不育率不仅没有提高，反而从原来的70%减少到60%。如果不能找到100%保持不育系的水稻品种，袁隆平这六年的汗水就等于白流。

袁隆平看着李必湖和尹华奇急切的眼神，他一伸手，取出了好久也没下的象棋，说：“咱们杀上一盘，没准换换脑子，就想出解决的办法了！”

李必湖先陪袁隆平下棋。他们在棋盘上摆上棋子后，随着两方车行象踏，炮飞士沉，一阵厮杀，战局就已经进入了中盘。李必湖经常陪着袁隆平对弈，他的棋力不低，可是一番猛攻后，还是不能擒住袁隆平的“老帅”，最后两个人以和局战罢。

袁隆平指着棋盘说：“其实这局棋，是你占优，可是你知道自己为何不能取胜吗?”

李必湖纳闷地问：“难道我进攻的力量不够?”

袁隆平摇摇头：“不是进攻的力量不够，而是你应该换一种进攻的思路!”

李必湖从下第一手棋开始，就以擒住袁隆平的“老帅”为目的，可是袁隆平的防守严密，令李必湖连连吃亏。

袁隆平说道：“如果你换一种进攻的方法，先用车杀我左翼的沉底马，接着再干掉落边的闲炮，恐怕你早就获胜了!”

李必湖恍然大悟地说：“老师说的对，我不应该一味地从中路进攻，如果从左翼包抄，恐怕我早就取得胜利了!”

袁隆平下完棋，终于找到了正确的育种方向——换个角度，从水稻的远缘关系入手。

袁隆平说：“外国在育成杂交高粱的实验中，用的是南非和北非两个距离非常遥远的品种，而我们用作水稻杂交的品种，亲缘距离都很近，这好比近亲结婚，难以生出健康的后代，想要培育出合格的不育系，非得找到远缘的水稻品种才成!”

袁隆平的一番话，恰似一盏指路的明灯，照亮了杂交水稻以后的研究方向。

李必湖问道：“袁老师，您的意思莫非是找来一些不常见的水稻品种，给不育株做杂交实验吗?”

袁隆平微笑着摇了摇头。他的目光考试似的望向了尹华奇。

尹华奇说：“我知道，袁老师的意思是利用外国水稻，给咱们的不育株做杂交实验!”

袁隆平最后揭示了谜底——野生稻。他的意思是要用野生稻给不育株水稻当“丈夫”!

普通野生稻是现代栽培稻的祖先。它们经过长年的进化，成为现代的栽培稻。但是在进化过程中，普通野生稻的许多抗病、抗虫、抗杂草及高产优质的基因，差不多已丢失殆尽。在培育水稻不育株的过程中，袁隆平认为野生稻可利用的价值巨大。

袁隆平随后领着两个学生在云南开始寻找野生稻种。果然，功夫不负有心人，他们找到了第一批云南的野生稻子，并带回湖南进行野杂实验。

可是这些野生稻种下后，因为没有进行“短光处理”，到了9月底还未抽穗开花，第一次野杂实验并没有做成。

1970年6月，湖南省“革委会”在常德召开了“湖南省第二届农业科学技术大会”，在黔阳地区的展室里，袁隆平的雄性水稻不育株实验项目被安排在展板的头条。

“革委会”的负责人在大会召开的时候，还特地安排袁隆平在主席台上就坐并发言。“革委会”还给袁隆平发了奖状，表彰他在水稻不育株研究中作出的贡献。袁隆平讲话的时候，坦然承认了研究工作中存在的技术问题和不足。

“革委会”的负责人对袁隆平说:“农业的发展，急需农业技术的支持，杂交水稻虽然目前遭遇了暂时的困难，但是，我们相信，通过全省科研工作者的攻关，一定能取得最后的成功!”

袁隆平听到这位负责人对自己的鼓励，心里暖烘烘的，只觉得浑身上下充满了力量。他决定领着两个学生去海南岛，他要在“天涯海角”的实验田中，实现自己心中那个关于“绿色”的梦想。

松鼠，海南岛的“芳邻”

在一个人迹罕至的地方闭关隐居，以山石为友，以松鼠为邻，这是很多人的梦想。可是，真让某位“隐士”处于那个闭塞的环境，相信用不了一个月，他就会哭着喊着要离开那个艰苦的地方了。

袁隆平等面对蚊子的袭扰，他们采用了薄膜裹身的办法，面对偷他们口粮的老鼠，他们也想出了一个完美的解决办法。

袁隆平去北京科学院办事，他的学生李必湖随后给他拍来了一封电报，电报上的消息让袁隆平兴奋得差点跳了起来……

五峰如指翠相连，撑起炎荒半壁天。夜盥银河摘星斗，朝探碧落弄云烟。雨霁玉笋空中现，月出明珠掌上悬。岂是巨灵伸一臂，遥从海外数中原。——邱浚《五指山》

海南岛位于中国的南端。从平面图上看，海南岛就像一只雪梨，横卧在碧波万顷的南海之上。该岛开发的历史非常久远。据史书记载，远在2000多年前，在汉武帝元封元年（前110年），就在海南岛建立珠崖、儋耳两郡。可是，古代的海南岛条件艰苦，猛兽成群，是流放谪吏遣臣的地方。

唐代宰相李德裕，被谪为崖州司户参军，他曾经赋诗道：“一去一万里，千至千不返，崖州在何处，生度鬼门关。”

海南岛地处热带北缘，素来有“天然大温室”的美称，这里长夏无冬，年平均气温22～26℃，光温充足，雨水充沛，是我国南繁育种的理想基地。

但是，1970 年的海南岛条件很是艰苦。当地有句谚语：三只蚊子一盘菜，三只老鼠一麻袋。环境的恶劣从这句谚语上就可见一斑。

为了加快育种的步伐，尽快拿出研究成果，袁隆平领着李必湖和尹华奇，先是从长沙上了火车，坐了一天一夜的火车后，接着换乘轮船，随后又坐汽车，下了汽车又在牛车上颠簸了大半天，这才千辛万苦地来到了海南岛最南端的崖县南红农场。

这里一共有 20 多万亩土地，可供全国来的各路育种科研人员使用，而南红农场就是这里众多农场中的一座。

南红农场条件简陋，没有优越的条件招待从远方来的贵客。袁隆平心里早有吃苦的准备。他领着两名学生，推开了分给自己的茅草屋的房门。李必湖不由得愣住了，只见这间遍布灰尘、窗户狭小的茅草屋中，竟然连张睡觉的竹床都没有，只有地上铺着的一层秫秸（去掉穗的高粱杆），看来这就是为他们准备的“席梦思”了。

袁隆平收拾茅屋的时候，只见一只小松鼠趴在窗台上，正向屋里一个劲儿地张望。袁隆平对着小松鼠幽默地说：“认识一下，我们以后就是邻居了！”

那只小松鼠吓得转身逃走，迅速爬到了旁边的树上。然后睁着好奇的眼睛，打量着茅屋中三名远方来的客人。

李必湖和尹华奇找到场长，为袁隆平弄来了一张竹床。袁隆平笑呵呵地说：“这人要是没睡着，还能分得清睡在什么地方，要是睡着了，皇帝的龙榻和咱们的竹床，好像也没啥区别！”

睡竹床或者睡地铺，袁隆平没有挑拣，可是他们到了晚上看书学习的时候，却遇到了麻烦，南红农场竟没有电灯。

没有电灯的困难，自然难不倒李必湖和尹华奇。他们买来了蜡烛，接着又弄来了菜油灯，灯光虽然昏暗，可是袁隆平领着两个学生终于可以秉烛攻关了。

随着屋里的灯光亮起，外面的草蚊子“嗡嗡”怪叫着，好像赴宴似的，从窗棂和门缝中硬挤了进来，对他们三个人展开了疯狂地进攻。海南岛的蚊子个大，毒性强，没过几天，袁隆平和他的两个学生就被蚊虫咬得浑身上下都是红疙瘩。这些红疙瘩又痛又痒，令人万般难受。

三个人被蚊虫咬得实在受不了了，他们就想出了一个极端的办法。南红农场中有很多育种时覆盖在秧苗上的塑料薄膜，于是到了晚上他们就将薄膜裹到身上，蚊子的尖嘴虽然锋利，可是却刺不透薄膜。蚊虫叮咬之灾虽解，但薄膜不透气，第二天早上，三个人揭开身上的“甲胄”时，却发现薄膜覆盖的皮肤上都起了一层更为刺痒的痱子。

还没等袁隆平想出如何战胜蚊灾的时候，他们住的茅草屋中又闹起了鼠患。农场分给他们的一袋大米竟在一夜之间剩下了半袋……老鼠太可恶了，它们竟和袁隆平等人打起了神出鬼没的地道战。袁隆平他们为了不至于以后饿肚子，就将剩下的半袋大米用绳子系着，高高地吊在了茅屋的房梁上。

老鼠神通再大，它们对吊在空中的大米也是没有一点招。可是，随后种在实验田中的水稻不育株却出了问题。李必湖发现，一些水稻秧竟不知道被什么动物咬得乱七八糟，原本整齐的稻秧，还丢失了不少。

袁隆平经过观察，发现偷稻秧的竟是那只小松鼠。它偷偷来到稻田，将秧苗咬倒，并将秧苗偷偷运到了树洞中，当成了可口的食物。

袁隆平自然不忍“消灭”自己的邻居，他们在实验田周围做了一个防护的篱笆墙，小松鼠就再也不光顾实验田了。

不育株水稻被种到了实验田后，袁隆平便让自己的两个学生开始四处寻找野生稻。鉴于水稻不育株培育进展缓慢，袁隆平决定去一趟北京，他准备到中国科学院，向一些老专家请教育种中遇到的问题。

袁隆平坐火车风尘仆仆地赶到了北京，可当时国内的环境却不容乐观——尽管国外杂交制种研究进行得如火如荼，但国内这方面的研究还非常滞后。袁隆平辛苦地在科学院作了十几天的汇报和请教，得到的却是毁誉参半的批评和鼓励。

最后，袁隆平一头扎进了科学院的图书馆。他在这里惊喜地发现馆内有不少国外重要的科学期刊。这些期刊上刊载着很多国外关于杂交育种的新思想和新方法。

其中有一篇日本琉球大学的水稻专家新城长友教授写的论文引起了他的注意。新城教授用粳稻品种钦苏拉—包罗Ⅱ为母本，与台中65水稻杂交，育成BT型台中65水稻不育系。该不育系中有一些可育系，经过自交，稳定育成了同质恢复系，基本上实现了“三系配套”，但他的杂交稻因为没有增产优势而被迫中断了。

袁隆平看罢资料，更感到了肩膀上担子的沉重。日本人已经抢先实现了水稻的三系配套，可是国内某些权威还是抱残守缺地认为，杂交水稻是一条走不通的死胡同。

新城长友的杂交水稻虽然实现了三系配套，但却胎死腹中，并没有走出实验室。袁隆平觉得自己的不育株水稻研究只要坚持下去，就有可能走在世界前列，为我国的水稻增产作出应有的贡献。

科学虽然没有国界，但科学家是有祖国的。袁隆平看罢科学院图书馆中的资料，感觉到形势严峻，国外杂交育种研究颇有进展，留给自己的时间不多了。

袁隆平在准备回海南的前夜，一封电报来到了科学院。打电报的是李必湖，他在电报中告诉袁隆平，他们已经在海南找到了一株“雄性不育野生稻”。

攻关，全国育种战线的大协作

当“野败”出现在袁隆平的面前，袁隆平用它杂交出五颗金灿灿的种子后，一个非常现实的问题又摆在了他的面前：是保留杂交水稻的发明权，还是对全国各个搞水稻培育的兄弟单位公开技术？

接下来，13个省市自治区的18个单位，共计50多名科技人员全都聚集海南。他们找到袁隆平，一起来参加协作攻关。人多力量大，攻克杂交水稻这座坚固堡垒的日子想必不会很远了！

踏破铁鞋无觅处，得来全不费工夫。袁隆平蹲在实验田中，他看着眼前这株刚刚被李必湖栽在田里的野生稻，惊喜地问道：“你是在什么地方发现的这株‘宝贝’?”

袁隆平进京请教专家寻找资料的同时，李必湖和尹华奇也在南红农场周围加大了寻找野生水稻的力度。

李必湖为了尽快完成老师交给自己的任务，他一连找了几天，还是没有发现野生水稻的踪迹。这天，南红农场技术员冯克珊来看他，李必湖一说寻找野生水稻的事儿，冯克珊就说："野生水稻又叫假禾，南红农场的周围到处都是！"

李必湖说："我找的野生水稻，并不是普通的野生水稻，我找的是野生水稻中的'雄性不育株'。"

李必湖在袁隆平身边工作了多年，虽然没有见过野生水稻不育株，但他的脑海中却早就勾勒出了一个野生水稻不育株的大致轮廓。冯克珊领着李必湖来到了南红农场周围的荒郊，那里是野生水稻最多的地方，可是几天寻找下来，也是一无所获。

这天中午，两个人吃过午饭，冯克珊领着李必湖来到了南红农场后面铁路涵洞桥附近，这里生长着一片大约200平方米的野生稻。当时正赶上野生稻抽穗扬花，野生水稻花药肥大，颜色鲜黄，很是漂亮。

李必湖俯身在野生水稻丛中，他一株株地查下去。最后，他在一株性状特别的野生水稻面前停住了。这株水稻匍匐在地面上，穗粒又小又少，一碰就掉，看起来就像野草，而且雄花异常、花药细瘦不开裂。李必湖初步断定，这株模样怪异的野生水稻，很有可能就是"野生水稻雄性不育株"！

李必湖将这株水稻移植到了实验田中，随后就给老师袁隆平发去了电报。

袁隆平看着这株野生稻，眼里充满了喜色，他从三茎稻穗上各采了一朵花药，然后放在一百倍的显微镜下观察，发现了大量不规则形状的碘败花粉粒。最后证明这是一株非常难得的、花粉败育型的野生水稻不育株。

袁隆平兴奋地叫道："好，太好了，有了这株野生稻的雄性不育株，我们培育杂交稻种的研究工作，一定能往前跨越一大步，李必湖和冯克珊，你们两个年轻人立功了！”

尹华奇虽然没有亲手找到野生水稻，但他也为李必湖取得的成绩感到高兴。他在一旁提议道：“袁老师，您还是给这株野生不育株起个名字吧。”

袁隆平说：“就叫它‘野败’！”

尹华奇问：“咱们找到了‘野败’，是不是要庆祝一下？”

袁隆平兴奋地点了点头说：“我们不仅要庆祝，而且要好好地庆祝一下！”

李必湖切了一块他从湖南老家带来的腊肉，尹华奇买来了一瓶白酒，袁隆平亲自下灶，他用白菜和萝卜做了两个菜。冯克珊来到后，四个人高举着酒碗，齐声说：“祝杂交水稻早日培育成功！”

四个人讲完话，将碗中的白酒一饮而尽。

成功只留给有准备的人。袁隆平辛苦了六年，为了培育杂交水稻，他将掌握的稻种全都拿来和不育株做了一遍杂交实验。实验结果证明，这些水稻因为亲缘太近的缘故，全都不合格。也许是上天对袁隆平锲而不舍精神的眷顾，让他终于找到了野生水稻不育株。

袁隆平找到野生水稻不育株后，真是如获至宝。他们三个人一连五天，日夜不停地守护在这株水稻的旁边，并用优良的籼稻广矮 3784 与这株“野败”杂交，他们共杂交了八个组合，并成功地为“野败”的 65 朵雌花授粉。为防麻雀和田鼠对“野败”的损害，师生三人把铺盖搬到田边，对其精心呵护。他们淘汰了这株“野败”匍匐生长、叶窄、茎杆芊细、容易落粒等缺点，而保留了花粉败育的特性保留了。经过一段时间精心的选育，袁隆平终于收获了五颗金灿灿的杂交稻种。

这五颗种子，一个小概率的事件，却足以改变人类水稻发展史的整个进程！

1971年初春，袁隆平采用共性繁殖分蘖的方法，将所得的46株“野败”全都种到了实验田中。四个月后，袁隆平收获了一小袋籼稻广矮3784与“野败”杂交的稻种。

袁隆平领着两名学生离开了海南岛，他们像北飞的燕子一样，又返回了湖南，并将这一小袋珍贵的杂交稻种种到了三湘的土地中。

果然，野生水稻不育株第二代F1不负众望，它们在实验田中破土出芽，长势欣欣向荣。袁隆平相信，这些承载着他过多希望的稻禾，一定不会辜负他的心血。生长，抽穗，开花，结实……他的梦想距离实现之日，一定不会遥远了！

众人拾柴火焰高。但现在往杂交水稻这堆“火”里添柴的，只有袁隆平和他的两个学生——湖南省的有关领导，曾经要求省内各部门抽调精干的科研力量，协助袁隆平共同研究杂交水稻，可是省内的专家都一致认为，袁隆平的研究方向错误，根本就没有协助的必要。

1970年，省里召开了一个杂交水稻的科技座谈会。与会的四五十名专家中，支持袁隆平的人寥寥无几。会上，一名中国科学院的学部委员曾断言：“根据众多的实例，杂交水稻的研究毫无意义！”

袁隆平在会上据理力争，结果将这位学部委员气得拂袖而去。

袁隆平指导学生们找到了“野败”后，杂交水稻的研究终于露出了胜利的曙光。经过两年的实验，袁隆平他们证明雄性不育株是100%遗传。也就是说，其后代都是“野败”雄性不育株。这种不育株除了稻株形状和“野败”不同外，其他性状都和“野败”相同。但是，这种“野败”的后代稻种没有在大田中生产的价值。袁隆平现在要做的就是将“野败”的基因转入栽培稻，进而培养出在生产上所需要的杂交稻种。

随后不久，湖南省农业厅贺家山原种场的周坤炉、湖南省农学院的罗大年等科技人员相继被领导调派到海南岛，开始了在袁隆平身边工作的日子。至此，一个对杂交水稻大攻关、大协作的时代开始了。

罗大年1962年就已经大学毕业，他虽然缺乏杂交水稻研究经验，但毕竟在大学执教多年。而袁隆平当年的身份只是一个农校的普通教师。他和袁隆平一见面，罗大年就不服气地说：“袁老兄，我现在调归你管了，你是不是先拿出几手‘绝活’让我看看？”

罗大年是“南繁”工作人员中唯一不叫袁隆平“老师”的人。为了让罗大年尽快入道，袁隆平先讲了一番孟德尔的杂交理论，随后他领着罗大年来到了实验田边，面对稻田中明显高矮不齐的稻禾，给他讲遗传学上的分离现象。

罗大年下田一数，田中两种高矮不齐的稻禾之比果然是3∶1。事实完全证明了孟德尔遗传学说的正确性。

傍晚的时候，众人到海边游泳，罗大年自信地说：“袁老兄，我可是农学院的游泳冠军，论游泳，你可不是我的对手！”

袁隆平指着海中200米外的一块礁石说：“你先游10米，然后我追你，谁先到那块礁石就算谁赢！”

罗大年“扑通”一声，跳进了海里，然后用蛙泳奋力向海里的礁石游去。袁隆平随后紧追，他游到一半便超过了罗大年。等罗大年游到了礁石旁，袁隆平正悠闲地坐在礁石上面等着他。

罗大年回来的时候，他要和袁隆平比自由泳。这回袁隆平让了罗大年20米，可最后袁隆平还是轻松地取得了胜利。

罗大年游泳失利，他非要和袁隆平比赛下棋。经过一番鏖战，最终罗大年以三局两胜取得了胜利。

袁隆平看着一脸喜色的罗大年说："你这股劲儿我喜欢，现在咱们'水稻雄性不育科研协作组'需要的就是这股不服输的干劲儿，培育杂交水稻，急待我们协调攻关并肩作战！"

罗大年先听袁隆平讲课，接着又和他比试游泳和下棋，最后，他也被博学、大度的袁隆平折服了。

互不相让的双脚是不可能迈近一步的。在一个攻关小组中工作，如果不团结，必将一事无成。罗大年、周坤炉等人经过刻苦工作、勤奋学习，皆取得了骄人的业绩，最后他们也都成了水稻育种界的顶尖人才。

接着，湖南、广东、广西等13个省市自治区的18个单位，50多名科技人员，全都来找袁隆平协作攻关，袁隆平的实验田一下子热闹了起来。

说是协作攻关，其实各省市的科技人员对杂交水稻育种几乎都是"门外汉"。这时候，袁隆平的"野败"杂交水稻F1代雄性不育系已经育成，他正在寻找雄性不育保持系的突破口。如果袁隆平想要对技术保密，完全可以轻而易举地做到，只要他和两名学生一起闭口，或者将雄性不育系的关键技术隐藏起来，那么他们就可以独享杂交水稻发明权的专利和荣耀了。

可是袁隆平并没有"小肚鸡肠"地实行什么技术保密、信息封锁。要知道，中国的杂交水稻起步较晚，前面已经有日、美、澳、印等国的同行在研究“杂交水稻”，他们起步较早，资金雄厚，科技设备精良，如果袁隆平不走协作攻关的路子，又怎么能让中国的杂交水稻育种走在世界的前列，尽早解决我国水稻单产长期徘徊的不利局面？

白天，袁隆平站在实验田中手把手地教这些科技人员杂交水稻的操作技术；晚上，他则站在黑板前，给大家详细地讲解杂交水稻的理论，并将这些年自己掌握的知识和经验，毫无保留地传授给了他们。

袁隆平当年在课堂上曾经动情地说：“同行们，朋友们，我和我的学生们搞了八年的实验，终于搞清了水稻雄性不育的基本原理。这八年的时间，我们走了很多的弯路，也犯了很多的错误，可是这些弯路和错误，都不是没有价值的，它让我们掌握了测交、回交以及人工制保、制恢等各种杂交的手段！”

经过袁隆平的言传身教，50 多名技术人员迅速地掌握了培育杂交水稻的技术。袁隆平并没有将“野败”据为已有，他将“野败”种子分赠给全国 18 家有关技术单位。

袁隆平在给大家分赠种子的时候，语重心长地说：“我国是世界上水稻栽培历史最悠久的国家，据浙江余姚河姆渡发掘考证，早在六七千年以前，这里就已种植水稻。水稻养育了我们中华民族，它见证了我们中华民族五千年的灿烂和辉煌。可是几千年来，水稻的产量一直低迷徘徊，低迷得老百姓食不果腹，徘徊得老百姓饥声四起。我们苦心孤诣地研究杂交水稻，就是想打破这千年不变的铁律，让老百姓端起今天的饭碗，不用想着明天是不是还有充饥的口粮！今天，我赠给诸位同行稻种，大家将稻种握在手里，你们人人都可以感觉得到，每一粒种子里都蕴藏着火一样的能量，如果这把杂交之火能被熊熊点燃，我国水稻增产的这台‘蒸汽机车’必将飞奔在世界的前列。这沉甸甸的稻种中，还蕴藏着老百姓的殷切希望，农业要用农业科技来支持，想让我们用有限的土地，养活我国广大的人民，我们这些科技人员就要百折不挠、呕心沥血拿出最好的种子，向国家和人民交出一份合格的答卷！”

袁隆平讲完这番话，教室内的立刻掌声四起，一双双明亮的、注视着袁隆平的眼睛里，都闪现着激动的泪花。

当时，广西农学院的张先程来得较晚，没有分到“野败”的种子，袁隆平就将自己留下的“野败”种子分给了他们一半。

福建农学院的科研人员育秧失败，他们正懊恼得不知如何是好的时候，袁隆平得到消息后，就将育成的“野败”秧苗挖出了一半，然后派人给福建农学院送了过去。

全国不少家的科研单位都在一起努力，共同开展了杂交水稻的大攻关……

初胜，三系配套终于成功

一个好汉三个帮，一个篱笆三个桩。袁隆平向来自全国各地的科技人员无偿地献出了200粒“野败”杂交的第一代稻种。湖南景山原种场的周坤炉和袁隆平合作，首先育成了“29南1号A”不育系，以及相应的“29南1号B”保持系。

一枝独秀不为春，百花齐开红满园。此后不久，在袁隆平的指导下，江西萍乡农科所的颜龙安等人，利用“野败”第一代原种进行杂交，育出了“珍汕97”不育系和保持系。福建用V41、京引177，新疆用查系83、杜字129，广西用广选3号等品种，也都培育成功了雄性不育达到100%的不育系和相应的保持系。

经过和育种人员的共同努力，三系配套终于成功。为了庆祝魂牵梦绕的三系配套成功，袁隆平决定请有功人员吃一顿异常别致的“庆功宴”，然而，这顿别致的庆功宴，价值只有“九毛”钱……

1972年，对于袁隆平来说，是面对“杂交水稻”这个神秘之门奋起全身力气、起脚劲射的一年。

三系配套中已经育成了不育系和保持系，现在只差恢复系了。袁隆平的杂交水稻最后被恢复系这只“拦路虎”挡在了成功的殿堂之外。

黎明前的时刻，也是最暗的一刻，这时，一些学术权威的冷水又泼了过来，他们说：“三系，三系，三代也不成器！”

袁隆平经过了将近十年的实验，手中掌握着大量的实验材料，他已经发现了具有恢复系基因的稻种，所以他满怀信心地对学生们说：“只要我们矢志不渝地努力，相信恢复系一定会被我们筛选出来！”

袁隆平和周坤炉在湖南的实验田中将“29南1号”不育系和保持系又交回了第三代，由于湖南已经进入了秋季，树叶脱落，北雁南飞，袁隆平和周坤炉等人便准备带着刚刚收获的稻种，准备再去海南南红农场进行实验种植，以求在寻找保持系的道路上能有新的突破。

在临行之前，袁隆平看着周坤炉“鼓鼓囊囊”的肚子，诧异地问道：“你这是在搞什么名堂？”

周坤炉笑呵呵地揭开衣角，露出了贴腹的一个布包。这只布包的表面湿漉漉的，里面全是已经浸过水的稻种。

袁隆平不解地问道：“你这是干什么？”

周坤炉回答道：“我是在利用人体的温度，对稻谷进行催芽。”这个办法虽好，但是湿漉漉的种子包几天不间断地带在身上，岂不是会损伤身体？

袁隆平讲完了担心，周坤炉说：“我身体好，保证不碍事的！”

袁隆平叮嘱道：“育种很重要，但不代表身体就不重要，育成了种子，把你的身体搞垮了，这我可不答应！”

周坤炉听袁隆平讲完这番话，心里不由得暖烘烘的，浑身上下都充满了力量。有了袁隆平这样的带头人，即使恢复系这个“拦路虎”再凶恶，他们也一定要群策群力地想办法，将其变成“纸老虎”。

第二天一早，袁隆平背着几把叶子烟，来到了长沙火车站。李必湖、尹华奇、周坤炉和罗大年等人也相继赶到了。他们有的挑着干菜黄豆，有的挑着腊肉火腿，有的挑着铺盖行李。大家凑到一起，仿佛一群南下去赚外块的农民工。

袁隆平坐火车去海南，早已经是轻车熟路。因为长沙不是始发站，他们这一行人也都没买到坐票。上了火车之后，车厢中弥漫着汗味、烟味以及各种怪味，他们一个个也都被挤成了“沙丁鱼”罐头——脚刚从车厢里抬起来，再落下就找不到地方了。

艰苦的条件，袁隆平并不觉得苦，为了能尽早培育成杂交水稻，袁隆平早就已经习惯以苦为乐了。

1972年冬，袁隆平领着队伍重新进驻南红农场。经过袁隆平等人的努力，杂交水稻研究小组从东南亚的一些品种中取得了具有较强恢复能力的恢复系。

1973年9月，袁隆平和周坤炉对“29南1号”的不育系进行了三年、共七代的测交和杂交，终于找到了“29南1号”的恢复系。至此，袁隆平最初的杂交水稻的设计理论——雄性不育系、保持系和恢复系三系配套，终于宣告成功。

三系配套成功是一件激动人心的大事，这标志着我国杂交水稻时代的来临，这是增产的福音，温饱的宣言，以及成功的起点。

袁隆平十年磨一剑，他顶着巨大的压力，就像是千斤巨石下面的一颗小草，为了那个光明的“杂交水稻”之梦，他努力地成长，顽强地拼搏，最后终于将某些国外水稻权威关于杂交水稻无优势的谬论丢进了太平洋，将国内某些学者“不成器”的讥讽变成了一边倒的赞扬之声。

没有春潮般的掌声，没有爆豆一样的鞭炮声，也没有“杂交水稻万岁”的欢呼声，有的只是袁隆平头脑里勾勒出的杂交水稻的蓝图，如今，这幅蓝图正逐渐变成一卷大幅增产的油画；有的只是他们成功地打开了杂交水稻的神秘之门，并走进杂交育种的殿堂正准备展开进一步的研究和探索。

袁隆平，你此时的心情会怎样？是激动，是兴奋，抑或是受了十年的理论压迫，今天终于能够扬眉吐气的快感？袁隆平此时真的很兴奋，十年，三千多个日日夜夜，面对科研的成功，换成任何一个人都不会平静。

能用众力，则无敌于天下矣；能用众智，则无畏于圣人矣。袁隆平站在田埂上，他满脸笑容，几乎手舞足蹈地对周坤炉说："我们成功了，我们终于成功了，找到恢复系，三系配套终于完美的成功，你劳苦功高，我要犒劳你！"

按照袁隆平当时取得的成绩，若要庆祝一番，即便打开中国的十大名酒，再摆上一桌最高档的满汉全席都不为过。可是限于当时的条件，袁隆平只是将一个卖冰棍的姑娘喊了过来，他对周坤炉说："我吃十根，你吃二十根，不吃完了，谁也不许走！"

按照当时的物价，冰棍是一根三分钱，袁隆平和周坤炉欢庆三系配套成功，一共是花了比较"奢侈"的九毛钱。要是放在现在，这九毛钱，都买不来一瓶矿泉水。可是，在70年代的时候，这一顿饕餮的冰棍大餐，两个人还是吃得大呼过瘾，吃得痛快淋漓！

吃完了冰棍，周坤炉就好像喝罢了壮行酒的战士，问："下一步我们需要做什么？"

袁隆平笑道："三系配套成功，只是我们培育杂交水稻的第一步，我们接下来还有很长的路要走，可一点都不能松劲！"

周坤炉一拍胸脯道："袁老师您放心，培育高产杂交水稻这股劲，我一直都绷得紧紧的！"

袁隆平的三系配套成功后，还出现了一个小插曲——当年在海南岛的实验田中，收获了12斤宝贝稻种，这些异常珍贵的种子都被袁隆平交给了文质连保管。

文质连是辰溪县营溪口镇老街村的农民，后被湖南省农业厅安排到袁隆平身边学习，他也没有想到自己会获得第一个保管稻种的殊荣。

袁隆平在年底的时候带着文质连一起离开海南返长沙办事。当时，有关方面给袁隆平买的是飞机票，文质连手里的是轮船票。

袁隆平知道文质连没有坐过飞机后就将飞机票给了文质连，让他坐飞机回来，袁隆平则坐轮船回到了长沙。文质连老人如今已年近古稀，他至今还保存着那张已经发黄但却异常珍贵的飞机票。

这张几十年前的飞机票见证了一个农民和袁隆平这位大科学家的真诚友谊。

风波，罗孝和失败的“三超稻”

任何事情都不会一帆风顺。袁隆平利用“野败”选育三系成功，罗孝和将培育出的种子育成秧苗，种到水田之后，一时间长势良好。他随后放出了风声，称自己种的是“三超稻”。可是，“三超稻”实在不争气，只增草，不增稻。袁隆平面对嘲讽，竟然在军政委面前侃侃而谈……一个看似简单、旁人却无法发现的道理，令军政委又作了出了一个怎样的决定？袁隆平的杂交水稻，是否会得到军方的继续支持？

1973 年 10 月，全国水稻科研会议在苏州召开。当时，“文化大革命”还未结束，在那个“宁要社会主义的草，不要资产阶级的苗”的时代，唯一幸运的是农业增产的研究并未中断。

这次会议，全国有名的水稻专家基本到会，袁隆平手捧讲稿，先作了利用“野败”选育三系的进展的报告，在发言中，袁隆平讲道：

各位领导，各位专家学者：

水稻雄性不育课题的研究，自本人正式介入至今，已历时整整十年了……我们利用“野败”为原始材料，选育三系已经成功，这预示着杂交水稻技术在我国水稻生产中获得应用，并发挥显著增产效益的时刻已经指日可待了。

袁隆平本以为三系配套一旦完成，中国水稻制种界最少也是欢声一片，可令他没有想到的是，与会的专家并没有因为他搞成了三系配套就对他的杂交水稻给以应有的肯定，质疑杂交水稻前景的议论声仍然是不绝于耳。

有专家指出，杂交水稻三系配套成功，这在世界上并非首创，因为早在1968年的时候，日本的水稻专家新城长友教授就已经成功了。随后，新城长友教授访华，他曾坦然承认，他培育的杂交水稻并没有表现出增产的优势。

袁隆平面对质疑之声，只有耐心地解释：新城长友搞的是粳稻，而他搞的是籼稻，遗传学讲究“差之一毫，去之千里”，在粳稻上搞不成的实验，在籼稻上就不见得搞不成！

不管袁隆平在大会上如何为杂交水稻大声疾呼，会议还是在嘈杂的质疑声中匆匆落下了帷幕。袁隆平离开会场之前暗下决心，一定要搞出真正高产的杂交稻，只有小山一般的稻谷金灿灿地堆在了这些水稻专家的面前，他们才肯承认杂交水稻增产的事实！

天空没有惊雷，如果有惊雷，也许会震醒权威们木讷的神经；黑夜里难寻闪电，只有犀利的闪电，才能劈开那些专家头脑中的固执。袁隆平的心口，此时熊熊地燃烧着一团焦虑之火，他无心游览苏州城中的旅游胜地——狮子林、虎丘山和拙政园便回到了长沙。他一回到简陋的住处，罗孝和便低着头找袁隆平来了。

杂交水稻一旦研究成功，就是一件利国利民的大好事。自湖南省成立杂交水稻研究小组后，很多有志于农业的青年纷纷找到袁隆平，想跟着他献身农业，为我国的粮食增产贡献出自己火热的青春。

罗孝和家住湖南省隆回县，父亲是一位地地道道的山区农民，罗孝和在湖南省农学院毕业后，曾经在海南干了一阵子杂交玉米的研究工作。

袁隆平的三系配套成功后，罗孝和就慕名找到了袁隆平，袁隆平急于招兵买马，扩充科研队伍，罗孝和就成了他手下的一员“大将”。

罗孝和出身农民，对土地和种子有着超乎一般人的亲切，他成为袁隆平的学生后，除了低头搞实验外，便是大量阅读遗传学著作，被实验小组的同事笑称为“书呆子”。

袁隆平纳闷地问：“你垂头丧气干什么?”

罗孝和委屈地道：“我种的三超稻失败了，省军区‘革委会’的领导说我是‘草包学士’!”

几个月之前，袁隆平离开长沙去海南，他曾经指导罗孝和用尚未定型的不育系和恢复系配制成了一组实验性的稻种。这组稻种被罗孝和种在长沙马坡岭 0.4 亩的实验田中。

罗孝和第一次搞杂交水稻实验，因而分外的敬业，那些水稻在罗孝和的照料下，一个个好像是在喊着号子似的疯长，对照组的普通稻禾只有七八寸高，它却高有一尺，对照的普通稻禾一株只有四五个分蘖，它却有七八个分蘖。罗孝和经过估算，他种的稻子单产至少也在500公斤以上。

当时的湖南省农科院处在军管时期，“革委会”的代表看过罗孝和的稻田后，便向“革委会”的领导小组作了汇报。该小组的组长眼看着丰收在望，就匆忙地召集各方面领导和科技人员聚在罗孝和的实验田旁，开了一个现场会。并号召全省各地市的科技人员，都要向罗孝和学习，并要将“三超稻”尽快大面积推广。

当时缺失育种经验的罗孝和头脑一热，就当着各地领导和科技工作者的面，说自已培育的稻子是“三超稻”。它不仅能超越父本、超越母本还能超越其他对照品种。

可是到了秋季一验产，令人意想不到的事情发生了。“三超稻”的稻米产量很是一般，根本就没有出现增产的迹象。稻草却比普通的水稻多打了近七成。很显然，罗孝和的三超水稻种植失败了。

虽然是很偶然的一次失败，却让沉寂了一段时间的权威人士又抓住了把柄，他们说：“人不是牛，要是人像牛一样吃草，那么‘三超稻’的优势就明显了！”

有位专家对“革委会”领导小组组长这样指责：“你为什么要支持这种浪费钱财和土地资源，却徒劳无益的研究？”

“革委会”领导小组的组长恼羞成怒，于是将罗孝和找到了办公室，当众责问道：“你为什么要欺骗领导？”

“我没有欺骗领导！”老实厚道的罗孝和，怎么会欺骗领导？

“你们知识分子就会耍花招！”

“我没有耍花招！”不管罗孝和怎么解释，这位负责人认定他就是一个“草包学士”！

“草包学士”是对知识分子多么无情的嘲笑。知识分子是值得尊敬的，一个搞杂交水稻育种的知识分子，更值得尊敬，因为他们是除饥的利剑、抵饿的盾牌。

袁隆平刚刚从海南回到实验场，满肚子委屈的罗孝和就找袁隆平诉苦来了。他讲完了事情的经过，不无懊恼地道：“军管组的负责人骂我是‘草包学士’，真要是连累‘杂交水稻’的研究项目，那我可就是千古罪人了！”

其实这个“三超稻”事件还真的不能全怪罗孝和，毕竟这是在搞实验，是实验就允许失败。也许“革委会”领导的出发点是好的，他们也是想尽快培育出适合大田种植的高产稻谷。可是他们的心也太迫切了一点，竟在探索性的实验田旁召开了推广稻谷新品种的现场会。结果是实验失败，领导的希望落空，几方面都尴尬得下不来台。

袁隆平听罗孝和讲完话，他自信地说道：“增产稻谷叫增产，增产稻草怎么就不是增产？他们说你的实验失败，我看在某一方面来说是成功的！”

第二天一大早，袁隆平就被“革委会”领导小组的组长找去谈话。

“革委会”的组长问：“你们的杂交水稻怎么只增草不增谷?”

袁隆平不卑不亢地说：“不管增草还是增谷，这都证明了杂交水稻有优势，至于怎么将增产稻草的优势转化为增产稻谷的优势，这就是我们亟待解决的技术问题了！”

“革委会”的组长兴奋地问：“你准备用多长时间解决技术问题?”

袁隆平最后只得拍了胸脯，说："我向领导保证，只要给我一年的时间，杂交水稻增产的效果就能显现出来！"

"革委会"的组长本来是找袁隆平兴师问罪的，可是听袁隆平的一番话，他又开始支持"杂交水稻"的实验了。

天生的领导者应该像是一块磁石——不论是俊俏的铁钉，还是丑陋的铁屑，他总是有办法紧紧地和它们团结在一起。这就是袁隆平，这就是一个合格的领导，一个称职的科研带头人。他能时刻掌握正确的前进方向，而且能调动每一个人的积极性，没有这样的决策者，杂交水稻真不知道何年何月才能搞成……

真理无法躲避科学家的慧眼——那瑰丽的金色的水稻之梦，真的已经快要实现了！

优势，杂交水稻增产明显

杂交水稻从实验田走向大田种植，这其中的辛酸曲折，每一样袁隆平都亲身经历过。袁隆平为了"拯救"自己的老同学，他寄给张本一袋稻种，张本种植的杂交水稻亩产竟高达850公斤。

袁隆平被请去金沙县传经，张本因为这一袋稻种带来的丰收，还戴着"右派"的帽子便被任命为县农科所的所长。魔稻，杂交水稻一定是神奇的魔稻，它蕴藏着的增产力量究竟有多大？

1973年冬，这是一个充满着希望的冬天，希望就好像是枝头寒梅的蓓蕾，正在积蓄着力量，准备绽放出自己最绚烂的色彩。袁隆平的杂交水稻也要瓜熟蒂落，在这里结出丰硕的果实了。

袁隆平率队回到了海南岛的南红农场，海南岛这个巨大的天然温室，就是袁隆平最好的实验场。这里没有北方冬季的寒冷，只有最适合杂交水稻生长的温度。袁隆平经过深思熟虑，他决定用29南1号不育系和恢复系IR24配种杂交，经过四个月的栽培管理，最终育成了杂交水稻——南优2号。

南优2号育种成功后，为了检验其产量，当时育种人员曾用瓦盆栽种了不少的杂交水稻，一蔸杂交水稻的产量竟高达一斤半左右。后来将南优2号拿到安江农校试种，亩产可达628公斤。杂交水稻作双季晚稻种植，也取得了亩产511公斤的好成绩，分别比常规稻谷增产30%左右。扣除大田的生产因素，亩产仍然可比常规稻谷增产20%左右。

实践是检验真理的唯一标准。袁隆平为了对杂交水稻负责，随后在湖南和广西两省区对南优2号杂交水稻开展了大面积的试种实验。经过试种和验产，增产的效果再一次被证明，南优2号亩产平均超过了500公斤，最高的地块亩产竟高达670公斤。

水稻增产两成到三成，这是多么了不起的成绩！那一幕幕丰收的场景，在以前根本就是不敢想象的事情。袁隆平提供的南优2号杂交稻种居功至伟，殊荣独享。

湖南省有关部门领导收到这样的喜讯，一个个比过新年都高兴。他们组织了省内各地主管农业的干部前来参观学习。湖南省农科院也不甘落后，他们随后下发了一份《关于水稻杂种优势利用情况的简报》，认为经袁隆平等同志的努力，杂交水稻已经取得了阶段性的成功，有着极高的推广价值。

省“革委会”随后转发了这份简报，并提请省内各地粮食主管部门应该高度重视，要有计划有步骤地大力推广。

这一年之中，湖南、广西、江西和广东等十多个省区共种植杂交水稻5600亩。在较好的栽培水平上，大部分亩产都在500公斤以上，高的超过600公斤。

罗孝和拿到了大面积种植后得来的单产数据，兴冲冲地找到了袁隆平，激动地说："太好了，太好了，事实证明，我并不是'草包学士'！"

袁隆平笑道："你放心，我们的南优2号如果继续培育下去，应该还有更大的增产能力，到时候，咱们组里的研究人员，都会摇身一变，从'草包学士'成为'香饽饽'和'财神爷'！"

罗孝和心中早就有了"三超稻"的梦想：超父本母本，超越对照品种。这三超并不是他心中的实话，其实他心中的"三超稻"，是要超英赶美，成为地球上最好的稻种。可惜他这个梦想被无情的现实给击碎了，他还被嘲笑为"草包学士"，罗孝和怎么会甘心？他一直憋着一股劲儿！

如今，袁隆平的南优2号杂交稻种虽不是"三超稻"，却胜似三超稻。这终于让罗孝和心中的梦想得以实现，如今的罗孝和终于可以将"草包学士"的这顶帽子丢到爪哇国，然后扬眉吐气地阔步前行了。

罗孝和听完袁隆平关于杂交水稻的远景展望，心里就好像开了两扇小窗户，他忽然想起了什么，一伸手，在衣兜里掏出来一封信。这封信寄自金沙县，邮递员给袁隆平送来的时候，正巧遇到罗孝和，罗孝和就将信给袁隆平拿过来了。

袁隆平看着这封信上的落款——贵州金沙县农业局，不由得"咦"了一声，他在金沙县没有熟人，那地方有谁给自己寄信？

袁隆平撕开信封，取出信纸一看，这才明白，这封信是张本给他寄来的。张本是袁隆平的大学同学，上学的时候，两个人的关系很是融洽。张本毕业后被分配到了贵州省农科院。1957 年，他被划成了“右派”，随后下放到了偏远的贵州省金沙县农业局，他在农业局挂了个名后，便一直在当地的生产队接受劳动改造。随后，张本的妻子也和他离婚。这在当时有个响亮的名称，叫做“与右派彻底划清界限”。

落难的凤凰不如鸡。张本心情苦闷，他不知道自己是否还有明天，更不知道自己满肚子的农学知识将会用在何方。有一天，他在贵州省的一张报纸上看到了袁隆平正在培育杂交水稻的消息，他就冒昧地给自己的老同学寄了一封信。信中诉说了自己苦闷的心情，生活的艰难，以及遭受的不公平待遇。

袁隆平看到张本的处境如此不堪，为了拯救老同学，他转身对罗孝和说：“你按照信封上的地址，给我这位老同学邮寄 5 斤南优 2 号种子去！”

罗孝和对张本的遭遇也很同情，他精选了 5 斤籽粒饱满的南优 2 号种子，并找来信纸，提笔写了一封如何播种、施肥和管理的长信，然后将长信连同种子，一起给张本邮寄了过去。

张本收到邮包，读罢长信，他兴奋得差点从凳子上跳起来。如果真如信里所说，南优 2 号种子一旦播种下去，可以每亩产稻 500 到 600 公斤，这一袋金光闪闪的稻种，就将是他的希望之稻，翻身之种！

当年开春，张本在生产队分给他的水田中，将 5 斤种子先育秧，然后按照罗孝和信中所说的要求插秧，正好栽了 2.5 亩地的面积。

然而，罗孝和告诉张本的这个水稻种植方法和常规水稻种植的方法有很大的不同。当地生产队的社员理解不了，都站在田边纷纷嚷道："张本，你是不是发神经了？"

张本也不解释，他只是对着不理解他的乡亲们"嘿嘿"一笑，接着又弯腰继续插他的稻秧。稻秧入田后，张本的水稻就像被施了魔法一样"嗖嗖"地疯长，不仅神气活现地高过旁边的普通水稻一头，而且分蘖能力极佳，路过的乡亲们一个个看傻了眼，他们问道："张本，你种的这是啥稻子？"

张本呵呵一笑道："暂时保密！"

张本为了打好这场翻身仗，一有时间便给自己的"宝贝水稻"吃小灶，拔草、除虫、施肥，百般呵护。

一天一个样，四个月大变样。到了秋天，张本种的2.5亩地水稻长得又粗又壮，每一个叶片都像是一把小宝剑，随风招展，翩翩起舞。每一株水稻上都有七八个分蘖，分蘖长出的稻穗，都像小扫帚一样，随风摇摆，仿佛在骄傲地向人们炫耀——你们谁见过这样好的稻谷，我结出的稻子，一定能给你们最大的惊喜。

张本种的稻子在本地引起了轰动，该县的县委书记得到消息后，亲自赶往现场，主持了2.5亩水稻的验产——天啊，张本种的稻子，平均亩产竟高达850公斤。奇迹，金沙县的县委书记也被稻田里产生的奇迹给惊呆了。

张本的"右派"帽子还未摘掉，便被县委书记任命为县农科所的所长。随后，金沙县县长和张本分别以官方和朋友的名义，对袁隆平发出了诚挚的邀请，邀请袁隆平到金沙县传杂交水稻丰收的真经。

袁隆平本来没有时间，可是他为了老同学，便在百忙之中抽身来到了金沙县。袁隆平传经的同时，还送来了杂交水稻的良种。金沙县县委对袁隆平的到来高度重视，袁隆平在金沙县受到了等同于“中央首长”级的高规格款待。

张本引种有功，背后又有一位大科学家给撑腰，县领导把他当成了粮食增产的“大财神”，他的前途一片光明。袁隆平不忘同学之谊，他将自己神奇的稻种化作了一根魔棒，这根杂交水稻魔棒轻轻一挥，便改变了老同学的命运。这种神奇的能力，着实羡煞旁人；这份真挚的友情，实在令人感动不已。

袁隆平的杂交水稻横空出世，验证了杂交水稻可以大幅增产的论断，随后，全国各地的育种人员根据袁隆平的水稻杂交理论，陆续选出了“南优”“矮化”“籼稻”“威优”等系列杂交水稻，使我国成为了世界上第一个成功利用水稻杂交优势的国家。

难关，制种勇士必须攻破的堡垒

制种之难，难于上青天。

1970 年的时候，国际水稻研究所开始培育杂交水稻。可是因为种子产量过低，无法应用到大田生产，最后不得不放弃了所有的研究工作。面对难关，袁隆平不仅善于提出解决问题的方法，而且还能带领大家齐心合力地解决问题。

面对种子授粉关，袁隆平当着大家的面，讲出了一个故事，这是一个什么样的故事，能让大家豁然贯通，一蹴而就？

华山自古一条路。想要站在人生的最高点，面对困难，只有独辟蹊径，勇于攀登！

袁隆平育成的杂交水稻高产稳产的事实，已经不容置疑，但要大面积推广，却还得过一个制种的难关。

水稻和很多的农作物不同，它是属于严格的自花授粉的农作物。而杂交水稻却人为地改变了水稻的繁育规律，需要异花授粉。故此，杂交水稻的稻种产量极低，这也是世界公认的难题。袁隆平的科研小组一开始搞杂交水稻制种，水稻稻种的亩产量只有可怜的5.5公斤，而常规的稻种却可以亩产几百斤。举个好懂的例子，常规稻种卖1元钱1斤，而杂交稻种却要卖60～70元1斤，如此高昂的价格，稻民朋友无法承受。在稻种如此低产量的情况下，杂交水稻大面积进行种植就成为奢谈，全国水稻大量增产更是一个遥不可及的神话。

偏偏有一些育种的权威就喜欢和袁隆平过不去，面对国际性的制种难题，他们又开始发声了：袁隆平即使搞成了三系配套，也过不去育种产量低的难关。他们还振振有词地讲出了三条道理：一是水稻花粉量比玉米和高粱要少得多，难于满足异花授粉的要求；二是水稻颖花的张开角度小、柱头小不易接受花粉；三是水稻每天开花时间短，花粉寿命也不长，因此水稻制种产量很低的事实谁也改变不了。

在1970年的时候，国际水稻研究所开始研究杂交水稻，两年后，他们就悄然放弃了，原因只有一个，那就是无法解决制种产量低的巨大难题。

面对困难，研究小组中的一些成员也有了畏难情绪，他们在背地里不时地发出了这样的慨叹："培育杂交水稻，怎么这样难呀！"

关键时刻袁隆平又一次挺身而出，他信心百倍地说："在

《西游记》中，唐僧师徒为了去西天求取真经，一共经历了九九八十一难，少了一难，真经也取不到手。我们的杂交水稻只要闯过这个制种关，胜利将永远属于我们！”

有个研究小组的成员担心地问：“袁老师，国际水稻研究所制种都失败了，我们能成功吗？”

袁隆平回答：“有人断言我们三系配套搞不成功，可是真正的结果是我们的三系不仅搞成功了，而且效果还超过预期。困难有一百种，我们就准备一百零一种方法来应对，制种的难关，我们一定能闯过去！”

其实这道理就好像是《小马过河》的寓言一样，松鼠说水深，老牛说水浅，小马如果不下水试一试，光听其他动物自说自话，恐怕它一辈子都只能站在岸边，过不去河！

袁隆平绝非泛泛而说，他经过研究，初步认为，水稻制种之所以产量低，还是异花授粉花粉数量不够的缘故。普通水稻制种，是通过自花授粉，而杂交水稻却是通过异花授粉来完成的。水稻的花粉小而光滑，花粉具有风媒花授粉的特性，从道理上来说，水稻即使异花授粉，也应该有不错的产量。

袁隆平为了加强异花授粉的效果，他首先采取在实验田中多种父本，母本紧靠父本的种植方式。可是，四个月后，水稻制种的单产并没有提高。袁隆平领着学生们经过仔细查找原因，才明白：水稻的花粉虽然比高粱和玉米少，但平均每平方厘米的花粉散布量可达450粒左右。密度已经够用，所以增加水稻父本的数量并不是使杂交水稻种子增产的正确途径。

但正确途径在哪里？袁隆平将手一挥，斩钉截铁地道：“继续观察，仔细研究，不迈过种子增产这道坎，我们绝不收兵！”

袁隆平育出的杂交稻种不断地投入到大田中生产，随着产量提高，捷报更是频传。湖南省的各地领导纷纷找农科院院长要稻种。农科院的院长碍于情面，只得这家许下 200 斤，那家许下 300 斤，可培育这些稻种的任务，最后还是得落到袁隆平的肩膀上。

一开始的时候，袁隆平并没有找到正确的育种方法。一亩地所产的稻种量只有 10 多斤的样子，这点种子，根本无法满足农科院院长许出的稻种总量。

面对领导电话的不断催促，袁隆平心里火急火燎，他每天都在实验田中，可是一连多日，袁隆平还是没有找到破解杂交水稻制种低产的“钥匙”。

这天袁隆平回到住处，倒在床上翻来覆去睡不着觉。晚上十点多的时候，他借着电灯的光亮，看着桌子上放着的两株作研究用的水稻。这两株水稻不是同一天被他带回来的，早几天带回来的水稻叶片发黄，昨天拿回来的水稻稻叶却仍旧青绿。他瞧着这两株水稻了，突然眼睛一亮，“嗖”地一下站了起来，惊喜地叫道：“我终于找到原因了！”

等不及天亮了，他将已经陷入梦乡的育种人员都喊了起来。大家不明白发生了什么事，他们揉着惺忪的睡眼来到教学室的时候，袁隆平手里持着一株父本，一株母本水稻，早已经站在讲台上了。

等大家都到齐了，袁隆平兴奋地说：“知道我为什么半夜三更将大家都叫起来吗？”

罗大年打了个哈欠，然后没精打采地问：“莫不是传达最高指示？”

袁隆平摇了摇头，他将手中的两株水稻一晃道：“你们从这两株水稻上看出了什么?”

教学室里的人纷纷摇头。袁隆平想了想说：“我给大家举个例子，我们过年得准备年货，可是有人却在正月十五才把年货买回来，你们说结果会怎么样?”

周坤炉说：“没有年货，当然这个年是没法过了!”

袁隆平晃了一下手中的稻子，说：“我举过年的例子，是让大家集中精神，往杂交水稻育种方面去想，不管制种关是多么厉害的拦路虎，我们都要闯过去!”

周坤炉正琢磨袁隆平举过年这个例子的寓意，尹华奇从椅子上一下子跳了起来，说：“袁老师，我知道您是什么意思了!”

袁隆平举的例子是这个意思——杂交水稻是异花授粉作物，由于父本母本两种水稻品种不同，故此开花时间也迥异。母本水稻开花等着授粉的时候，也许父本水稻的花还未开，或者已经开过去了，这就是水稻育种，种子产量不高的主要原因。

尹华奇讲完上面的那段话，继续说：“袁老师的意思是，杂交水稻授粉，就好像买年货过年一样，年货买早了，会发霉变质，年货买晚了，会赶不上过年，只有买得不早不晚，这个年才能过得称心如意!”

李必湖听尹华奇讲完话，兴奋地说：“咱们做了十多年的杂交水稻培育工作，各种水稻何时开花，我们早已经了如指掌，咱们只要简单地调整一下父本和母本水稻栽培的时间，就能让他们的花期重合，也许分期播种之后，杂交水稻育种产量不高的难题，就会迎刃而解了!”

“好，讲的好!”等李必湖和尹华奇讲完话，袁隆平兴奋得连声称赞。

袁隆平不仅勤于动脑，在杂交水稻的培育工作中，也特别善于启发学生们的创造力和判断力，这个困扰水稻制种业多年的难题，竟被袁隆平轻易地破解了。

当天晚上，研究小组的成员们七嘴八舌地对袁隆平的计划作了补充。第二天天刚亮，大家就直奔实验田，对父本稻和母本稻进行分开育种插秧去了。

制锣讲究一锤定音，剑客讲究一击必中，袁隆平解决育种的难题，总能庖丁解牛，直指问题的核心！

几个月后，杂交水稻种子又一次喜获丰收，收获的种子每亩竟突破了50斤的大关。当袁隆平打电话将喜讯向农科院的院长报告时，院长这才长出了一口气，他许出的种子，终于有着落了！

忠孝，有情有义真男儿

水稻稻种低产，主要是水稻授粉花期不当的缘故。解决了授粉花期的问题，水稻父母本花器包颈的问题又接踵而来，真是按倒了葫芦起来瓢，育种的难点一个接一个。

办法总比困难多，袁隆平的学生们又想出了一个“高招”，很巧妙地解决了水稻父母本花器包颈的问题，随后，制种的产量逐步提高，袁隆平又找到了尹华奇，他作出了一个让人意想不到的决定！

好男儿志在四方。袁隆平育种十年，海南岛成了他的第二个家，一到水稻扬花的季节，他更是守在田埂上，观察、做记录，生怕漏掉了水稻生长季节里的每一个细节。

邓哲留在家中，不仅要侍奉双方的父母，还得照顾孩子，她一个人的辛苦，岂是只言片语能说清！

袁隆平和邓哲之间联系的纽带就全靠书信了。袁隆平每封信都不长，但字里行间，对家人的关心，对邓哲的爱却是表露无遗……

哲妻如唔：

冷月飞霜，长空雁鸣。南繁之期又到，明天我们就要登车去海南岛了，我已经连续三年没和家人在一起新年团聚……你一个人又要上班工作，又要操持家务，照顾孩子，辛苦程度可想而知，我空为人夫人父，未能稍尽责任，常常感到非常内疚……

袁隆平和邓哲的感情，不仅没有因两地别离难以相见而疏远，反而因为鸿雁寄书、尺牍传情，使两颗心贴得更近了。

袁隆平制订的差期播种计划切实可行。为了保证杂交水稻种子高产稳产，他还想出了一个更绝的办法，那就是围绕着母本水稻的开花时间，将父本水稻分三期播种，使父本的盛花期分别对准母本的开花期、盛花期和谢花期。这些行之有效的办法实施后，袁隆平在杂交稻种的培育过程中又发现了一个新难点，那就是父母本花器出现了包颈的问题。

水稻父母本花器一旦出现了包颈，颖花外漏减少，授粉的机会就会减少许多。面对这个棘手的难题，一开始的时候，实验田采取的是人工割颈的办法，虽然人工操作行之有效，但费工费事，很难进行大面积的实施。

奥斯特洛夫斯基曾经说过：人的生命，似洪水奔流，不遇岛屿和暗礁，难以激起美丽的浪花。现实是此岸，理想是彼岸，中间隔着湍急的河流，行动则是架在上面的桥梁。人的价值是由自己决定的。燧石受到的敲打越厉害，发出的光就越灿烂。正如恶劣的品质，可以在幸运中暴露一样，最美好的品质也是在厄运中被清晰地显示。

罗孝和面对父母本花器出现的包颈现象，看在眼里急在心上。他在冥思苦想的时候，忽然一道灵光在脑海里闪现——"920"，"920"也就是赤霉素，其化学结构属于二萜类酸，由四环骨架衍生而得，可刺激植物叶和芽的生长。果然"920"被喷到水稻上之后，不仅母本包颈现象减少，颖花外漏也大大增多了，母本稻的授粉机会得到很大提高。

不管杂交水稻的培育过程有多么难，在袁隆平等人的聪明才智面前，难关还是被一个个地攻破。几个月后，实验田收获的种子一验产量，竟接近了一亩地 80 斤。80 斤，这是一个多么令人振奋的数字。这个沉甸甸的数字，标志着袁隆平的杂交水稻真的实验成功了。

袁隆平据此成就写了一篇《杂交水稻制种和高产的关键技术》。这篇论文，1977 年登在了《遗传与育种》杂志上。

1973 年，袁隆平在海南育种结束，回转长沙。刚下火车，一个噩耗传来，他的父亲袁兴烈已经病逝了。袁兴烈病逝之日，正是袁隆平召集学生，在教学室破解杂交水稻稻种低产之谜的那个关键的夜晚。

袁兴烈是个充满着爱国之心的进步人士，他虽然作过国民党军队的高官，但他一生廉洁奉公，一身正气，他的全部子女都已经在他严格的教育下成为新中国的栋梁之才。其中尤以袁隆平的成就为最高，老人家即使驾鹤西逝，也会感到万分欣慰和由衷的高兴。

袁兴烈临终前，曾经卧床两个月，那段时间，正是袁隆平废寝忘食，对杂交水稻制种这个世界性的难关发起总攻的关键时刻。邓哲本想打电话告诉袁隆平，让他放下杂交水稻研究，回到父亲身边尽孝。可是，袁兴烈深明大义，他以家事为小，国事为大的理由，一口拒绝了邓哲的建议。

袁隆平卧薪尝胆，殚精竭虑，终于将杂交水稻培育成功。杂交水稻制种低产的世界性难关也被他攻破。他终于能向组织和人民，交上一份满意的答卷。他在杂交水稻研究方面取得的成绩，也能让父亲的在天之灵得到安慰了。

顾炎武曾经说过：天下兴亡，匹夫有责。这也是袁兴烈经常给袁隆平讲的一句话。袁隆平作为一个农业科技人员，他最终培育出了高产的杂交水稻，使我国在水稻杂交这个领域最终走在了世界的前列，他确实无愧于父亲的教导。可是他在家庭生活的方面，也确实对孩子、对邓哲亏欠了很多。

邓哲对袁隆平说："我想去一趟重庆，将孩子们的奶奶接过来和我们一起住……"

华静老人当时一个人住在重庆，如果能将她接到安江，有邓哲照料，还有儿孙绕膝，也不至于感到孤单。

袁隆平感动地说："我父亲去世，我也有将母亲接过来照顾的念头，可是又怕加重你的负担，看样子我们这次是想到一块儿去了！"

幸福的家庭都是相似的，袁家家庭和睦，互敬互爱。如果没有家庭有力的支持，袁隆平能否育成"杂交水稻"，能否在科研的路上取得如此大的成就，还真的很难说。

袁隆平虽然每天都在制种、科研这两点一线上生活，但他对邓哲的工作也是甚为关心。邓哲一直在农科站上班，虽然也不累，但离家远，上下班很不方便。袁隆平向农业厅的领导汇报工作的时候，就顺便跟领导讲了，他的意思是想将邓哲调到安江农校图书馆来管理图书，这样上下班也方便。陈洪新厅长很痛快地同意了袁隆平的要求。

第二天一早，袁隆平去安江农校"革委会"，办理邓哲关系调动的手续，他刚刚走到楼门口，尹华奇就一脸春风地从里面走了出来。尹华奇一见袁隆平，急忙上前拉住了他的手，说："袁老师，校'革委会'要我当学校的生产科科长，您看成吗？"

袁隆平摇了摇头说："当什么科长，你还是念书去吧！"

李必湖和尹华奇，都是袁隆平最喜欢的学生，他们脚下的路很长，想要有所提高，必须继续深造才成。李必湖目前在湖南农学院读书，袁隆平说："你到武汉大学生物系去念遗传专业吧！"

尹华奇问："袁老师，我是想去读书，可是武汉大学要我吗？"

袁隆平说："你可是育成'杂交水稻'的大功臣，他们自然要你，而且你读书还有工资拿！"

袁隆平直接到农业厅，给尹华奇报名、填表，接着就送他到武汉大学读书去了。

育成了杂交水稻后，袁隆平为了使这一成果迅速转化为生产力，便焚膏继晷，挥笔疾书，他的第一部专著《杂交水稻》很快就出版了。专著出版的同时，袁隆平还写出了一篇很重要的论文——《杂交水稻培育的实践和理论》。论文发表在了《中国农业科学》上。袁隆平在这篇论文中，首先介绍了杂交水稻的缘起、探索和最终培育成功的过程：

> 杂交水稻应用工程技术的研究，现在已知始于20世纪50年代的日本和美国。在我国，由本人于60年代之初开始立意，1964年正式投入研究，1966年首次发表初步研究报告，提出设计思路，到1967年国家正式立项，以至全国的协作研究，至今业已16度春秋。现在，我们可以确定无疑地向世界宣告，这项工程技术已由我国先于世界正式完满地研究成功，并同时先于世界投入实际应用。这是党和政府英明领导的结果，是党的阳光雨露哺育出来的祖国科技花苑中的一朵科技奇葩。

袁隆平接下来在论文中首先委婉地批评了一些权威和专家故步自封、不肯接受新生事物的僵化思想，接下来又简单扼要地论述了水稻选择亲本对杂交优势的影响。

研究杂交水稻应用工程的学术理论基础是经典的遗传学说，即孟德尔—摩尔根的基因、染色体遗传学理论体系。但是，处于同一理论体系中的学者站在不同的角度，对于某一研究也会产生不同的看法。对于杂交水稻研究来说，最有羁碍的理论，莫过于所谓“显性学说”论者关于“自花授粉作物无杂种优势”的错误论断。

植物有无杂种优势，并不取决于它们固有的生殖方式。水稻和其他植物的杂种优势受共同的规律支配。水稻有无杂种优势或优势大小，关键在于选配亲本。这与异花授粉植物具有很大的共同性。

袁隆平的论文语言流畅，精准扼要，他不仅总结了自己十几年的育种经验，更是为以后杂交育种指明了方向。最后他论述了选育杂交水稻三系的基本原则：

> 从选育水稻三系利用其杂种优势的目的出发，我们要求的不育材料应该是所谓核质互作型，因为这种类型比较容易做到三系配套。而用远缘杂交进行的所谓核置换，是创造核质互作型雄性不育的有效方法。并非一切远缘杂交的核置换都能造成雄性不育和实现三系配套……运用核置换方法求取雄性不育和三系配套的实现，必须把握两点，一是亲缘关系的远近（即细胞质分化差异程度）要适度；二是以在系统发育上，处于低阶段的品种做母本，即细胞质要比较原始，而细胞核要比较近代化，核置换才易于获得不育系。

一夜春风来，吹得百花开。袁隆平的作物杂交理论好似一只“会下金蛋的母鸡”，继水稻杂交培育成功之后，国内其他自花授粉作物的杂交实验也纷纷获得成功——油菜、辣椒、番茄等杂交新种子不断涌现，强劲的杂交旋风在神州大地上刮了起来，增产的记录不断被刷新。

那些反对过袁隆平的专家们，在铁一般的事实面前，不由得发出了这样的感慨：“后生可畏，后生可敬。我们自以为坚持了几十年的真理，没想到却是谬误的，看来循规守旧，真是要不得！”

6

勇攀高峰，更高层次的追求

通过云端的道路，只亲吻攀登者的足迹。

——佚名

学而优则仕，做官始终是很多科研人员的终极梦想。可是当高官厚禄摆在袁隆平的面前时，他委婉拒绝了。杂交水稻对于袁隆平来说是毕生的追求。如果让他去当官，他就没有时间在稻海中畅游了。

当时科研战线的工作者生活得非常清贫。袁隆平第一次走出国门，面对国外的花花世界，他并没有被优厚的物质条件所引诱。袁隆平再一次表现出一个优秀的科学家所必须具备的爱国、奉献和不为名利所动的特质。

袁隆平名声日盛，最后成为世界知名的大科学家，他甚至拍了电影，成为了电影里的主演。可是不管袁隆平走得多远，飞得多高，那根让他回家的线头，始终在邓哲的手中握着。

邓哲生病住院，袁隆平日夜陪伴，邓哲在丈夫的精心照料下，终于病愈出院。

袁隆平又适时地提出了两系法的构想，为了攻克两系法，袁隆平又将面临着一场怎样的鏖战？

拒绝，不做官努力搞科研

湖南省委组织部的一位部长找上门来，当他讲完了要袁隆平当官的话后，没想到袁隆平的回答，竟让他说不出话来……袁隆平和水稻结缘，他除了干老本行，难道不能干些别的事儿吗？

袁隆平最后还是接了一顶“乌纱帽”，不过这顶“乌纱帽”是他心甘情愿戴上的！

1978 年 2 月，袁隆平被推选为第五届全国人民代表大会代表，出席了第五届全国人民代表第一次会议。同年 3 月，全国科学大会召开，袁隆平和 2000 多名各个科学门类的精英们一起出席了这次大会。中国科学院院长、86 岁高龄的郭沫若先生在大会上作了书面致辞：

旧社会，多少从事科学文化事业的人们，向往着国家昌盛，民族复兴，科学文化繁荣。但是，在那黑暗的岁月里，哪里有科学的地位，又哪里有科学家的出路……我们得到了第二次解放。现在，我们可以扬眉吐气地说，反动派摧残科学事业的那种情景，确实是一去不复返了，科学的春天到来了！

袁隆平从北京参加完科学大会归来，他的脑海里深深地记住了郭沫若院长题为《科学的春天》里的经典讲话内容：

科学是讲求实际的；科学是老老实实的学问，来不得半点虚假，需要付出艰巨的劳动；同时，科学也需要创造，需要幻想……我们一定要打破陈规，披荆斩棘，开拓我国科学发展的道路。

科学发展，从来都没有一帆风顺，中国的“稻”路，更是崎岖曲折。这些年来，袁隆平以杂交水稻这把“坚锤”彻底打破了“水稻是自花授粉作物，自交不退化，杂交无优势”等国际公认的“铁律”。袁隆平肩扛压力，他以一个科技人员的拳拳报国之心，奋发图强，无畏进取，最终摘得了粮食王国中，杂交水稻这颗分外闪亮的明珠。

从来就没有什么救世主，搞杂交制种，更不能靠神仙和上帝。要创造人类的幸福，全靠我们自己！袁隆平凭着自己的一双手、一颗聪明的头脑，带领着自己的团队，不畏艰险肯攀登，最后终于在杂交水稻这张卷纸上，取得了优异的成绩。

袁隆平参加完国家科学大会回来后不久，很多以前想都不敢想的荣誉纷至沓来。首先他当选为农业部科学技术委员会委员，接着，中国作物协会副理事长、中国遗传学理事、湖南育种学会副理事长等闪亮的头衔，都纷纷加在他的身上。可是，他还没仔细品味一下荣誉加身的感觉，湖南省委组织部的一位部长就找上了门来，要和他商量入党的问题。

袁隆平这些年苦心孤诣地做育种工作，他的工作态度令人钦佩。那位部长本以为袁隆平会满口答应自己的提议，没想到袁隆平委婉地说：“部长同志，我连党章都没读过，对党的知识也缺乏了解，再加上我自由散漫惯了，这么仓促地入党，恐怕有些不合适！”

部长听罢袁隆平的解释，不由得笑道：“有的人挖空心思想要入党，也有人顶着党员的名义，背地里干着以公谋私的勾当，你却觉得自己不够格，你真的让很多不合格的党员汗颜！”

不管部长怎么说，袁隆平还是不同意入党，于是这位部长又说：“你可以不入党，但要有当官的准备！”

这位部长是想让袁隆平担任湖南省农科院的院长。农科院院长位高权重，属于正厅级的干部。然而，袁隆平听完部长的话，却着急地说：“我是个搞科研的工作人员，一不懂政治，二不会管理，怎么能当农科院院长？当官可比入党还要麻烦！”

这位部长还真是第一次遇到这样的事儿。让袁隆平入党遭到婉拒，请他当官被其拒绝。经过耐心的交流，最后这位部长终于弄明白了袁隆平为什么拒绝了，因为他要一心搞科研。如果入党当官，势必要履行责任，他不想被事务工作所绊，只想将自己的全部精力都投入到水稻的杂交育种工作中去。毕竟杂交水稻的研究工作只是取得了初步成功，还有许多的地方需要补充，还有不少的地方亟待完善。

那位部长也被袁隆平感动了，他说：“你可是知识分子的杰出代表，如果得不到重用，我们对领导、对人民也没法交代，这样吧，农科院名誉院长，你总得当一下吧！”

袁隆平对于领导的这个提议实在无法再次拒绝，最后他就当了农科院的名誉院长。

袁隆平回到家里，向邓哲说明了事情的经过："我想听听你的意见，我是不是应该当官?"

邓哲道："你自由散漫惯了，搞科研还成，当官一定不是个好领导!"知夫莫若妻，邓哲果真是袁隆平的知己。

袁隆平经常有一句话挂在嘴边：我不在家，就在实验田；不在实验田，就在去实验田的路上。袁隆平的脑海里，全都是"杂交水稻"这四个字，让他当官去坐办公室，他干不好不说，也一定会坐出病来的。

于是袁隆平笑道："有了你的支持，我的心里就更有底了!"

以后，不少的民主党派人士都慕名找到袁隆平，想让他加入自己的组织，可是这些人的好意也都被袁隆平婉拒了。后来，虽然又一次当选第六届全国人大的代表，但袁隆平屡次请辞，最终他还是辞去了人大代表的职务。

虽然袁隆平是全国政协常委、湖南省政协副主席，不过他和有关组织还是定下了"约法三章"，那就是除了特别重要的会议之外，一般活动一律不要通知他参加，即使通知了，他也可以不参加!

袁隆平视权力为过眼云烟，视"官帽子"为不必要的累赘，他就是这样一个非常务实的科技工作者，为了搞好育种，他可以抛开一切虚名和俗物。

可是有一个职位，袁隆平却一直干得乐此不疲，那就是湖南杂交水稻科研中心主任，因为有了这个职位，他才可以在杂交水稻领域大施拳脚!

出国，外面的世界很精彩

袁隆平第一次出国，去的是菲律宾，他要面对200多名专家，宣读题为《杂交水稻育种》的论文。面对一个个用英语提出来的问题，袁隆平该怎样应答？面对杂交水稻的先驱者——日本的水稻专家新城长友，袁隆平究竟该如何与他交流？

中国的杂交水稻已经走在了世界的前列——袁隆平走下主席台后，耳朵里听到的，都是这样的一个声音。但他此时的心情，却久久不能平静！

1975年，时任湖南省农科院院长、分管科研工作的陈洪新提出，湖南作为全国杂交水稻的龙头，应该在育种大发展中起到模范带头的作用。随后，袁隆平和陈洪新密切配合，袁隆平抓技术，陈洪新抓组织，他们将仅有的177公斤不育系种子，在一年之内连续扩繁，共收获了杂交水稻种子11万公斤。

这段时间，据不完全统计，全国共27个省市自治区的18000人，参与到了这场轰轰烈烈的制种“战役”当中。当时分管农业的中央领导也适时指出：“对杂交水稻，一定要有个积极的态度，同时又要扎扎实实地推进……”

中央分管农业的领导为解决南繁育种的实际困难，首先拨款150万元，解决袁隆平遇到的资金不足的问题。接着以农业部的名义，在南方13个省区召开会议，商定和落实了杂交水稻的示范栽培计划。

榜样的力量是无限的。当时最幸运的就是湖南省桂东县。该县地处井冈山南麓，稻田、气候等因素很适合杂交水稻的生产。袁隆平就以桂东县作为全国试种杂交水稻的试点县，他亲自赶过去，手把手地教当地的农民种植杂交水稻。

桂东县过去的粮食增产缓慢，该县县委为了推广杂交水稻，召开了一个现场会。大家看罢袁隆平带来的资料和稻种，深深地意识到杂交水稻不仅能增产，而且还能让当地的老百姓致富。

桂东县领导高度重视这项光荣的试种工作，他们组织干部，通过办学习班等形式，首先统一了干部的思想；接着再通过文艺演出、有线广播等形式，向广大群众进行了深入的宣传。

越是接近真理，便愈加发现真理的迷人——这是法国哲学家拉美特利讲的一句名言。套用这句名言，可以这样说：越接近杂交水稻，便愈加发现杂交水稻的可爱。当时有很多的基层干部在认识到杂交稻确实是好东西后，种植杂交水稻的信心高涨。他们不仅在大田里种上了杂交水稻，甚至在自家的院内、屋顶都摆满了内装泥土的大缸，在大缸中种上了杂交水稻。由于干部组织得力、群众认识到位，全县上下杂交水稻的种植推行得顺风顺水。全县 13 万亩稻田中，共试种 7.5 万亩杂交水稻，平均亩产 700 多斤，每亩实际比去年种植的常规水稻增产 130 多斤。当地的农民喜获丰收，村村寨寨敲锣打鼓，奔走相告，热闹得就好像过年一样。

1978 年 10 月 14 日，《人民日报》第二版对“桂东因地制宜推广杂交水稻”作了报道，并发表了热情洋溢的短评，这使桂东成了全国学习的一面旗帜。根据不完全统计，全国从四面八方前来桂东参观、考察杂交水稻生产的干部和科技人员，竟高达 34000 人次。

桂东县成为了全国第一个水稻杂交化的样板县。这一年中，全国杂交水稻的现场会决定在桂东县召开，桂东县和杂交水稻联系在一起，一时间也成了炙手可热的地理名词。

杂交水稻走出实验田，还是一位羞答答的少女，经过大面积试种后，她终于揭下了神秘的盖头。这个双手捧着增产稻穗的少女，终于成为了当地百姓最欢迎的“致富女神”。

袁隆平面对增收增产的大好形势，更坚定了杂交育种有优势的观念。虽然杂交水稻在种植过程中出现了这样那样的缺点，但这并不妨碍杂交水稻研究方向的正确性。

杂交水稻的育种研究才刚刚开始，袁隆平坚信，他的杂交稻种中一定蕴藏着巨大的增产活力。

袁隆平第一次出国是在1979年的春天。菲律宾国际水稻研究所位于马尼拉远郊的洛斯巴洛斯镇。这座研究所是美国洛克菲勒基金会资助的，在水稻研究方面是最具权威的国际研究机构。

这次规格很高的国际水稻研讨会共有世界各国200多名学者参加，中国科学院应邀组织了一行四人的专家小组，袁隆平便是这个专家组的成员之一。袁隆平出国之前，还用英文撰写了一篇题为《杂交水稻育种》的论文。

按照研讨会的规定，每个专家组由两人登台发言，其中一人宣读论文，一人现场答辩。当时中国专家组是这样分工的，由袁隆平登台宣读论文，然后由中国农业科学院的研究员林世成负责答辩。但因为林世成对杂交水稻并不熟悉，最后只好改为由林世成宣读论文，由袁隆平现场答辩。

中国人讲究首战必胜，袁隆平到了菲律宾之后，已经做了精心的准备。会议开始，主持人首先请日本水稻专家新城长友登台，新城教授早在1968年便完成了杂交粳稻的三系配套，因为没有解决F1代杂种优势和制种技术等问题，致使最后搁浅了。但三系配套在学术上的意义重大，因此主持人让他作了首席发言。

袁隆平对新城长友景仰已久，新城先生曾访问过中国。但那时袁隆平还是个埋头在实验田里做水稻杂交的“小人物”，他并没有和这位著名科学家有见面交流的机会。

帮助新城长友宣读论文的那位美国专家口语相当流利，他阅读完讲稿后，新城长友开始回答台下专家的提问。可是，他的英语却说得结结巴巴。袁隆平一边认真听，一边对自己的英语会话能力逐步自信起来。毕竟有个差的垫底，他上台用英语回答问题，总应该比这个日本同行强上一些。

新城长友回答完提问后下台，林世成被请登台，首先宣读论文，论文宣读完毕，袁隆平开始回答外国专家提出的各种问题。

新城长友早就在等待着向袁隆平提问的机会。中国的育种同行不仅完成了三系配套，还培育出了可以大规模应用的稻种，这究竟是怎样做到的？新城长友急不可耐地提出了第一个问题：“请问袁先生，根据论文中提供的数据，中国杂交稻制种的异交率高，您是通过什么措施提高异交率的？”

新城长友是培育杂交水稻的专家，但是，他那艘杂交水稻实验的帆船，就曾经撞到异交率这块礁石上。他抢先提出了这个问题，也是想找到自己实验失败的答案，虚心学习以求提高。

袁隆平用流利的英语回答：“具体的做法，需要一整篇论文才能说得明白，但我现在可以扼要地说一点，那就是必须使水稻父本和母本的花期相遇，最好是重合，然后在这个基础上，实施人工辅助的方法，例如割叶、扫除传播花粉的障碍、进行人工赶粉等等!”

“请问袁先生，赶粉是什么意思?”一位澳大利亚的学者好奇地问。

袁隆平回答:“赶粉是我们中国人创出来的词汇。它的意思就是在杂交水稻不育系和恢复系扬花期间，人们拿一根竹竿，横向推动父本的茎秆，使稻穗大幅度摇摆，抖动雄蕊，使雄花粉四处飘散，这样可以使母本雌蕊充分受精，从而提高结实率。我们中国人便形象地用‘赶粉’两个字概括了这一整套操作。”

“袁先生的回答很有情趣。想想看，一粒粒小小的雄花粉，用人工的办法引它随风飘飞，当它如意地飘落到雌蕊柱头时，它们便会结出可爱的果实。那该是多么有趣的景致!”新城长友幽默而风趣的话语，引来满堂的笑声和掌声。

美国是一个兼收并重的国家，袁隆平的水稻杂交技术后来传到美国，因为美国的人工太贵，他们就因地制宜，想了一系列“机械化”的制种技术。其中最有意思的一招就是利用直升机低空飞翔，掀起稻浪，来进行飞机“赶粉”。

新城长友接着问:“在我们的实验中，常遇到这样一个问题，不育母本总有包颈现象，请问袁先生，你们是否遇见了同样的问题？怎样去解决?”

杂交水稻和袁隆平之间的关系，就好像是婴儿和慈母一样密切，袁隆平对这个“婴儿”成长过程，是再熟悉不过，他说:“我们也遇见了同样的问题，目前掌握的方法，除了人工割颈外，就是喷施920（赤霉素），刺激‘母稻’包颈减少，颖花外漏，增加了母本稻获得授粉的机会。”

杂交水稻当年在国外只是个抽象的词汇，外国人远远没有国人了解得多，开会的水稻专家们因为掌握的情况少，所以也就没有提出什么深刻或者富有建设性的问题，答辩很快就结束了。

袁隆平等人圆满地完成了任务。新城长友在会后亲自找到了袁隆平，他通过翻译，不解地问：“袁先生，您的杂交水稻好像在一夜之中搞成，并在中国已经大量投入使用，这消息太令人惊诧了，我在1972年访问贵国时，您为何不与我见面，而您的科研项目好像不存在一样，这太令我感到震惊了！”

袁隆平将当时的形势介绍了一下，然后说：“中国现在一切都走上了正轨，我今天能来到菲律宾，参加这个国际水稻会议，就是想和大家多多交流，毕竟科学是无国界的！”

新城长友感慨地说：“您现在的学术成就，已经走到了我的前面，希望我们日后能加强水稻研究方面的合作！”

在这次会议后，外国专家们一致认为，中国杂交水稻的研究、推广和应用，已经走在了世界前列。而袁隆平的研究成果，将是世界各国科研人员奋力追赶的目标。

合作，圆环种子公司伸出了橄榄枝

从前都是社会主义国家派人到资本主义国家去学习先进的生产技术，可是，这一次却反了过来，袁隆平被邀请到美国去传授杂交水稻的栽培技术。

这是令国人扬眉吐气的事情，全世界的华人和华侨都喜上眉梢。这时候，旧金山华侨商会的一位副会长来到了袁隆平工作的实验场，他非让袁隆平满足自己的一个心愿不可……

袁隆平在菲律宾的国际水稻研讨会上发表了杂交水稻的演讲后，世界各大报纸都对中国的杂交水稻进行了积极的报道。

1975年5月，美国著名的圆环种子公司总经理威尔其，带着对杂交水稻的疑问，开始了对中国的访问。当看到广袤的稻田里长得欣欣向荣的杂交水稻，他不由得眼睛一亮：这可是一个重大的商机。

威尔其找到中国农业部种子公司的官员，询问杂交水稻这项发明权的享有人是谁，他希望能与之谈一谈杂交水稻的技术转让问题。

威尔其经营的种子公司的幕后老板是美国西方石油公司的董事长哈默博士。哈默博士是最早和前苏联做生意的西方商人。威尔其提出想带一些种子回美国试种一下，如果表现优异，他们则准备购买这项技术专利！

美国公司竟要购买中国的稻种，这可是改革开放之初我国商贸领域的一件大事。这一次，威尔其从我国农业部门得到1.5公斤杂交水稻种。这些稻种由威尔其携回美国后，被种在加利福尼亚大学农业实验站的稻田里。四个月过后，经过收获验产，中国的杂交水稻比美国最高产的常规水稻，产量有明显优势。面对杂交水稻的增产结果，威尔其惊呆了，他忍不住地大声惊呼：东方魔稻，简直是东方魔稻！

威尔其对袁隆平的杂交水稻表现出了异常浓厚的兴趣。1979年12月，他再次来华，经过谈判，与中国种子公司签订了在杂交水稻种子方面进行交流合作的原则协议。

根据合同中的条款规定，袁隆平一行三人应邀到美国加利福尼亚大学制种基地传授杂交稻制种技术。

袁隆平接到农业部外事局让他带队到美国传授制种技术的通知时，心里也是充满了兴奋。中国的杂交水稻能远赴重洋，到科学技术最发达的美国去种植，这本身就是对杂交水稻最大的肯定。袁隆平和他手下工作人员的辛苦努力，又一次得到了最大的承认与褒奖。

1980 年 5 月 9 日，袁隆平作为首席专家，和湖南省农科院副研究员陈一吾、慈利县良种场场长杜慎余一起乘飞机到美国洛杉矶。

三个人走出候机厅，威尔其领着随从人员举着“迎接袁隆平先生”的牌子，正在机场外面焦急地等候，袁隆平和他的两名伙伴刚刚出现，威尔其便急忙迎了上来。

威尔其的耳朵里虽然灌满了袁隆平的名字，可是两个人却是第一次见面。在他的印象中，享誉中国的大育种专家袁隆平，一定是风度翩翩、气宇不凡的样子。袁隆平真实的相貌，很显然与他心中的形象相去甚远。威尔其只是蜻蜓点水般地和袁隆平握了一下手，然后就给了最具学者范儿的陈一吾一个大大的拥抱。威尔其一边和陈一吾亲热地贴脸，一边兴奋地说：“我是圆环种子公司经理威尔其，真诚欢迎您的到来，能在洛杉矶接待您这样伟大的制种专家，我感到无比的荣幸！”

袁隆平矮个子，小平头，因为天天下田，古铜色的脸庞上皱纹深如刀刻，俨然一副农民形象。

杜慎余则体型偏瘦，形象朴实，他的模样倒很像一个秘书。故此威尔其便将最为潇洒气派的陈一吾当成了袁隆平。

以貌取人，失之子羽的事情确实要不得。陈一吾给威尔其介绍完袁隆平后，误会很快解除。威尔其做了一个幽默的鬼脸，他将那套拥抱贴脸的美国礼节，又对袁隆平重复了一遍，然后说：“尊敬的袁隆平先生，请原谅我刚才的失礼之处，请允许我向您再次表示最热烈的欢迎!”

袁隆平大方地一笑，然后用流利的英语说：“谢谢您的热烈欢迎，在国内很多人都将我认错，更何况是美国人呢!”

袁隆平等人上了威尔其的汽车，一行人直奔加利福尼亚大学的农业实验站。袁隆平他们在实验站的工作就是每天向美国的科技人员传授杂交水稻的制种技术。

不久之后，袁隆平就接到了加州大学农学院的邀请。他在该校的礼堂与教授、研究生们举行了座谈，并详细回答了他们提出的问题。后来又应邀参加了全美水稻技术会议。美国许多农业科技人员都纷纷对中国的杂交水稻从开始研究到三系配套成功只用了9年时间表示了心中的敬佩。西方石油公司董事长汉默博士随后召开股东大会，他为了表示对中国育种专家的敬仰，特别邀请袁隆平出席，并郑重地将袁隆平安排在会议的首席就坐。

有一天，袁隆平身穿中山装在旧金山唐人街购物的时候，与当地《华侨日报》的一名记者巧遇。那名记者开始还以为袁隆平是来美国学习的。一番交谈之下，记者惊讶地得知，袁隆平竟在做美国科技人员的老师。记者不禁大为惊讶，立即跟踪采访，并极力邀请袁隆平到旧金山华侨商会进行了一番详细的座谈。

第二天，《华侨日报》头条刊登了“中国水稻专家来美传授技术”的大字标题新闻。旧金山电视台也竞相报道。这些报道在使美国人感到震惊的同时，也使中国侨胞感到深深的自豪和骄傲。

旧金山华侨商会的一位副会长开车来到了袁隆平工作的试验

场，他热情地说：“袁先生，以前都是我国学者到美国来学习，没想到您却是来传经。我们作为华侨，真的是感到无上荣光！”这位副会长还要袁隆平满足他一个心愿，那就是到他的别墅去度假。

袁隆平愉快地接受了邀请。周末这天，他坐在那位副会长的小汽车里，一路沿着公路疾驰，最后来到了一片风景优美的森林别墅。

袁隆平品尝着主人准备的丰盛午餐：烤牛排、意大利面条、蔬菜沙拉、炸土豆……此时此刻，袁隆平想得最多的是，科学是无国界的，杂交水稻是属于全人类的，他作为一个爱好和平的科学家，培育的杂交水稻种在美国的土地上，那也是祖国的荣耀，他为人类和平与温饱，也作出了自己应有的贡献。

当时，中国和美国比较起来并不富裕，袁隆平暗下决心，完成组织上交给自己的任务后，他要尽快地回国，加速杂交水稻的更新和换代，争取为国家的建设贡献出自己的一份更大的力量。

袁隆平与美方技术人员一起经过努力，成功地解决了杂交水稻早熟、高产、优质和机械化制种等等的难题。他的工作卓有成效，深得美方合作伙伴的赏识。

四个月之后，袁隆平完成任务，坐飞机回到国内。不过，按照当时的规定，袁隆平在美国赚的工资需要上缴国家。他们每天只能领 10 美元，折合人民币 20 元的收入。

袁隆平拿着 2400 元补助回到了安江农校自家那套低矮的小平房，邓哲大度地说：“我们没有当上万元户，当上千元户也不错了，毕竟我们家还从来也没有一次进过这么多钱呢！”

袁隆平见邓哲理解自己，不由得欣慰地笑了！

袁隆平对于金钱曾讲过这样一段朴实、简练却句句在理的话：人要吃饭、穿衣，要生存，没有钱不行。但是，钱一定要来路正，靠自已的诚实劳动获得。有了钱，要用在正当处，既不能挥霍浪费，也不要吝啬小气，我喜欢朴素的生活。

在以后很多次接受记者采访时，袁隆平都一直称邓哲为“贤内助”，并且几次说“怕老婆是美德！”这些话引来女记者们一阵阵热烈的掌声。其实，他们这一对患难夫妻，哪有什么怕不怕的呢，有的更多是举案齐眉的互敬互爱！

电影，一部关于东方魔稻的纪录片

演电影，当演员，袁隆平过足了一把当电影明星的瘾。《在中华人民共和国的花园里——中国杂交水稻的故事》彩色专题片拍摄成功后，袁隆平的名字风靡了欧美的水稻制种界。

袁隆平也没有想到，自己因拍电影全家搬进了一座小楼。可是电影拍完，他会不会再搬出这个新“家”呢？袁隆平心气平和，住在哪里不重要，将杂交水稻产量再提高一步，这才是他真正的心愿！

自1979年以来，按照菲律宾国际水稻研究所的安排，袁隆平曾多次赴美、日、英、法和意大利等地讲学，他还帮助菲律宾、印度、马来西亚和缅甸等发展中国家，指导当地的技术人员种植杂交水稻。

1981年6月5日，袁隆平正在菲律宾国际水稻研究所搞研究，忽然一封国内的加急电报送到了他的手里。这封急电内容急迫，让他立刻动身回国，必须在第二天赶到北京。

袁隆平真的不知道是福是祸，他急忙收拾了一下，乘当晚的飞机直飞北京。到了到北京后，他这才知道了消息，原来有一个大好事在等着他。他殚精竭虑，不畏艰难的探索，终于感动了幸运之神，他的努力，终于有了超值的回报！

根据国务院颁布的《中华人民共和国发明奖励条例》，一个月之前，国家科委发明奖评奖委员会对袁隆平的杂交水稻行了认真的评审，最后一致认定，这项发明的学术价值、技术难度、经济效益和国际影响都很突出，报请国务院批准后，准备对籼型杂交水稻科研组以及袁隆平等人授予特等发明奖。

颁奖大会在 1981 年 6 月 6 日举行。国家科委、农委在北京联合举行了中国第一个特等发明奖的表彰大会。党和国家领导人王震、方毅、万里出席了颁奖大会。除了奖章和获奖证书，还有一笔十万元的奖金。这笔奖金，袁隆平得到了 5000 元，剩下的钱分给了所有参加过杂交水稻研究的科研人员。

方毅颁奖完毕，还发表了语重心长的讲话。他在讲话里首先肯定了袁隆平的成绩：“籼型杂交水稻的培育成功，丰富了水稻遗传育种的理论和实践，在国际上遥遥领先，为中国争得了荣誉。美国、日本、印度、意大利、前苏联等十几个国家的科学家开展杂交水稻的研究已有十几年的历史，但都还处在实验阶段，而我们是走在前面了。”

方毅在讲话中说道：“这项重大发明的成功，体现了社会主义制度的优越性，表现了农业科技人员良好的学风和高尚的品德，显示了团结协作的伟大力量。今天的大会，是建国以来第一次授予特等发明奖的大会。我国第一项特等发明奖授予农业方面的发明，这说明我国农业科学技术有雄厚的基础，作出了卓越的贡献，也说明农业科学技术大有可为。”

时任国家科委副主任武衡宣读了国务院发来的贺电。

全国籼型杂交水稻科研协作组：

籼型杂交水稻是一项重大发明，它丰富了水稻育种的理论和实践，育成了优良品种。在有关部门和省、市、自治区的领导下，大力协作，密切配合，业已大面积推广，促进了我国水稻大幅度增产。为此，特向你们并通过你们向参加发明、推广这项成果和参与组织领导工作的科技人员、农民、干部致以热烈的祝贺。

籼型杂交水稻的育成和推广，有力地表明科学技术成果一旦运用于生产建设，能够产生多么大的经济效益。发展农业生产，一靠政策，二靠科学。殷切期望广大农业科技工作者再接再厉，继续奋进，为发展我国农业生产作出更大的贡献。

国务院党中央不仅肯定了袁隆平的成绩，也对杂交水稻今后的发展寄予了厚望。

“大江歌罢掉头东，邃密群科济世穷。面壁十年图破壁，难酬蹈海亦英雄。”这是一生为共和国的事业鞠躬尽瘁的周总理的诗句。袁隆平此时此刻，心情异常激动，他手捧特等发明奖的奖章和证书，一股为杂交水稻事业继续奋斗的壮志豪情在他心中澎湃激荡。奖章和证书，是冲锋号，更是催阵鼓。袁隆平不能原地止步，他要继续努力，相信杂交水稻的明天，一定会更加灿烂辉煌。

袁隆平在授奖大会上表示，要继续谦虚谨慎，戒骄戒躁，把荣誉当作动力，去勇攀新的高峰。他说，杂交水稻虽然已成功地应用于生产，但它还有缺点，也还有很大潜力，需要继续努力去改进和完善。特别是在选育强优势的早稻、多抗性的晚稻，发掘更好的不育细胞质源，提高制种产量和基础理论研究方面，要下更多的功夫，争取早出成果，发挥更大的增产作用。

袁隆平一时间成为全国当时各大报纸争相报道的“明星”。1981 年 6 月 7 日，《光明日报》一版的社论《社会主义大协作的一曲凯歌》中，热情洋溢地肯定了杂交水稻研究中所体现的社会主义大协作精神；同日，《人民日报》头版头条以醒目的标题和照片，报道了这一消息，同时发表了《争当攀登科学技术高峰的勇士》的社论，社论重点赞扬袁隆平等同志，赞扬了他们发扬主人翁的责任感，埋头苦干，勇攀世界科技高峰，为国争光的奋斗精神。

袁隆平接过沉甸甸的奖章和证书的那一刻，他才真正感觉到属于他、属于全国籼型杂交水稻科研协作组、属于所有战斗在科研第一线工作人员的春天，真正来到了。

遇顺境，处之淡然；遇逆境，处之泰然。袁隆平培育的三系法水稻基本获得成功。但这只是杂交水稻的初级阶段，如果深挖下去，将三系法水稻变成两系法水稻，那么一定会取得更大的增产效果。两系法水稻虽然那时只是袁隆平头脑中所勾勒出的一个雏形，但他坚信，不久之后，这个雏形，一定会变成金碧辉煌的高楼大厦……

当年 7 月，美国西方石油公司派了一个摄制组，由著名导演劳克带队，特地到中国为袁隆平拍摄专题片。中国杂交水稻在美国经过两年试种，取得了显著的增产效果。美国西方石油公司为了更好地推广杂交水稻，精心撰写电影脚本，准备来我国拍摄一部题为《在中华人民共和国的花园里——中国杂交水稻的故事》的彩色专题片。

湖南省农业厅、农科院，还有当时的安江农校，在接到农业部协助美国摄影组拍摄纪录片的通知后，都显得有些手足无措。西方石油公司撰写的电影脚本已经通过了审查，袁隆平本人就是这部片子不可替代的主角。

袁隆平住的那间小平房太过寒酸，拍在电影里影响画面的质量不说，也显得我国对科学家的重视不够。几方面领导经研究一致认为，想要更好地宣传杂交水稻，必须要让袁隆平的生活像个世界一流科学家的样子。

当时，安江农校新建起了一栋相当漂亮的科研小楼，这座新楼就暂时成了袁隆平的新家。

唐朝的宰相李义琰曾经说过：事难全遂，物不两兴，既有贵仕，又广居宇，若无令德，必受其殃。古代的人都知道，人不应该只贪图享乐，如果乐得过度，是会带来灾祸的。

袁隆平住的那间房子虽然狭小，但想想还有很多科研人员居住条件、工作条件还不如自己，袁隆平也就心满意足了。让他们全家搬进漂亮的小楼，袁隆平心里并不愿意，可是为了拍电影，他也只好按照领导的吩咐去做。袁隆平一家搬进小楼后，经过一番“包装”出现在美国专题片中，摄影组组长劳克眼里的袁隆平俨然就是一副大科学家的样子了。

劳克是美国的著名导演，他经多见广。但在拍片的时候，袁隆平的一家却让他惊叹不已——贤惠的邓哲不说，袁隆平80多岁的老母亲华静女士竟会讲一口流利的英语。袁母用英语和劳克沟通，竟没有一点障碍，这让劳克一行不仅感到亲切，也感到非常震惊。他经过冥思苦想，最后也释然了——安江这片神奇的土地上果真藏龙卧虎、奇人辈出，否则也不会出现袁隆平这样伟大的人物！

袁隆平既是这部专题片的“演员”，又是片子中的现场翻译。他用生动有趣的语言，面对摄像机的镜头，讲述了杂交水稻诞生的经过，给看过影片的人留下了难以忘怀的印象。这部影片用了大量的特写镜头，高度赞誉杂交水稻这一科研成果，称赞袁隆平“解决了世界各族人民的吃饭问题”。

一部好的影片是可以引起亿万人共鸣的。这部影片在美国播放之后，反响非常好。很多美国人通过这部片子，重新认识了改革开放后的中国。杂交水稻的出现，使中美两国的合作翻开了新的一页。这其中不乏袁隆平这个科学使者的功劳。

随后这部片子在日本电视台开播，一场杂交水稻的风暴几乎在一夜之间席卷了日本全境。杂交水稻也成了日本人茶余饭后议论最多的时髦话题。当时的情形是，如果你不知道中国的杂交水稻，不知道袁隆平，那么恭喜你，你已经落伍了！

后来在日本出版的《神奇的水稻的威胁》一书中称：“杂交稻这一海外传奇，给日本带来了风暴。”甚至有些西方人把杂交水稻誉为东方文明古国——中国继指南针、火药、造纸、活字印刷术四大发明之后，对人类作出的第五大贡献。

鉴于袁隆平在世界上产生的重大影响，专题片拍完后，袁隆平就在小楼中正式定居下来。由于学校的住房紧张，袁隆平就将小楼让出了一半，让他的学生李必湖也搬了进来。现在，李必湖的身份也是今非昔比，他也是远近闻名的水稻专家了。这座小楼，便被人称作了专家楼。

住院，病中显出了真情

有人说袁隆平是个工作狂，他心里除了水稻，装不下任何一点东西。邓哲的一场病，让这个无稽的观点立刻被击碎。

邓哲得的是病毒性脑炎，这种病不仅有非常高的死亡率，即使痊愈，也会留下很可怕的后遗症。袁隆平育种有一套方法，而他究竟是用什么神奇的方法照顾邓哲，令她完全康复，没有留下一点后遗症？

1982年秋，位于菲律宾的国际水稻研究所的报告厅里，聚集着几百名来自世界各国的水稻专家。主持会议的是国际水稻所所长、前印度农业部部长斯瓦米纳森博士。

会议开始后，斯瓦米纳森博士引领着袁隆平稳步走上了主席台，这时，投影机在主席台背后的幕布上打出了袁隆平的头像，头像下面，出现了一行特大的英文黑体字——Yuan Longping, The Father of Hybrid Rice（袁隆平，“杂交水稻之父”）。

主席台下，立时掌声雷动，来自世界各地的水稻科学家对这位面色黝黑、来自中国的同行，给予了最热烈的欢迎。自1979年开始，袁隆平和他的助手一起，曾先后来到菲律宾国际水稻中心20多次，袁隆平讲学严谨勤勉，指导杂交水稻种植仔细认真，并与不同肤色的同行们用真心交朋友。

袁隆平的杂交水稻在菲律宾的稻田里茁壮成长，他也收获了各国水稻育种专家的真诚友谊。

斯瓦米纳森博士挥手致意后，报告厅中的掌声才渐渐停止，他用浑厚的声音，向在座的育种专家们介绍袁隆平：

先生们，朋友们：

今天，我十分荣幸地在这里，向你们郑重地介绍我的伟大的朋友、杰出的中国科学家、我们国际水稻研究所的特邀研究员——袁隆平先生。

我们把袁隆平先生称为“杂交水稻之父”，他是当之无愧的。他的成就不仅是中国的骄傲，也是世界的骄傲。他的成就给世界带来了福音！

更为激烈的掌声海潮般席卷了大厅，袁隆平对于杂交水稻所作的贡献，有目共睹，将他称为“杂交水稻之父”，不仅毫无偏颇，而且名至实归。

今日袁隆平参会，被当众冠以“杂交水稻之父”的称呼，斯瓦米纳森博士保密工作做得非常好，并没有事先透漏一点风声。袁隆平虽然当得起这个荣誉，但也感到有些突然。

袁隆平站在主席台上，向台下的同行们鞠躬致意，然后他对着麦克风用流利的英语说道：

各位先生、各位朋友：

今天，能和各位老朋友在这里再次相聚，与各位新朋友在这里相识，我感到无比的愉快和荣幸。非常感激斯瓦米纳森博士对我的介绍和夸奖。我虽然在杂交水稻的研究方面作出了一点成绩，但不值得各位朋友如此隆重地推崇。我感谢大家的深情厚意，并愿借此机会在这里表示，我们中国科学家非常乐意和世界各国科技界朋友互相学习，携手并肩，为科学的进步和人类的幸福，创造出更多的新成果。我也希望在这里听到更多关于水稻研究方面的精辟见解和新颖思路，使我从大家的发言中获得更多的启发和教益。

袁隆平培育出了杂交水稻，可谓此项研究的不二权威，但他的讲话是何等的谦虚和谨慎。在讲话的最后，他用真诚的语气说：

我很希望杂交水稻的研究成果能够增强我们国家自己解决吃饭问题的能力；同时，也很希望为解决全人类仍然面临的饥饿问题作出自己的贡献……

朴实无华的发言，就好像袁隆平的音容笑貌一样真实。真水无香，挚爱无言，越是去掉杂质的东西，越能打动人心。台下的水稻界的同行纷纷将钦佩的目光投向了袁隆平。袁隆平在更为激烈的掌声中，一边挥手致意，一边走下了主席台。

袁隆平在会后对斯瓦米纳森博士说："尊敬的博士先生，您这样大搞突然袭击，可让我一下子有点消化不了呀！"

斯瓦米纳森博士笑着说："我想给您一个惊喜，再说，您做的贡献实在是太大了！"

马尼拉是菲律宾的首都，该市位于马尼拉湾的东岸，是一个极具热带风光的迷人城市，因为人口众多，经济繁荣，被称为"亚洲的纽约"。马尼拉风景名胜众多，这里有世界最小的活火山——塔尔火山，这里有马拉坎南宫，而最吸引袁隆平的是黎萨尔公园。

黎萨尔于1861年生于马尼拉东南方内湖省小镇卡兰巴，其祖先名叫柯仪南，是我国福建人，17世纪中叶移居菲律宾。黎萨尔不仅是诗人、作家，还是民族英雄，他在1892年6月创立了“菲律宾联盟”，带领菲律宾人民开展了民族独立运动，并对西班牙殖民主义者展开了不屈不挠的斗争。

1896年12月30日，黎萨尔被西班牙殖民者杀害。黎萨尔就义前，和未婚妻在刑场上举行了感天动地的婚礼，随后慷慨就义。

黎萨尔公园便是由他当年殉难的巴贡巴扬广场改建而成，袁隆平从黎萨尔留下的作品中，深深感到自己这位同胞的伟大，也为黎萨尔的英雄壮举而感到深深自豪。

袁隆平经常说，科学研究没有国界，但科学家是有祖国的。科学家的心中必须装着祖国和人民，无论多么优秀的人，如果太自私，对社会、对人没感情，那是不行的。人要正直、要乐观，对国家、对人民都要有感情才成。所以，以后袁隆平领着学生们到马尼拉国际水稻研究所参加学术交流之时，都要先去瞻仰黎萨尔纪念碑，这成为他对学生们讲授爱国主义的必修课。

民族英雄黎萨尔可以为自己的理想献身，“杂交水稻之父”袁隆平同样也是一位爱国者，他愿意将自己的杂交水稻献出来，为世界各肤色人民摆脱饥饿、为了普天下人的福祉贡献出自己的一份力量。

我愿用我全部的生命，从事研究科学，来贡献给生育我栽培我的祖国和人民——这是巴普洛夫的一句名言。袁隆平被冠以“杂交水稻之父”的称谓回国后，开始准备三系法向两系法的攻关。这时就有人劝他：“你现在是著名的杂交水稻专家，万一两系法搞砸了，岂不坏了名声？”

袁隆平听后认真地回答：“搞科研如同跳高，跳过一个高度，又有新的高度在等你。要是不跳，早晚要落在后头；即使跳不过，也可为后人积累经验。个人的荣辱得失，又算得了什么！”

古人云：雁过留声，人过留名。人生一世，来去匆匆，谁不希望名利双收、千古留名？然而，对待名利，袁隆平却诠释了另外一种“名利淡如水，事业重如山”的人生信条。

袁隆平撰写的学术专著早已经成为全世界杂交水稻研究、生产的指导用书。他还在世界上创建了一门新兴学科——杂交水稻学。可是，对于袁隆平来说，这些成绩都是过去式，他的下一个目标永远在前方。正所谓“苟日新，日日新，又日新”，他对人生的追求，永无止境。

1982年除夕，对于袁隆平来说，是个黑色的日子。袁隆平10多年在南方育种，这年是第一次回家过春节。一家团圆，其乐融融。可是，正月初二那天，妻子邓哲因突患急性病毒性脑炎而昏迷不醒，被送进了怀化地区人民医院抢救。

屋漏偏遭连夜雨。袁隆平80多岁高龄的母亲也患了重感冒，在家卧床不起；他的岳母又患脑血栓，住进了黔阳县医院。面对病魔的突然袭击，袁隆平确实有些手忙脚乱了。

袁隆平紧急动员3个儿子，让他们分头服侍病人。安江农校那时候已经有了一辆吉普车，袁隆平可以坐车跑三个地方，轮流照料病人。他从缴费、拿药、陪床到喂饭洗涮，忙得脚不沾地，焦头烂额。好在有安江农校的老同事曹胖公夫妇等人帮忙处理家务，要不然袁隆平更是分身乏术了。

邓哲躺在病床上，因为病菌侵入了脑部而陷入了深度昏迷。将近半个月的时间，她也没有睁开过一下眼睛，每天只能靠输液维持生命。袁隆平白天轮流照料病中的两位老人，晚上几乎都陪伴在妻子身边。他握着妻子因为长时间操劳而显得粗糙的手，嘴里喃喃地说："都是我不好，让你受累生病。邓哲，你就醒醒吧……"说着说着，泪水直在他的眼眶里打滚。

为了回报妻子这么多年对家庭的辛苦付出，袁隆平万般仔细地照料妻子。也许是他的努力感动了上苍，死神也悄悄地被击退了。邓哲在这天傍晚终于缓缓睁开了眼睛，虚弱地说："隆平……"

袁隆平高兴得差点跳起来，说："我虽然不信神，但我现在要感谢过往的神灵，你总算醒了！"

病毒性脑炎很可怕，它的可怕之处不仅是高达70%的死亡率，还有严重的后遗症。根据病毒对神经损害的程度，后遗症也不尽相同：轻者有头晕、头痛的症状；严重的还有脑瘫等可怕症状。袁隆平按照医生的吩咐，每隔一小时便帮妻子翻一次身，并不停地为她做后颈和肩部的按摩，并在她耳边背古诗，用英文哼唱歌曲《老黑奴》，以促进她肌肉和脑部的神经迅速恢复。一个月后，在袁隆平的悉心照顾下，邓哲终于康复出院，并且没留下任何后遗症。医院的大夫都啧啧称赞，并说这简直是奇迹！

袁隆平对妻子的爱是一种大爱，可不是那种花前月下，端着一杯红酒，手里举着一朵玫瑰的那种暧昧情调的小爱。

袁隆平绝不是只想搞成杂交水稻，对妻子不关心的人。有一次他去北京开会，瞧着街上妇女穿的一种裙子很时髦，于是他决定为妻子买条裙子。可是到了商场后，他却不知适合妻子穿的尺寸和款式。他犹豫了老半天，最后一口气买了6条不同尺寸和款式的裙子。他在心里暗想：总有一条合适的！没想到把裙子拿回家，邓哲兴冲冲地试了一条又一条，竟没有一条裙子合身，最后她只得把裙子全都送人了。

后来，袁隆平事业有成，每当应邀出访或到国外去领奖，只要条件允许，他都会带妻子一道去散散心。袁隆平在他们银婚纪念日的那天，还特意让妻子换上了婚纱，他也穿上了礼服，两个人亲密地拍了一张婚纱照。袁隆平还花3000元钱给妻子买了一条项链，并充满爱意地戴在了妻子的脖子上。

银婚敞绮筵，舞彩锦衣鲜。三生石上缔良缘，夫贤妻顺爱情全。袁隆平和邓哲银婚的照片上，两个人的笑容灿烂，看过照片的人都说这是一对幸福的恩爱夫妻！

确定，一个极具前瞻性的思路

> 千军易得，一将难求。能够在思维混乱、迷失方向的情况下给出一个正确思路的人，则堪为将军。
>
> 袁隆平在首届长沙杂交水稻国际研讨会上究竟提出了一个什么思路，能让与会的水稻专家们群情振奋，激动不已？是一个怎样的思路，能让世界各国的育种专家们坚信，只要沿着这个思路走下去，杂交水稻的明天一定会越来越好？

1983年初，湖南省科委正式提出成立“湖南杂交水稻研究中心”这个建议。此举得到了国家科委、国家计委的同意。当时，上级部门在国家财力十分有限的情况下，竟一下子拨款500万元予以支持。

可以想见，党和政府对杂交水稻的事业给予了极大的重视。随后不到一年的时间里，在长沙市东郊马坡岭一片数十公顷的土地上，“湖南杂交水稻研究中心”拔地而起。

袁隆平当时正在海南岛进行杂交水稻的南繁工作，虽然他不愿意当官，可是湖南杂交水稻研究中心主任的职务，是说什么也推辞不掉了。

1984 年，湖南省杂交水稻研究中心举行了成立大会，当时的湖南省省长亲自主持了这次大会。

实验中心有实验田大约 180 亩，办公楼、实验楼和漂亮的宿舍一应俱全。而且还建立了温室和种子仓库，并配备了各种仪器 200 多台件。

经湖南省农业厅拨款改建，袁隆平在海南岛的南繁基地也条件好了许多。一开始的时候，袁隆平先在南红农场搞实验，接着又在三亚警备师的驻地租用了一块实验田。随后又修建了简陋的办公室和职工宿舍。经过 20 多年的发展，最后扩建成为“湖南省杂交水稻研究中心海南南繁基地”。目前基地的位置已经被清楚地标注在三亚市的地图之上。

袁隆平瞧着树木青翠、环境优雅的工作环境，不由得想起了 1973 年的时候。那时南繁的人员正在海南岛参加制种，袁隆平为了解决夫妻双方长期分居两地的相思之苦，曾经带着很多职工家属去海南岛慰问……

邓哲当时怀里抱着小五二，因为车箱闷热，拥挤不堪，她就把小五二塞到了行李架上。邓哲害怕小五二掉下来，就站在行李架子下，一动也不敢动。袁隆平实在疲惫得受不了了，就在座位的底下铺了张报纸，然后睡到了座位底下。一觉醒来，被人家的臭袜子熏得直想呕吐。

现在“湖南杂交水稻研究中心”已经建成，有这样好的工作条件，如果再不出成果，作为一个科技工作者，那就对不起自己的良心了。

袁隆平最初生产杂交水稻种子的方法需要三种亲本：不育系、恢复系、保持系。用这三种亲本生产杂交种子的方法叫三系法。

后来，袁隆平又提出了二系法生产杂交种子，二系法和三系法比较起来，省去了保持系，使杂交种子的生产更为简单便捷，并能够大幅提高制种业的生产效率。

1986 年 10 月，来自美、日、菲等 20 多个国家的 60 多名水稻专家和中国的 200 多名专家和学者齐聚一堂，参加在湖南杂交水稻研究中心举行的首届长沙杂交水稻国际研讨会。

有朋自远方来，不亦乐乎？这次会议是长沙有史以来，吸引外国水稻专家参加人数最多的一次会议。袁隆平的杂交水稻是金色的纽带，是七彩的桥梁，更是吸引凤凰的梧桐树，用斯瓦米纳森博士的话说，中国有句古话，叫上有天堂，下有苏杭，可是对于水稻科研工作者来说，应该是上有天堂，下有长沙。因为杂交水稻研究中心就在长沙，这里是世界各地杂交水稻科研工作者的"麦加"圣地。

在历时四天的会议中，国际水稻研究所所长斯瓦米纳森博士等 15 名外国专家作了学术报告。斯瓦米纳森博士在开幕式上说："发展中国家耕地越来越少，人口却越来越多，唯一的办法就是提高单位面积产量。中国在杂交水稻方面的成功，为解决这个问题作出了榜样！"

袁隆平在这次会议上作了题为"杂交水稻研究与发展现状"的报告。这份提纲挈领的报告，高屋建瓴地指出了水稻在今后发展的方向：

各位先生，各位朋友：

三系法品种间杂交水稻自从1976年在中国大面积投产至今10年来，虽然一直受到世界的广泛关注和高度赞誉，但本人却从未对它感到过满足。10年的统计资料表明，尽管其间我国各地科研人员，已不断选育出了许多的杂交新组合，在加强优势，提高米质，以及完善早、中、晚品种配套等方面继续进行了多项改进，但单产始终保持在比常规水稻平均增加20%的水平线上未见突破。可见三系法品种间杂交水稻的增产潜力，已将近发挥到了极致，很难再有新的发展。且三系法杂交水稻育种工艺比较复杂，选育新组合的周期长、效率低，种子成本高、价格贵。因此淘汰这种杂交育种方法已经势在必行。

经我们长期研究和观察，得知杂交水稻有父、母本亲缘关系越远优势越强的特点：而科学技术的发展则总是要使各种复杂的生产工艺变得越来越简单。根据这一特点和原则，今天本人愿在这里大胆提出一个今后杂交水稻发展的战略设想，供大家参考和评判。

我认为，过去我们由常规育种进入杂交育种领域的办法是由简到繁，但今后杂交水稻育种的方法，必然要繁到简，从三系简化到两系再到一系；杂种亲缘的利用范围必须由近到远，从品种间推远到亚种间再到远缘间；杂种优势必须由强到超强方向发展。即今天的三系法品种间杂交，明天将要被优势更强的两系法亚种间所替代，后天更将进一步被优势超强的一系法远缘杂交所替代。到了一系法远缘杂交成功的阶段，杂交水稻的杂种优势将在稻谷中被固定下来，育成一个超强优质品种后，它所生产的商品粮本身就能做种子，那时，就不需要年年重复制种了。于是，从形式上看，种子的运用，又回到了常规稻时代的简便，但品质和产量，却远远超过前期的任何一种杂交稻……

一个人讲话的多少，往往和这个人的能力成反比。袁隆平简单明了、掷地有声的讲话刚刚落地，会场中立刻爆发起一阵热烈的掌声。在那些外国专家们还在为三系法的推广和应用沾沾自喜的时候，袁隆平又提出了两系法和一系法的发展设想，这些切实可行的设想不仅新奇，而且大胆，更是极具前瞻性。与会的专家们也被袁隆平描述的制种业的美好前景所鼓舞，他们热烈的掌声全都送给了袁隆平，他们的欢呼声全都献给了心中最敬爱的“杂交水稻之父”！

袁隆平这种超前的战略思想被中外学者赞誉为“袁隆平思路”，并将这一伟大的设想当成了大会的主题思想写进了会议的纪要文件。

斯瓦米纳森博士在后来接受记者采访时曾经说过这样一句话：国际上认为，世界水稻由高秆变矮秆是全球第一次绿色革命，杂交水稻的世界性普及即将带来全球第二次绿色革命……

很显然，袁隆平就是这场革命的缔造者！

可是，这场绿色革命的缔造者一点架子也没有，他对身边工作人员像兄长，像慈父。王精敏是袁隆平的专职摄影师，他在湖南省杂交水稻研究中心已经工作了20多年，很多袁隆平工作学习的精彩照片就是出自他的镜头。

1988年2月，袁隆平应邀去美国访问，王精敏到北京为袁隆平办理出国手续并送到广州。傍晚的时候，两个人住进了广州的一家酒店。晚上10时，袁隆平轻声地对王精敏说："小王，你睡吧。"说完，自己走进洗漱间，并将洗漱间的门轻轻地带上了……一个小时过去了，却不见袁隆平出来，王精敏还以为袁隆平出了什么事情。他跳下床，冲到洗漱间门口，伸手打开门，却发现袁隆平坐在马桶盖上，正利用镜前灯仔细阅读着一本英文书——袁隆平怕开灯看书影响王精敏睡觉，竟一个人躲进卫生间……

奋斗，不畏艰险攻克两系法

提出两系法是睿智，而攻克两系法才是关键。袁隆平不仅亲自动手，还着力培养下一代的育种工作者。在他的全盘指挥下，一位年轻的学者终于崭露头角。他究竟是谁？他发现的光敏不育株究竟有什么特点、能让两系法这个难啃的"骨头"，最后乖乖地投降？

只有袁隆平这样的科学家，才能有这样的"会当凌绝顶，一览众山小"的高瞻远瞩，因为有他"长风破浪会有时，直挂云帆济沧海"的勇攀高峰，才使中国的杂交水稻能够"立马吴山第一峰"，成为世界粮食增产大业中的强力引擎。

国家科委将"两系法品种间和亚种间杂交稻选育"列为国家"863"高科技课题，袁隆平也担任了863-101-01专题组组长。他率领全国16个协作单位的精兵强将，向两系法水稻展开了兵分多路的攻关。

1973年10月，湖北省沔阳县（今仙桃市）沙湖原种场有一个名叫石明松的技术员，他在粳稻农垦58的大田中寻找不育株的时候，很意外地发现了三株典型的不育株突变株。这些突变株和常见的不育株差别很大，也就是说，此不育株在夏天的时候为雄性不育，可是到了凉爽的秋天又变成了可育株。

这种不育株的突变株不需要借助保持系来繁殖不育系，杂交稻可从三系直接进化为两系。石明松随后建议性地提出，可利用这种突变的不育系，在长日照高温的环境中，直接进行杂交育种，然后在短日照低温的季节中进行自然繁殖。两系法的大门，终于遮遮掩掩地向这些孜孜不倦探索的育种人敞开了。

几年后，袁隆平在研究中发现，虽然利用这个种源培育出了多组的杂交种子，可是这些杂交种子的应用结果却并不令人满意，也就是说，用这个种源培育出的杂交种子，其后代的不育性有些飘忽不定。袁隆平一方面让协作单位对这个种源继续进行深入的研究，另一方面决定加大力度，另外寻找新的光敏不育株和温敏不育株种源。

就在千军万马下大力气寻找新种源的时候，一个好消息传到了袁隆平的耳朵里：李必湖的学生邓华凤发现了一株籼稻不育株的突变株。

李必湖当时已经是安江农校的校长。邓华凤1963年出生在沅陵，1984年在安江农校毕业后，因为成绩优异、人品端正，成了李必湖的科研助手。由于李必湖其时政务繁忙，邓华凤很多时候都是在袁隆平的指导下进行工作。

邓华凤在袁隆平的关心下对这株不育株的突变株进行了三代的培育，实验证明，这株不育株的突变株其后代保持不育率竟高达100%。

袁隆平领着协作组，经过艰苦的培育，终于育成世界上第一个籼型水稻光温敏核雄性不育系——安农 S-1，这也是世界上第一个通过技术鉴定的水稻光温敏核不育系。

随后，湖北省农科院、武汉大学等单位也转育出一批新的光敏不育系。面对捷报频传的局面，很多育种人都已经喜上眉梢，他们都觉得距离两系法成功的日子已经不遥远了。

然而两系法杂交水稻的制种工作绝非是一帆风顺。1989 年，随着南方出现的低温天气，一些不育株面对低温，失去了抗性，竟突变成了可育株。这种“打摆子”的现象真让当时的育种人员有一种手足无措的感觉。

一时间，悲观情绪在杂交水稻育种界蔓延。袁隆平认为却坚定地认为，即使不育株出现了“打摆子”的现象，也不应该放弃温敏不育系。只要经过精心实验，找到原因，一定能培育成功高产、稳产的两系法杂交水稻的稻种。

袁隆平首先要给光敏不育系一个正确的定义。原来水稻育种界普遍存在着一个误区：光敏不育水稻的育性只受光照长短的影响，其育性和气温的起伏高低没有关系。袁隆平经过大量的实验，最终证明这条理论是完全错误的：日照的长短对其影响不大，光敏不育系的育性受温度的影响反而更大一些。

要知道，在我国适宜种植水稻的任何一个地方，一年光照的长短基本上都是固定不变的。这就从理论上解释了为何光敏不育系遇到低温会出现“打摆子”的现象——“打摆子”是受当地的气温变化影响所致。

上帝为你关上一扇门，同时也给你打开了一扇窗。既然光敏不育系受温度影响较大，袁隆平就决定从这个症结下手。长江流域地区是我国水稻的主产区，经过查找气象部门提供的资料得知，这里盛夏最低的温度也没有低过24℃。

袁隆平找到了罗孝和，让他在光敏不育系的所有组合中找到一个不育系起点不高于24℃的新核型不育系。罗孝和接到这个光荣而艰巨的任务后，立刻一头扎进了选育新稻种组合的工作中。

因为有了袁隆平的新思路，罗孝和很快培育成全国第一个实用的两用核不育系——即“培矮64s”籼型低温敏核不育系。它具有优质、多抗、高配合力、广亲和的特性。“培矮64s”的诞生，打破了粳型两用核不育系的地区局限，“培矮64s”的育成为籼型两系杂交稻的育成和利用奠定了良好的基础，为两系亚种间杂种优势利用铺平了道路。

千里马常有，而伯乐不常有。袁隆平很显然是杂交水稻界的伯乐。在他的培养下，李必湖成为博士生导师，现任怀化市职业技术学院院长、研究员，多次受到国家、省、厅的表彰和奖励，并享受国务院特殊津贴。

丈夫志四海，万里犹比邻。尹华奇在武汉大学遗传专业毕业，随后出国深造，并于20世纪80年代被美国得克萨斯州聘为杂交水稻顾问。美国当局曾有意将这位风华正茂的科学家高薪留下工作。袁隆平听说后，风趣地说：“鱼儿离不开水。倘若肥水流向外人田，我这条鱼就快变成泥鳅了。”

21世纪最珍贵的是什么？——人才！袁隆平对人才的渴望，超过一般的领导者，他借访美之机，将尹华奇重新召回自己的麾下。现在的尹华奇任湖南杂交水稻研究中心的主任助理，成为杂交水稻研究领域内的中坚力量。

总设计师小平同志就曾经说过：我们说资本主义不好，但它在发现人才、使用人才方面是非常大胆的。它有个特点，不论资排辈，凡是合格的人就使用，并且认为这是理所当然的……

袁隆平就喜欢不拘一格选人才，放手大胆用人才。

2001 年，袁隆平曾经力荐罗孝和申报“国家科学技术进步奖一等奖”。袁隆平在呈报表上为罗孝和写下了这样一段铿锵有力的评语：

> 罗孝和在杂交水稻研究领域，奋战了 30 年，为杂交水稻，特别是两系法杂交水稻的育成、应用建立了卓著的功绩，是籼型三系杂交稻的重要功臣，杂粳稻的开拓者之一，两系杂交稻的功勋干将……

2002 年 2 月 1 日，罗孝和光荣地登上了人民大会堂的领奖台，并喜获“国家科学技术进步奖一等奖”。他面对取得的成绩，首先感谢党和政府的关怀，接下来感谢的人，自然是袁隆平！

在《鹤林玉露》一书中，有这样一段故事。南宋的时候，有一员武将，他散步时，见一仰面睡觉的老兵，问：“为何懒散？”老兵从容回答：“没事做。”又问：“你会什么？”答：“都会！即便回易，也略通晓。”老兵口里讲的回易，类似今天的海外贸易。这名武将对老兵非常信任，果真给钱五十万。老兵打造大船，携货渡海，一年后获利数十倍，满载而归。

这就是眼力，这名武将能一眼看出老兵是个商道的高手，还不怕老兵携款潜逃，这就是超乎常人的眼力和胆量。袁隆平慧眼识珠，他有着超强的识别人才的能力，每当他高屋建瓴地指出正确的方向后，他的学生和助手们只要肯刻苦努力，便能取得辉煌的研究成果。

湖南杂交水稻研究中心前任党总支副书记谢长江和袁隆平一起共事多年，对袁隆平可谓了解颇深。他在一篇文章中曾经这样不无赞美地写道：

> 名师出高徒。在导师袁隆平的培养下，湖南杂交水稻研究中心、安江农校以及海南育种基地，涌现了一大批具有一定理论水平、丰富育种经验的技术力量，成为“绿色王国”中的一群新星。

在袁隆平的指导下，当时25岁的邓华凤在安江农校这块神圣的土地上，发现了神奇的光敏不育株，现已育成安农S-1光敏不育系。这一新成果使中国的两系法杂交水稻研究继续处于世界领先地位。

邓华凤当年报奖时想把袁隆平在获奖名单上排第一，袁隆平发话：不排第一、不排名，他本人不参与评奖。

年轻的邓华凤成为国家技术发明奖三等奖获得者，在育种行业中，一下子就成了拔尖的人才。袁隆平的学生们都说：没有袁老师的帮助，就没有我们的今天。

老一辈硕果累累，中年一代奋发图强，青年一代奋起直追。这正是袁隆平长期坚持育种又育人的战略——通过杂交水稻的育种实践，不仅培养了一批批的好种子，还培育了一批一批的人才。而且人才的涌现，又促进了杂交水稻育种事业的大发展。

长江后浪推前浪。邓华凤作为袁隆平第二代弟子中的佼佼者，现任湖南杂交水稻研究中心常务副主任，并享受国务院特殊津贴。

青，取之于蓝，而青于蓝；冰，水为之，而寒于水。袁隆平从来不怕弟子和学生们超过他，他甘为人梯，努力营造人才成长的良好环境与肥沃土壤，使他们最终都能长成参天大树，并成为共和国建设的有用之材。

1995年，袁隆平经过九年的努力，郑重地宣布，两系法杂交水稻已经基本研究成功。如果说三系法不是我们首先搞成的实验，但两系法是我们的独创。两法系水稻育种不仅是作物育种史上的突破，更是我国的杂交水稻研究对世界人民的伟大贡献。

我国的水稻种植大约有2.4亿～2.5亿亩，而两系法的杂交水稻就占了大约5000万～6000万亩，两系法杂交水稻亩产不仅比三系法杂交水稻高出5%～10%，而且米质也优于前者。

全新的两系法育种理论不但使我国的水稻受益，也使我国其他农作物育种的工作者深受启发。不久之后，两系法杂交的高粱、油菜、棉花和小麦品种纷纷涌现，使我国的育种行业出现了异彩纷呈的大好局面。

千军易得，一将难求，在一本非常畅销的《领导圣经》中曾列了出了十个条件，只有符合这些条件的人，才是一个成功的领导者：营造氛围、加强沟通、预见未来、注重实践、追求卓越、信守诺言、调控员工、鼓励批评、避免独裁和分享荣誉。

作为杂交水稻育种业的领军人物，袁隆平确实已将这十条都做到了！

7

泪水汗水，千辛万苦的成功

立志欲坚不欲锐，成功在久不在速。

——（南宋）张孝祥

袁隆平不是个喜欢向别人伸手的人。可是他为了杂交水稻研究中心的发展，曾几次找国家领导人要钱。可以这么说，为了杂交水稻的发展，袁隆平真的已经是念兹在兹了。

袁隆平的杂交水稻走出国门，在国外的影响力越来越大。往往这样享有国际声望的大科学家，说话和行动都会瞻前顾后，更加小心翼翼。可是袁隆平却不这样，不管是提醒各级农业主管部门种植“玉米稻”要慎重，还是直接给《人民日报》写信，澄清“三不稻”的谣传，袁隆平不畏权，不媚上，一切从科学的角度出发，他的高贵品格确实令人敬佩。

郴州市北湖区华塘镇塔水村农民曹宏球，曾经为袁隆平自费雕刻了一尊石像。列支敦士登大公汉斯·亚当二世第一次见到袁隆平时竟激动地说：“袁先生，认识您我感到非常幸运，我连做梦都想见到您啊！”然而，袁隆平在评选中国科学院院士的时候，却被拒之门外。虽然最后名至实归，袁隆平将院士的头衔收入囊中，但那个一波三折的评选过程，至今还为我们留下了无尽的遐思和话题。

袁隆平成功了，可是他的心中又规划出一片更为宽阔的蓝图，那就是“超级稻”的梦想……

经费，你总是让人欲说还休

钱，在20世纪八九十年代是一个让人羞于提起，但又不得不提起的问题。袁隆平曾经也为科研经费踌躇无计。

罗孝和培育二系法杂交水稻的时候，除了正常的科研经费外，袁隆平只给了他8000元的所长基金。这8000元所长基金来自袁隆平屡获国际国家大奖所得的奖金，奖金被袁隆平存了起来，用作资助研究中心的重点研究项目、奖励有功人员。

钱不是万能的，但没钱是万万不能的。在20世纪80年代到90年代初，我国从事脑力劳动的知识分子收入微薄，远远低于从事体力劳动的贩夫走卒。当时有一句顺口溜：“搞导弹的不如卖茶叶蛋的，拿手术刀不如拿剃头刀的”讲的就是这个情况。

当时，研究中心有不少耐不住清贫的科研人员竟在背后偷偷干起倒卖种子的勾当。罗孝和为人老实本分，每天除了搞科研，就是下田育种。他的爱人已经屡次对他发出了警告，他们的婚姻正处在激流险滩，摆在罗孝和面前的形势非常严峻。

1991 年，湖南杂交水稻研究中心共有研究人员 139 人，政府一年给的拨款是 134.9 万元，而袁隆平到期应归还银行的贷款竟高达 196.3 万元。巧媳妇难为无米之炊，袁隆平在这一时期的日子过得非常艰难。

很快，湖南杂交水稻研究中心的发展受到了党和政府的高度重视和关怀，先后有多位党和国家领导人亲临视察，并给予很大的鼓励和支持。

1994 年 12 月 17 日，时任国务院总理李鹏视察湖南杂交水稻研究中心时，袁隆平郑重地拿出报告，提出要成立国家杂交水稻中心的方案。李鹏看后，对这一想法非常支持，认为这是利国利民的大好事，他当即特批 1000 万元。陪同前来的时任国家发展银行行长姚振炎也表示贷款 500 万。不久，国家杂交水稻工程技术研究中心在湖南正式成立。

1998 年，国务院组织包括袁隆平在内的一批专家去北戴河休假。当时超级稻研究已经立项，正处在攻关阶段，但面临资金困难，袁隆平心里静不下来。他在火车上巧遇国务院一位负责同志，就请他将《关于申请总理基金专项支持“超级杂交稻选育”的报告》转呈时任国务院总理朱镕基。朱镕基对袁隆平的报告非常重视，报告是 8 月 13 日呈报，他第二天就作了批示：“请岚清、家宝同志批转陈耀邦、朱丽兰同志，良种培育和基因转换的研究都很重要。同意按需要增拨经费，请农业部会同财政部落实。”接着，8 月 19 日，他在袁隆平所呈的同一报告上再作批示：“请忠禹同志告袁隆平同志，国务院全力支持这个研究”。不久，国务院下拨了1000万元专项资金，支持袁隆平研究超级杂交水稻。

2005年8月13日，时任国务院总理温家宝来到国家杂交水稻工程技术研究中心视察。试验田里超级水稻长势喜人，饱满的谷穗握在手里沉甸甸的。温家宝走上前去，紧紧握住袁隆平的手："袁老师，您到我的办公室来看过我，今天我到您的稻田来看您。"袁隆平详细向总理汇报了杂交水稻的科研情况，温家宝对袁隆平给予了高度评价。汇报结束后，袁隆平向温家宝递交了报告。事后，温家宝为杂交水稻创新工程特批了2000万元予以支持。

湖南杂交水稻研究中心得到了三任总理的大力支持，该中心经过多年的建设，已经发展成为有在职人员145名，科研力量雄厚、实验设备精良的科研团队，其影响力遍及海内外，成为世界各国杂交育种界人人向往的“神圣殿堂”。

该中心成立以来，共获国家级奖励15项、省部级奖励60多项、国际大奖16项，可谓捷报频传，硕果累累。袁隆平付出的心血，终于结出了一朵朵艳丽的金色稻米之花！

真话，不是谁都敢讲的

面对上级的错误，袁隆平完全可以选择事不关己，高高挂起。可是，他没有。为了修正上级主管部门的失误，为了将失误造成的损失降到最低点，袁隆平用了一个虽曲折但却有力的办法……事实证明，正是因为袁隆平仗义执言，才使一场减产的大灾难得以及时避免。

1980年9月，中国科学院和国际水稻研究所在长沙农业科学院共同举办了首届国际杂交水稻育种培训班。袁隆平当时是主讲，他负责给学员们上杂交水稻育种方面的课程。

这些学员分别来自印度、泰国、孟加拉等国家和地区。他们在这里接受培训，毕业回去后便成了世界各国水稻杂交育种方面的专业人才。

“发展杂交水稻，造福世界人民。”从1999年起，我国商务部将国际水稻培训班正式作为援外的项目，袁隆平不辞辛苦，连续开办了40多期培训班，先后为50多个发展中国家培训了2000多名杂交水稻技术骨干。

春秋时期，孔子首创私学，广收门徒，收弟子三千，达者七十二，为继承、发展和传播古代文化作出了突出的贡献。他的教育主张是要培养内在素质、外在表现和谐统一的君子，使人知礼、义、廉、耻，并儒法天下，至世界大同。

袁隆平开班授课，不分白色、黑色或者是黄色人种，可谓有教无类。他的这些外国弟子回国后，都种出了金灿灿的水稻，解决了几百万、上千万老百姓吃饭的问题。两相比较起来，孔子是用思想改变世界，而袁隆平是用粮食改变世界。

任何事情都有反复，这就好像起伏的波浪，有波峰就有波谷。由于1984年农业大丰收，到了1992年的时候，我国又突发卖粮难的问题。

卖粮难，其原因错综复杂。比如当时江西和湖南都紧挨着广东，前两个省出现了卖粮难，可是广州市场上进口的泰国米却大行其道。粮食与其他商品还存在着一个转换的问题，比如一斤粮食可以酿四斤酒，四斤粮食用在饲养业可以变成一斤猪肉，粮食还是重要的工业原料……当时粮食虽然过剩，而肉、蛋、奶等商品的供应却存在着明显的不足。很显然，国内的粮食转化环节存在着问题，粮食过剩只是一种结构性的过剩。

当年有些人的眼光却看得不够长远，他们在某部委主办的一份报纸上撰文，将粮食过剩、农民卖粮难的矛头纷纷指向袁隆平的杂交水稻。他们说杂交水稻是“三不稻”，即“稻不养人，糠不养猪，草不养牛！”

这可是一个极其危险的信号，面对当今世界耕地逐年减少、国外纷纷闹起粮荒的不利局面，国内却出现了大谈粮食过剩的谬论。

粮食过剩的言论在社会上蔓延，许多农民开始考虑来年是否继续种粮。作为一个有良心的公民，作为一个对国家重大战略肩负特殊责任的科学家，袁隆平连夜奋笔疾书，向《人民日报》写下了一篇关于粮食是否过剩的署名信：

编辑同志：

最近社会上流传杂交稻米质太差，有人贬杂交稻为“三不稻”，说什么“米不养人，糠不养猪，草不养牛”。果真是这样吗？我想用事实来回答。

我国是世界上第一个在生产上利用水稻杂种优势的国家，杂交稻比一般水稻每亩增产100公斤左右。1976～1991年，全国累计种植杂交稻19亿多亩，增产粮食近2000亿公斤。由此可见，杂交水稻的推广，对解决我国11亿人口的温饱问题，发挥了极其重要的作用。

目前，全国种植面积最大、产量最高的一个水稻良种叫“汕优63”，它是杂交稻。近几年每年的种植面积都超过1亿亩，平均亩产稳定在500公斤左右，不仅产量高，而且品质好，被评为全国优质籼稻米。

的确，在我国南方生产的稻谷中有相当一部分米质较差，这主要是双季早稻。目前积压的稻谷以及历年来粮店出售的大米，大多数为这种早籼稻。据统计，1991 年长江中下游各省市杂交早稻面积为 2085 万亩，只占双季早稻总面积的 23%。双季晚稻和一季中稻一般品质较好，粮店偶尔出售这种稻米时，则出现排长队争购的现象。而杂交稻就占双季晚稻和中稻的 80% 左右，产量占 90% 以上。因此，说杂交稻属劣质米与事实不符。

其实，杂交稻、常规稻与任何其他作物一样，品种不同，产量和品质也会有差别，有的甚至差距悬殊。一般地说，大多数杂交稻品种的米质属于中等，其中也有个别品种米质较差，但绝不能以个别品种的优劣，来概括一般。

1991 年 12 月，广东韶关市农业局召开了一次稻米品质鉴定会，邀请有关领导和专家 80 多人参加，参鉴品种共 6 个，其中两个进口优质米，两个广东的名牌优质米，两个杂交稻品种，采取编号保密和无记名打分投票方式进行鉴定。结果，名列榜首的是产量很高的杂交稻新品种“香优 63”。这个事实生动地说明杂交水稻既能高产又能优质，具有诱人的发展前景，绝不是什么“三不稻”。

湖南杂交水稻研究中心研究员袁隆平

《人民日报》的编辑接到袁隆平这封言语朴实、论据清楚的署名信后，极为重视。该报社的编辑给这封署名信加上了“杂交水稻既能高产又能优质”的标题，并于 1992 年 6 月 18 日在《人民日报》第二版全文登出。

袁隆平的署名信发表后，那些攻击“杂交水稻”的言论就好像阳光下的残雪，很快就销声匿迹了。袁隆平敢说真话、敢于为真理疾呼的高贵品格，也再一次为世人所赏识。

时隔不久，袁隆平不畏权力、敢于坚持真理的高贵品格，又一次让人激赏不已。

1993年冬天，湖南省农学院采取遗传工程技术，将玉米的一段基因导入了水稻之中。这种水稻稻秆很粗，叶片宽阔，很有玉米的特色，被研究人员命名为“玉米稻”。

当时袁隆平和十多名专家对这种“玉米稻”进行了学术鉴定，并作出“这是一个很好的创举，为未来的杂交水稻发展开辟了一条新的途径，培养了一个很有价值的种资料资源”的鉴定结论。

鉴定结论只是实验的总结，绝非可以大面积种植的推广书。省政府的领导听说了这个优质品种后，基于让全省水稻大富增产的美好设想，便召开了一个全省的干部会议，准备在全省大力推广种植“玉米稻”。

袁隆平得到消息后不由得倒吸一口凉气，这种违背科学的操作，实在是具有极大的风险性。他顶着压力，写了一篇《对大面积推广玉米稻要持慎重态度》的短文，然后让谢长江拿到《湖南日报》报社去发表。可是不到两个小时，袁隆平写的这篇文章因为和省领导意见相悖，便被报社带着歉意给退了回来。

杂交水稻实验中心的有关人员都劝袁隆平，说：“‘玉米稻’是农学院搞的项目，又得到了省领导的大力支持，他们可是我们的兄弟单位，您这篇等于拆台的文章一发表，农学院的科研人员会怎么看我们?”

袁隆平拍案而起道："推广一个新'稻种'，必须要进行小面积试种，现在'玉米稻'没有经过试种关便要大面积推广，这不仅要冒很大的风险，也是对老百姓不负责任的表现!"

最后，袁隆平写的材料通过湖南省农业厅，以"湘农业函(1993)种字113号"的公函形式，发到了湖南全省的各级农业、种子和技术推广站等部门。

袁隆平在这篇短文中这样写道：

对大面积推广"玉米稻"要持慎重态度

湖南农学院用幼芽浸泡法将玉米的DNA片段成功地导入了水稻，育成具有某些玉米特征的"玉米稻"，取名遗传工程稻。这种"玉米稻"具有类似C4植物的高光效特点，主要表现在穗大粒多，结实率很高和子粒饱满充实。因此，"玉米稻"的育成是科研上的一次重要突破，为水稻育种提供了极其宝贵的新资源。

但是，"玉米稻"也存在较大的缺点，主要是株叶形态不好，植株松散，叶片宽长而披，不仅造成田间的通风透光条件不良，降低群体的光合效率，而且还严重限制了有效穗数的提高；所以它的实际产量并不高。我省1993年区试结果，玉米稻的产量在6个点中有5个点居末位，一个点倒数第二位；晚稻区试种也名列倒数第二；在我院试种的0.8亩"玉米稻"，亩产仅300公斤。基于此，我认为目前要把玉米稻推向大面积生产还为时过早，必须对它作进一步改良。

近来，全省各地来人来函反映，1994年要大面积推广玉米稻的劲头很大，来势很猛。为此，我郑重建议对此要持慎重态度，应严格按照推广农作物新品种的科学程序办事，绝不能急于求成；一定要先行小面积试种示范，待确证在当地能获得高产后，再大面积推广，以免给我省粮食生产和广大农民带来巨大损失。

湖南农业科学院研究员袁隆平

1993年12月30日

这篇短文以公函的形式发出后，就好像一盆凉水，让那些被“玉米稻”冲昏了头脑的人很快就清醒了过来。可是也有一些坚决执行上级命令的领导，他们不顾科学的规律，在本地强行推广了“玉米稻”，结果造成了大面积的减产。

湖南农学院的领导当时对袁隆平署名反对推广“玉米稻”的公函也有意见，可是当“玉米稻”大幅减产，农科院面对稻农几百万元的索赔时，他们这时才清醒地意识到，袁隆平这是“拯救”了他们，不然他们面临的赔款，可就不是几百万这么简单了，也许是天文数字！

雕塑，农民自费为袁隆平刻像

袁隆平连续开设了近50期杂交水稻培训班，他的学生遍布亚、非、拉等发展中国家，杂交水稻结出的金灿灿的稻米，让这些国家的老百姓摆脱了饿肚子的痛苦生活。

一个普普通通的中国百姓，因为种植杂交水稻致富，为了感谢袁隆平，他竟找上门来。他对袁隆平提出了一个要求，那就是想讨几张袁隆平各个角度的照片，他要自费为袁隆平雕刻一尊石像，并当“米菩萨”一样

供奉起来。袁隆平面对这个要求，他会怎么办？

袁隆平不仅属于中国，也属于世界。

袁隆平曾经开设过近50期杂交水稻培训班，还为亚、非、拉等发展中国家培训了2000名左右的技术人员。1985年的时候，袁隆平应学院要求，编写了《杂交水稻简明教程》一书，同时翻译成了英文，并由湖南科学技术出版社出版。后来这本书又经联合国粮农组织以多种语言出版，发行到了40多个国家。

20世纪90年代，联合国粮农组织选择了15个发展中国家，并给这些国家提供经费，用以推广杂交水稻，解决这些国家的粮食短缺问题。

袁隆平作为联合国粮农组织（FAO）的首席顾问，帮助这些发展中国家自然是义不容辞的责任。他和受聘的十几位专家一起，先后赴埃及、越南、菲律宾、缅甸和孟加拉等国，对当地的杂交水稻种植进行技术指导。

巍峨高耸的埃及金字塔，千姿百态的缅甸蒲甘佛像，风景奇绝的越南下龙湾，还有充满了热带风情的非洲大草原。这些国家美丽的景色袁隆平无暇欣赏，可是这些国家的稻田中，处处留下了袁隆平忙碌的身影。

菲律宾是一个全民吃稻米的国家，虽然当地拥有良好的气候、肥沃的稻田，可因稻种不佳的缘故，每年种植的水稻基本不够本国国民消费，所以菲律宾始终是一个稻米进口的大国。

1998年，伊斯特拉达就任菲律宾总统后，一直将实现本国的粮食自足作为自己的施政目标。他指出："菲律宾的稻米产量没有理由不能超过邻国！"

中国和越南两国通过种植杂交水稻，已经成功地解决了本国人民吃饭的问题，越南还彻底地将缺粮国的帽子丢掉，并由稻米进口国变成了稻米出口国。

伊斯特拉达总统的意思很明确：菲律宾没有理由不改变自己，本国的国民也不应该再挨饿下去了。伊斯特拉达的继任者阿罗约继续大力支持菲律宾发展杂交水稻事业。

阿罗约总统为此曾经五次接见袁隆平，并亲手为他颁发了“拉蒙·麦格赛赛奖”，以表彰袁隆平为菲律宾发展杂交水稻作出的巨大贡献。

对于领奖，还有一个令袁隆平感触很深的事情。1997 年 8 月，袁隆平去墨西哥参加作物遗传与杂种优势利用的国际讨论会，并被授予先驱科学家的荣誉称号。这次会议有 60 多个国家、600 多位科学家参加，其中 12 位是中国科学家。袁隆平因为签证的关系，在举行仪式的头一天下午才迟迟地赶到。袁隆平赶到墨西哥之后，那些中国科学家不由得喜出望外，他们齐说：“袁老师您终于来了，我们急死了，您来了之后，我们中国科学家在大会的地位也就提高了！”

中国科学家们之所以如此欣喜，是因为大会将有五人被授予先驱科学家称号，除了袁隆平，其余四人都是美国人。那一刻，袁隆平深深体会到，荣誉不仅属于个人，更是属于整个中国。

袁隆平曾经这样说过：“很多荣誉、奖励，我根本没有去领取，但有的荣誉是必须去的。比如西方国家主办或参与的，只要我有时间，我都会去的，因为这不仅关系到个人，更重要的是国家与民族，我可以利用好这样的机会多宣传自己的国家。”

阿罗约总统在“拉蒙·麦格赛赛奖”的颁奖仪式上这样盛赞

袁隆平："杂交水稻方案已成为菲律宾粮食安全的主要部分，假如样样就绪，可能在2008年，我们的大米产量便能自给自足，这是我们追求的目标！"

在联合国粮农组织选择的15个发展中国家里，种植杂交水稻面积最大的有两个国家，一个是越南，另外一个是印度。

越南和我国接壤，整个国家吃大米的人数有六七千万。杂交水稻的种植面积已经达67万公顷之多，杂交水稻的产量比常规的水稻产量增产40%，为保证越南的粮食安全发挥了重要的作用。

袁隆平的杂交水稻被引种到越南之后，长势良好，当年就增产1亿公斤。越南由原来的粮食进口国，一跃成为继泰国之后的第二大稻米出口国。2002年5月，时任越南总理潘文凯授予了袁隆平"越南农业和农村发展"徽章，以表彰他对越南杂交水稻发展作出的卓越贡献。

印度幅员辽阔，人口众多，稻米更是该国传统的主食，有七八亿人的饭碗里离不开稻米。印度的农村虽然有着悠久的种植稻米的传统，可是当地的稻农缺少种植技术，稻米产量很低，完全停留在靠天吃饭的被动境地。

印度需要高产的杂交水稻，更需要袁隆平的杂交水稻生产技术。1992年7月28日，袁隆平来到了印度，他惊喜地发现，在斯瓦米纳森博士的带领下，印度早已经在全国推行了杂交水稻。印度是发展中国家中种植杂交稻最积极的国家之一。这首先要得益于袁隆平曾经为印度培养了大量的技术人员，以及能给当地稻农带来丰收的杂交稻种。

当时FAO（联合国粮食及农业组织）组织给袁隆平的待遇很高，不仅让他住五星级宾馆，而且还有一天500多美元的高薪。

FAO组织本想安排袁隆平在那里指导三个月到半年的杂交水稻栽培工作，可是当时湖南杂交水稻研究中心正在搞两系法的公关，袁隆平心系国内，五星级宾馆、超高的薪水，这些都留不住他。袁隆平只在印度工作了三个星期，便匆匆地坐飞机回到了长沙。

袁隆平在1992年到1993年间，曾经三次去印度指导当地的农民种植杂交水稻。到20世纪末的时候，印度杂交水稻的种植面积已经达到20万公顷，使印度往稻米自给自足的目标又稳稳地迈出了坚实的一步。

世界粮食奖设立于1986年，由美国世界粮食奖基金会每年颁发一次，授予“为人类提供营养丰富、数量充足的粮食作出突出贡献的个人”。2004年的世界粮食奖颁奖仪式于10月14日在美国的“玉米和大豆之乡”爱荷华州的德梅因市举行。

鉴于袁隆平为世界粮食增产所作的突出贡献，2004年的“世界粮食奖”的桂冠就被授予了袁隆平。世界粮食基金会在袁隆平的颁奖词中这样写道：

> 袁隆平教授有30多年研究水稻的宝贵经验，他为促使中国由粮食短缺转变为粮食充足供应作出了巨大贡献。他正在从事的“超级杂交稻”研究，为保障世界粮食安全和解除贫困，展示了广阔的前景。
>
> 他的成就和远见卓识，还营造了一个粮食更为富足，粮食安全具有保障的更加稳定的世界。同时，袁隆平教授致力于将技术传授并应用到包括美国在内的其他10多个国家！

授奖官员还表示，2003年是联合国国际水稻年，授予这位水稻科学家世界粮食奖显得尤其重要，因为目前稻米是大约30亿人的主要食物。

袁隆平将获得的12.5万美元奖金捐献给“袁隆平农业科技奖励基金会”，用于支持我国农业科技研究。

几乎每个见过袁隆平的人，第一眼的印象都是袁隆平看起来比农民还像农民。那些因水稻致富的农民们都毫不客气地把袁隆平当作他们的老大哥。这种亲切感、归属感，绝非是每一个科学家都能享受得到的。

伟大而又平凡，这就是袁隆平。

湖南省郴州市北湖区华塘镇塔水村，有一个农民叫曹宏球。曹宏球是个地道的农民，他出生在1960年，正赶上三年自然灾害。伴随着曹宏球童年记忆的，便是缺粮、饥饿和营养不良。

曹宏球从20世纪90年代开始，在自家的水田里种上了杂交水稻。金灿灿的稻谷换来了“咔咔”响的票子，曹宏球终于发家致富了。他在1995年过春节的时候，为了表达自己的感激之情，特意在自己家的门口贴上了一幅对联：发家致富靠邓小平，粮食丰收靠袁隆平。横批是：盛世太平。

曹宏球为了表示对袁隆平的崇敬之情，决定拿出自己的积蓄5.8万元，请人为袁隆平刻一尊汉白玉雕像。为了完成这个计划，他给袁隆平写了一封信，信中这样写道：

尊敬的袁先生：

我是一名农民，出生于天灾横行的1960年，差一点饿死在襁褓之中。我们家乡在推广您发明的杂交水稻之前，我没吃过一顿饱饭。是邓小平给我们送来了好政策，您又给我们送来了好种子，使得我家如今不仅衣食无忧，住上了小楼，还有五六万元的存款。我今天给您写信，就是想向您表达我，以及我全家对您的崇高敬意和感激之情。我相信，在这一点上，我们全家人的感情，可以代表全中国许许多多个农民家庭。

我母亲信佛，常年礼拜观音菩萨，也敬拜神农炎帝。她老人家教导我们，有了钱要修桥补路，乐善好施。我积蓄了一些钱，可如今我们村的路和桥都修好了，施舍别人的事我也做了不少，因此，我想用现有的积蓄，请人塑一尊您的汉白玉雕像。全家人都很赞成我这主意。我母亲尤其支持，她说，修菩萨是善事，袁先生就是“米菩萨”。请您不要误会，我的本意，并不是把您当成菩萨来修的，而是为了纪念您的功德，使我们全村、全镇的农民子子孙孙，都不会忘记是谁使我们吃上了饱饭……为此，我请求您赐给我几张不同角度、不同姿势的全身照片，以便我请合适的工匠，参照您的照片进行雕塑……

袁隆平一边看信，一边摇头，因为他深深知道农民兄弟插秧种稻，打谷卖钱，实在是不容易。曹宏球手里有了钱，应该扩大生产才对，怎么能给他雕像呢？他提起笔来，给曹宏球写了一封回信：

曹宏球先生：

来信收悉，谢谢你的好意。你和许多农民的心愿，是对我和我国科技工作者的最高嘉奖、鼓励和鞭策，在我看来，这比诺贝尔奖更荣耀。你们的这份情意我领了。但我为国家和人民，作了一点贡献那是应该的，不值得你们如此敬仰和崇拜。从你的来信看来，你家虽有一些积蓄，但尚不算很富有。因此，我建议你把钱用到扩大再生产上去，好进一步发家致富。倘若你一定要积德行善，社会上也还有很多公益事业可做。请你务必不要把钱浪费在为我塑什么石雕像上，我实在承受不起你的这般厚爱。请你尊重我的意见，并恕我不给你寄照片。

顺祝

阖家安泰

袁隆平

但是曹宏球认定了一个道理，就偏要走下去。曹宏球来到长沙，最终还是从邓哲的手中“骗”走了几张袁隆平的照片。

1996年10月，曹宏球带着全部的积蓄5.8万元来到河北。他接连参观了几家石雕厂，可是对于一些小厂子的石雕手艺，曹宏球都不甚满意，最后经人指点，他来到曲阳县园林艺术雕刻厂。

园林艺术雕刻厂是一家大型的雕刻厂，这个雕刻厂里的师傅曾经雕过海南三亚的海滨景点石雕，还曾经雕刻过天安门前的汉白玉石龙。曹宏球看到厂里精美的石雕，便提出了想雕刻一尊袁隆平汉白玉石像的要求。雕刻厂的业务员却告诉他，雕刻这尊石像，至少也要30万元。

曹宏球所带的5.8万元，只够全款的五分之一。眼看自己的愿望将要落空，他心头一急，直接找到了厂长。雕刻厂的厂长听罢情况，深受感动，他当即拍板道：“袁隆平可是个伟大的科学家，他培育的杂交水稻我也在吃，为他雕像，赔钱也干！”

园林艺术雕刻厂的厂长，只收了曹宏球4.8万元，随后他们精选了一方上等石料，并请曾为天安门雕塑石龙的卢进桥师傅，开始精雕袁隆平这尊汉白玉石像。

经过卢进桥师傅四个多月的精心雕琢，一尊栩栩如生的袁隆平雕像终于面世了，只见他蹲于田埂，手捧稻穗，满眼皆是深情凝视的神情——那目光真的很深，深深的目光中，有对青年一代育种人员的期许；那目光真的很远，长远的目光中，有对杂交水稻未来发展之路的思索……

这尊袁隆平的石像总高“一米又六”，是“有米又有肉”的谐音。

这尊石像披红戴花被汽车运到了郴州，镇政府的领导亲自带队，并派了三辆专车，将雕像送到了塔水村，乡亲们闻讯赶来，他们在石像前放起鞭炮，热闹得就好像过年一样。村里的男女老少，一起争看“米菩萨”的雕像，村民们都说：“袁隆平解决了那么多人的吃饭问题，救了那么多人的命，做了功德无量的善事，将来是要成佛成仙的！”

曹宏球为袁隆平雕塑石像，表达了一个农民兄弟对农业科学家的由衷感激。

落选，评选中国科学院院士一波三折

袁隆平没有想到，很多的科技工作者也没有想到，袁隆平三次评选院士竟然被拒，而且每一次被拒，上面都振振有词……某报的记者采访袁隆平的时候，讲的一句话更是精辟，您没有评上院士，比评上院士让人感觉

的震动都大。面对记者，袁隆平对没能评选上院士这个问题，该如何回答？

袁隆平36岁那年，也就是1966年2月28日，他在《科学通报》上发表了第一篇论文《水稻的雄性不孕性》。

时隔7年，袁隆平在1973年苏州召开的水稻科研会议上，当众宣读了《利用“野败”选育三系的进展》论文，这篇论文也标志着我国籼型水稻三系已经配套成功。

1977年，袁隆平十年磨一剑，接连发表了《杂交水稻培育的实验和理论》与《杂交水稻制种与高产的关键技术》两篇重要的论文。这两篇论文对我国的水稻增产，起到了重要的促进和推动作用。

袁隆平随后又发表了《杂交水稻超高产育种》和《超级杂交稻育种》两篇论文。这两篇论文也奠定了中国杂交水稻在世界上领先的地位。

长江不择细流，故能浩荡万里；泰山不辞抔土，故能成其伟岸。如今杂交水稻育种界群星闪耀，袁隆平便是星斗中最亮的一颗。

1985年，袁隆平首获联合国知识产权组织的“发明和创造”奖。接着又获得了联合国教科文组织巴黎总部颁发的1986—1987年科学奖。2001年，被视为亚洲诺贝尔奖的麦格赛赛政府服务奖也被他收入囊中。2004年袁隆平获得了粮食领域最高的大奖——世界粮食奖……令人意想不到的是，湖南省人民政府曾三次为袁隆平申报中国科学院、中国工程院院士，却都遭到失败。

中国科学院是中国在科学技术方面的最高学术机构，是中国自然科学与高新技术的综合研究与发展中心。

中国工程院成立于1994年，是我国工程技术界的最高荣誉性、咨询性的学术机构。两院的院士为终身荣誉，增选院士每两年进行一次，增选院士时，宁缺毋滥，并按照统一的标准、严格的程序进行，选举时，实行差额、无记名投票；获得赞同票超过投票院士人数二分之一的候选人，按名额依次当选，满额为止。

1991年5月，湖南省人民政府首次推荐袁隆平，参选中国科学院生物学院学部委员。可是第二年新增选的210位中国科学院学部委员（科学院院士前身）中，生物学部新增选了34名委员，袁隆平榜上无名。

1993年5月，湖南省人民政府第二次郑重提名推荐袁隆平，继续参选中国科学院生物学院学部委员，可是这一次的结果仍然出人意料，袁隆平又一次榜上无名。

袁隆平早已是世界闻名的科学家，他不仅为中国的杂交水稻，也为世界的水稻研究作出了巨大贡献。屈指算来，他得到的国际大奖就有十多个。当年袁隆平参选两院院士落选，新闻界有记者称，袁隆平未被评上学部委员比评上的震动都大。

有人说两院评选有门户之见，有人说这是学术问题，后来中国科学院院长在“两会”召开期间表示，袁隆平当年完全有资格当选中科院院士，之所以没有当选，完全“是一个历史的误会”。

袁隆平本人当听到“历史的误会”这句话时，他憨厚地笑了起来：“院长讲得很幽默。”

对于袁隆平参选院士落选的原因，曾流行过各种版本的说法。

版本一：袁隆平英语不成。可是袁隆平的英语口语流利，他在出国的时候，完全可以不依靠翻译，便能和外国友人直接交流。

版本二：袁隆平的论文份量不够。袁隆平的论文不多，但篇篇都是精华之作，《水稻雄性不孕性》《杂交水稻育种的战略构想》等论文不仅多次得奖，而且无一不是意义非凡、对杂交水稻研究具有提纲挈领作用的重要论文。袁隆平写的《杂交水稻栽培学》一书，更是开创杂交水稻这门新学科的奠基之作。该书曾经获得国家图书一等奖，还被列为“推动中国科技进步十大著作”之一，是20世纪世界农业发展史上的一大学术专著。袁隆平学术论文不达标，“缺少过硬的学术著作”一说的根据显然不充分。

版本三：袁隆平的学历不够。参评院士最起码也得有个留洋博士的学位，即使没有博士头衔，那么最少也得是受教于名师，毕业于名校。这些袁隆平真的没有。虽然袁隆平在2010年荣获澳门科技大学荣誉博士学位，但他最初的身份却是安江农校一名普通的中专教师。

就是这名普通的中专教师，却开创了杂交水稻学。看到袁隆平参评院士所受到的不公正待遇，很容易让我们想起了居里夫人参评院士的经历。居里夫人（Marie Curie， 1867－1934）是法国籍波兰科学家，因为研究放射性现象，最终发现镭和钋两种放射性元素，一生两度获诺贝尔奖。

1911年1月，年仅44岁的居里夫人接受友人建议，竞选法兰西科学院院士。一开始，便获得了许多正派的科学家、公正的社会人士的热烈支持。巴黎《求精报》于1月9日学院审查资格之日，以头版显著版面，发表居里夫人的照片和手迹，表达了公众的热切愿望。可是院内一些顽固派先说居里夫人是法兰西血统的波兰人，后来又说她是女人，不能加入科学院。最后居里夫人竟以一票之差落选。

居里夫人落选科学院的消息在报纸上披露后，世界舆论一片哗然。各地媒体都在为居里夫人鸣不平。法国科学院面对舆论攻击，实在抵挡不住了，便一反常态，急忙宣布居里夫人无须履行任何手续，全院无条件接受她为法兰西科学院的院士。

如此可见，当时的法兰西科学院门户之见、嫉妒倾轧等作风是何等的严重。

1994年的时候，湖南省人民政府第三次隆重提名推荐袁隆平参加院士评选，这一年正好发生了"玉米稻"事件，袁隆平一边参加"玉米稻"的鉴定会，一边发文反对"玉米稻"的推广种植。有些"善于推理"的人便得出了这样一个结论：袁隆平一定是怕遗传工程稻超过了他的杂交稻，故此才发文"拆了农学院的台"，这可是典型的"学阀"作风。不用想，这一年袁隆平参评院士又成了泡影。

桂冠，袁隆平最终获得了院士

院士的头衔最终还是落在了袁隆平的头上。其实袁隆平作出的贡献是有目共睹的，他的成绩，已经不需要用头衔或者是奖励来证明了。

袁隆平在自己的书房中，曾经写下了一首诗，看罢了这首诗，也许你就能找到袁隆平人生的座右铭，以及他努力育种，不惧艰辛，不怕失败的答案。

袁隆平对是否评选上院士，反应非常平静，他曾经告诉记者，当时他的想法是：没有被选上，说明我的水平不够，因此今后我要努力工作，努力学习。但是我努力工作，努力学习的目标，不是为了当院士。

袁隆平参选院士接连失利，许多媒体都大篇幅报道，也有不少为他鸣不平的。对此，袁隆平澄清说：自己从来没有申请过要当院士……我并没有追求当什么院士，美国科学院的院士我也从来没有申请过，是人家推荐我的，而且是全票当选……我是搞研究的，能出新成果，能为粮食安全作贡献，这就是我最大的安慰了。现在国际上给我的奖励是 14 个，估计在农业方面我是最多的，但我并不以此为傲。

袁隆平没有评上院士，自己依然泰然处之，而细心的邓哲劝他说：“搞杂交水稻研究，咱们最苦的时候，你曾经在安江农校的臭水沟边做过实验，你下放过农村，到煤矿挖过煤，想想现在，可比过去好过多了。咱在这些事上要想开些，可不能为这些事影响科学研究。要保持杂交水稻世界领先的位置，就不能半途而废，还要踏踏实实地搞研究！”

袁隆平说：“你尽管放心，命运注定我这一生就是要脚踏实地，因为我这一双脚啊，已经离不开土地了！”

在西方有一个西西里弗的故事。西西里弗因为触犯了天庭的法律而遭天神惩罚。天神认为，令他去做一件没有意义的事就是对他最大的惩罚。于是，天神罚西西里弗一辈子服“苦役”——西西里弗要费尽气力，把一块巨石推到山顶，但转眼间神又会让这块巨石从山顶滚下。可是，西西里弗把推石头上山当成了他的责任。最终，天神因为无法再惩罚西西里弗，就放他回了天庭。

袁隆平讲的是实话，也是说出了他肩膀上的责任。他离不开脚下的这片土地，他离不开令他魂牵梦绕的实验田。当上院士，他是这样干；当不上院士，他还是一样干。

院士头衔虽然在中国科学界是无上的荣耀，是对他在杂交水稻研究方面的肯定。可是，那些金灿灿的稻子，那些稻农丰收后欢天喜地的笑脸，不更是对他最好的肯定吗？

莎士比亚就曾经说过，那些已经过去的美绩，一转眼，就会在人们的记忆里消失。只有继续不断的前进，才可以使荣名永垂不朽。

袁隆平总能从成绩、荣誉乃至名利和地位等诸多“包袱”中解脱出来，超然于诸多“包袱”之外，他胸中唯有杂交水稻的现在与未来。只要让他看到“杂交水稻”四个字，让他投身到杂交水稻的实验中，所有的烦恼、不快就都烟消云散了。

艰难困苦，玉汝于成。1995 年，湖南省政府正准备向中国工程院推荐袁隆平作为农业、轻纺与环境工程学部院士候选人的时候，香港何梁何利基金会在人民大会堂为袁隆平等 24 位科学家，举行了该基金会的首届授奖仪式。

袁隆平荣获何梁何利基金生物学奖金 10 万港元，他是农业科学领域唯一的获奖者。

2007 年 4 月 27 日，袁隆平正式当选美国科学院的外籍院士。美国科学院院长希瑟罗纳先生在宣读袁隆平当选理由的时候说道：“袁隆平先生发明的杂交水稻技术，为世界粮食安全作出了杰出的贡献，增产的粮食，每年为世界解决了 7000 万人口吃饭的问题！”袁隆平当选美国科学院院士，获得了长时间最热烈的掌声。

湖南省政府没有忘记袁隆平，省政府的领导知道袁隆平在本省的份量，更知道袁隆平在全国乃至世界上的份量，故而每次本省上报院士候选人的时候，都将袁隆平排在首位。

有一次省委的领导来看望袁隆平，这个领导临走的时候拍着袁隆平的司机戴牛松的肩头说："小戴，你给袁先生开车，可得千万当心呀。我们省领导翻个跟斗不要紧，随时可以换一个，科学家可是无法替换的呀！"

戴牛松向领导保证说："请领导放心，我跟随袁先生十多年了，我知道袁先生对于中国、对于世界的宝贵！"

省领导得到戴牛松的保证后，这才放心地离开了杂交水稻研究中心。

袁隆平究竟能不能参选上院士，他是否有资格当上院士？如果他当不上院士，那么还有谁能当上院士呢？人们的心中不由有这样的疑问，也有这样的呼声。

面对如此众多支持袁隆平参选院士的呼声，中国作物学会、中国农学会、中国科协、中国资源委员会等国家一级学会，也向中国工程院推荐袁隆平作为中国工程院院士候选人。

经过多次严格的提名、推荐、评审、遴选，袁隆平终于在1995年5月被批准为中国工程院院士。中国工程院院长朱光亚在1995年6月20日给袁隆平的信中写道：

袁隆平同志：

我十分荣幸地通知您，您于1995年5月当选为中国工程院院士。

当选名单已经国务院批准，特此通知，顺致祝贺。

朱光亚

1995年6月20日

虚荣会开花，但不会结果。袁隆平对这句名言有深刻的理解。当接到当选中国工程院院士的通知时，他的表情非常平静。他说：评上院士，不过是工资长了些，有了一个新的名号，而我还是从前的我，我并没有因评上院士，而与从前有什么不同……评上院士，对于丰富我的人生也许不无意义，而对于实现真实的自我究竟有多大的意义，就不好说了。

在袁隆平的书房中，挂着他自已写的一首七绝：

山外青山楼外楼，自然探秘永无休。
成功易使人陶醉，莫把百尺当尽头。

诗言志。这首诗已经很好地说明了袁隆平的追求、理想和信念。

财神，做梦都想见到您

隆平高科股票上市，袁隆平一下成为中国最富有的农民。昨天还是一个清贫的科研工作者，今天的身价竟可比肩世界首富比尔盖茨，这个巨大的反差，让袁隆平如何面对？

列支敦士登大公汉斯·亚当二世来到长沙，见到袁隆平的第一句话竟是：我做梦都想见到您！袁隆平真的已经变成“财神爷”了吗？

美国休斯顿水稻技术公司位于美国德克萨斯州，该州的休斯顿航天发射基地旁有54万亩耕地。这片肥沃的耕地，就是休斯顿水稻技术公司产业的一部分。

休斯顿水稻技术公司的总裁名叫安格尔斯，别看安格尔斯名义上是该公司的总裁，其实他是在给列支敦士登大公汉斯·亚当二世在打工。安格尔斯对袁隆平的杂交水稻非常感兴趣，双方经过接触，都有在杂交种子方面合作的意向。

1997年的时候，双方正式在长沙签订了合作计划书。合同中规定，中国国家水稻工程技术研究中心以技术为资产，占51%股份控股，美国休斯顿水稻技术公司出资1000万美元，占股49%，双方成立股份公司。

该跨国公司经过国家批准后，顺利地拿到了“袁隆平牌”和“农平牌”两个商标。列支敦士登大公汉斯·亚当二世为了表示合作的诚意，还以私人的身份亲赴长沙，对双方的合作以及跨国公司的建立，表示最热烈的祝贺。他见到袁隆平的第一句话竟是：“袁先生，认识您我感到非常幸运，我早已久仰您的大名，连做梦都想见到您啊！”

袁隆平笑道：“国王陛下，能在长沙见到像您这样尊贵的客人，我也感到非常荣幸，祝愿我们的合作能够取得圆满的成功！”

袁隆平在长沙蓉园宾馆中设宴，欢迎汉斯·亚当二世一行。双方举杯言欢，尽欢而散。不久之后，美国休斯顿公司的第一笔投资290万美元，寄到了中方公司的手中。

1998年，由湖南省农科院、国家杂交水稻工程技术研究中心、中国科学院农业现代化研究所等五家单位联合成立了“袁隆平农业高科技股份有限公司”，这家公司经审批注册后，对外发行了股票。

安格尔斯随后便得到了消息，他听罢“隆平高科”成立的消息不由得大吃一惊，要知道，这个公司一旦成立，安格尔斯的生意必然要受到影响。

安格尔斯急急忙忙飞到中国，他找到袁隆平，向他表明了自己的意思，那就是袁隆平要么和美国休斯顿公司合作。要么和国内的几家公司合作，面对这二选一的局面，袁隆平退还了美国休斯顿公司的290万美元，最后选择了立足本土，将“隆平高科”做大做强之路。

其实，“隆平高科”的成立，也是很费了一番周折。就好像在母体里躁动的婴儿，经过成长、成型和成熟后，一朝分娩。这个健康、蓬勃、充满了朝气的公司，让人充满了惊喜和期望。

袁隆平的身价经资产评估机构评估为1008.9亿元人民币，对此，袁隆平表现得非常淡定，他曾经风趣地说：“我只是个过路的财神，账面上的富翁!”

袁隆平虽然对金钱毫不在意，很多人却为袁隆平鸣不平。杂交水稻技术含金量很高，但在我国却基本上是被无偿使用。袁隆平的科研中心一直是靠国家下拨的科研经费生活。有不少科研人员耐不住清贫，他们不安心本职工作，竟干起了偷偷倒卖种子的勾当。

这些科研人员不具备经商的观念，竟将一些未经过审定和试种的种子，以科研中心的名义卖给了稻农。由于这些种子长成的水稻产量很低，引发了不少的索赔，这对杂交水稻研究中心的名声造成了不好的影响。

科研中心取缔了科研人员私自经营稻种的行为后，接着便让对种子经营有兴趣的人士成立了几家种子公司。虽然合同规定这些人成立公司后，必须每年上缴中心一定数额的款项，但一年的经营下来，这些公司经营最好的也是无利可缴，还有一家公司更惨，竟被不法港商一下子骗走了50万元。

袁隆平虽然经营观念淡薄，但也感觉到这样弄下去不是办法，他决定为杂交水稻研究中心请一个好的管理者。适合的人选在袁隆平心里一个个过完了筛子后，这个人选最后就落定在全永明的头上。

全永明当时是安江农校的校长，他这几年将安江农校管理得很有起色，真要是将他调来，袁隆平就不愁杂交水稻研究中心的经营和管理了。

机会总是给有准备的人留的。有一次全永明到长沙开会，袁隆平正好遇到了他。袁隆平说："永明，当年一口气吃掉了我一盆的萝卜，你还记得不?"

全永明怎么会忘记那个饥饿的年代、那盆香喷喷的萝卜呢?全永明笑着说："袁老师，我怎么会忘记那盆萝卜？每当我想起当年的往事，就觉得师恩未报!"

袁隆平一说想请他到杂交水稻管理中心的事情，全永明当即同意了袁隆平的要求。

全永明果真是个称职的管理人才，他当上了水稻研究中心的副主任后，依靠集体，群策群力，建立了一套健全的管理制度，当年就使研究中心的开发和经营走上了正轨，并一举扭亏为赢。

成立"隆平高科"，然后发行股票上市。一开始的时候，袁隆平是持反对态度的，可是现在的大形势已经发生了翻天覆地的变化，随着计划经济到市场经济的转变，科学育种界也面临着如何与市场接轨的问题。

袁隆平这些年一路走来，吃够了经费不足没有实力大展手脚的亏。但他担心的是以袁隆平为名的股票上市后，股民们会说"今天袁隆平涨了 2 分钱，明天袁隆平跌了 2 分钱"，有些不好听。

经过有关部门领导上门劝说，袁隆平最后还是同意了以他的名字来命名公司并发行股票的想法。

市场经济有一个绕不过去的问题，那就是如何实现利益最大化。发行股票，筹措来资金，袁隆平不仅可以将杂交水稻做得更好，也可以早日实现他将杂交水稻种遍世界的梦想。

“隆平高科”股票很快在深圳证券交易所上市，袁隆平拥有其中的250万股，占全公司股本的5%，该股票发行价为12.98元，当日收盘价为40.37元，袁隆平在一天之内就变成了亿万富翁。可是袁隆平却表示，不管自己是否在股票中受益，也不管从股票中得到了多少钱，这些钱他将分文不取，全部用于科研！

金钱是个好东西，可是金钱一旦成为了人生的负担，那么他就是有害的东西了。

在湖南，有一个故事流传得很广，说有一个商人，生意做得很红火，财源滚滚，虽然请了好几名账房先生，但总账还是靠他自己算。因为钱的进项又多又大，他天天从早晨打算盘到深更半夜，累得腰酸背痛，头昏眼花。更惨的是，每晚上床后，他还会想到明天的生意，一想到成堆白花花的银子，他就又兴奋又激动，根本无法睡个安稳觉。

白天忙得不能睡觉，夜晚又兴奋得睡不着觉，就这样，这个商人患上了严重的失眠症。

商人隔壁有一对靠做豆腐为生的夫妻，小两口每天清早起来磨豆浆、做豆腐，说说笑笑，快快活活，甜甜蜜蜜。墙这边的商人在床上翻来覆去，摇头叹息，对豆腐夫妻又羡慕又嫉妒，他的太太也说：“我们要银子有什么用？整天又累又担心，还不如隔壁那对穷夫妻活得开心快活。”

商人说："他们是穷才这样开心，富起来他们就不能了，很快我就能让他们笑不起来。"

说完，商人翻下床，去钱柜里抓了几把金子和银子，然后扔到了邻居豆腐房的院子里。

这对夫妻正在边唱歌边做豆腐，忽然听到院子里"扑通"、"扑通"的响，提灯一照，见竟是亮闪闪地黄金白银，于是连忙放下豆子，手忙脚乱地把金银捡回来，心里紧张极了。

这些金银可把这对磨豆腐的小夫妻愁坏了，他们不知把这些财富藏在哪里才好。藏在房里怕不保险，藏在院里怕不安全。从此，再也听不到他们说笑，更听不见他们唱歌。

商人于是和他太太说："你看，他们再也笑不起来，唱不起来了吧？早该让他们尝尝有钱人的滋味了。"

鸟儿的翅膀上一旦系上了黄金，它还能展翅高飞吗？答案很显然是否定的！袁隆平是个智者，对于金钱，他早就说过一段非常有意思的话：人要吃饭、穿衣，要生存，没有钱不行，但一定要来路正，靠自己的诚实劳动获得。有了钱，要用在正当处，既不能挥霍浪费，也不要吝啬小气。我喜欢朴素的生活。

与时俱进，搏击中流。"隆平高科"是科技与市场成功结合的典范，不管多么高深的科技，最后都要面向大众，为社会主义这个大市场服务。股票上市，袁隆平的科研经费充足，他就可以领着科研人员多出成果，最终受益的是老百姓；老百姓多种水稻，出产的水稻卖给国家，最终还是促进了市场的粮食稳定和经济繁荣。

这是一个非常完美的链条，总之一句话，农业是社会的基础，而粮食是基础的基础，有了坚实的基础，社会主义的高楼大厦才会坚若磐石，傲然屹立在世界民族之林。

8

杂交水稻，袁隆平心中的中国梦

“功崇惟志，业广惟勤。”我国仍处于并将长期处于社会主义初级阶段，实现中国梦，创造全体人民更加美好的生活，任重而道远，需要我们每一个人继续付出辛勤劳动和艰苦努力。

——习近平（第十二届全国人大一次会议闭幕会讲话）

每个人的心中都有一个梦想，而袁隆平的梦想就是要在稻禾下乘凉，他要让那金灿灿的稻米，彻底解决人类的温饱问题。

可是不管袁隆平取得了多大的成绩，他心系百姓，关心百姓疾苦的初衷始终没有变化，在人大会议上，他一份又一份的提案相继提交，几乎每一份提案都是当时新闻界热议的目标。

1999 年，一颗小行星被以袁隆平的名字命名。2001 年，袁隆平获得首届国家最高科学技术奖。可是功成名就的袁隆平并没有躺在功劳簿上睡大觉，因为还有一个更大、更艰巨的世界性难题没有解决。

袁隆平高瞻远瞩地又瞄准了这个更高、更难、更具有挑战性的目标——一系法。

梦想，900 公斤的“超级稻”终于成功

> “我在追求一个体重 900 公斤的‘姑娘’。”这个“姑娘”终于在 2012 年这一天，被袁隆平“追求到手”了。
>
> 袁隆平如此幽默的话语，其实是在讲超级稻亩产 900 公斤的喜讯。超级稻亩产 900 公斤，这看似轻飘飘的文字，好像没有多少重量，可是当你走进溆浦县横板桥乡兴隆村当时验产的现场，你就会为紧张、激动的气氛所包围。

1994 年，袁隆平在向时任总理李鹏申请科研经费的时候，曾经亲口做出了保证，那就是在三年之内，一定要培育成功亚种间杂交水稻新品种。

要想弄明白什么是亚种间杂交水稻，首先得从我国种植的水稻讲起。我国种植的水稻一般分为两种，一种是籼稻，另外一种是粳稻。而爪哇稻分布于马来西亚、印度尼西亚、菲律宾等热带山区，是一种迟熟、高秆、长穗的热带水稻，这种热带水稻我国基本没有种植。

籼稻叶片茸毛多，大多为无芒或短芒，谷粒细长而稍扁平，较耐湿、耐热和耐强光，但不耐寒。米粒直链淀粉含量较高，胶稠度硬，故蒸煮的米饭不黏。

粳稻米粒短而粗，其米粒不黏。籽粒强度大，耐压性能好，加工时不易产生碎米，出米率较高，米饭胀性较小。

袁隆平用父本、母本两个自交系培育成功的二系法杂交稻，是用籼稻和籼稻进行杂交；而亚种间杂交水稻，却要用籼稻和粳稻进行杂交。虽然从理论上讲这种杂交稻就像一个混血儿，遗传了父母的优势基因，不仅有籼米的蓬松清香，还应该有粳米的柔滑微甘，而且杂交后的水稻株型结构理想，产量提高也应该非常明显，但籼稻和籼稻进行杂交，都很费了一番曲折，用籼稻和粳稻进行杂交，其难度更大，曲折更多。

籼稻耐高温却不耐低温，而粳稻耐低温却不耐高温；在抗病性上，籼稻的稻瘟病抗性强于粳稻，但粳稻的白叶枯病抗性又强于籼稻。袁隆平要做的就是将分散在不同个体上的有利因素集中在同一个杂交稻种上，让这个增产效果明显的杂交水稻为人类造福。

袁隆平和杂交水稻培育中心的科研人员不畏艰难险阻，经过反复的试验，发现了一个规律，那就是在杂交水稻的过程中，远缘杂交水稻的优势大于籼粳交的优势，籼粳交的优势又优于籼爪交的优势，籼爪交的优势强于籼籼交的优势，而粳粳交排在最后，优势也最小。

籼籼交的二系法杂交水稻已经培育成功。而袁隆平带领着科研人员进行了籼粳交后，发现它们产下的种子育秧后种在水田中，只长草不增谷，很显然是技术不达标，致使亚种间杂交水稻的实验失败了。

面对弥漫在科研人员中的悲观情绪，袁隆平指出：亚种间杂交水稻的思路没有问题，但问题是科研人员急于求成，选种的时候，两种需要进行杂交的水稻亲缘太远，致使它们的种子出现了不能应用于实际生产的古怪现象。

袁隆平给出的战略思想是，应采取远中求近的方法，利用广亲的籼粳作恢复系，以求早日培育出优势更大的亚种间杂交水稻新品种。

袁隆平根据实际情况定出了以下的六条方针：矮中求高、显超兼顾、穗中求大、高粒叶比、以饱攻饱和爪中求质。

这六条方针，就好像六个指路的明灯，为科研人员照亮了育种的方向；就好像准确的尺子，为科研人员框定了选种的尺度。经过努力，全国育种的协作单位很快就选育出了一批优势明显、增产效果显著的亚种间水稻新品种。杂交水稻育种的一个难题又被攻破了。袁隆平就好像一个临阵指挥的将军，站在自己领兵攻下的阵地上，他并没有向其他科技人员那样享受成功的喜悦，品味胜利的快感；他的目光看得更远，他在努力寻找下一个目标，一个更难攻破的目标！

原中国水稻研究所所长闵绍楷曾经说过这样一段话，对袁隆平在杂交水稻研究过程中的重要作用给出了一个很完美的总结：“我真佩服袁隆平先生，在每一个关键时刻，每一个困难面前，他都毫不动摇……两系法打摆子时，他用不育起点温度来解决，不育起点温度漂移了，他又用核心种子生产程序来解决——反正难不倒他！”

第一批亚种间杂交稻种，培矮 64S \ E32 在大田中试种成功后，其长势良好，到了秋天，一经验产，比其他的杂交稻增产 5% 左右。

亚种间杂交稻种，培矮 64S \ E32 培育成功，罗孝和贡献最大，随后不久，罗孝和即获得了2001年度国家科学技术进步一等奖，奖金9万元。罗孝和抱着金光闪闪的获奖证书从北京回来后，袁隆平又奖给了他20万元和一辆别克牌小轿车。

培矮64S\E32经过各地试种后，增产效果明显，袁隆平已经看好了这个品种，他准备对这个品种进行广泛的测交和筛选，争取早日将“超级稻”培育成功。

时不我待，日本、菲律宾、印度等等国家的水稻专家们，已经在奋起直追，袁隆平要想一路领跑杂交水稻，只能不停地奔跑，向着太阳奔跑，向着心中那个金灿灿的理想奔跑。

800公斤，800公斤！功夫不负有心人。2004年，袁隆平指导的大面积实验田，终于达到了亩产800公斤的纪录！而且米质达到部颁二级，可抵抗两种以上主要病虫害。

2006年，这是充满着稻香和重量的一年。袁隆平来不及休息一下，他缓上一口气，便又向亩产900公斤发起了冲刺！

让时间定格在2012年9月18日这一天。溆浦县横板桥乡兴隆村，在这个土地肥沃的小村外，由袁隆平研制的“Y两优2号”百亩超级杂交稻实验田，正式进行收割、验收。

一边是湖南隆回的验收基地，一边是水稻研究中心的办公室。为了保证验收公正，袁隆平并没有亲临现场，他一直坐在办公室的电话机旁。专家组随机抽取了三块攻关田验收。专家组每验收一块实验田的产量，水稻研究中心的工作人员就会通过电话，向昨晚凌晨一点才睡、一直守在电话机旁的袁隆平报告这块实验田的产量。

袁隆平将这三块实验田的产量记录在本子上，经过去水去杂的一番计算，计算机的显示屏上出现了一列三位数字，这列数字是一个超过了900公斤的数字，这就说明“Y两优2号”增产效果明显，已经实现平均亩产超900公斤的目标。

袁隆平连声说好，他那一张满是辛苦的脸上，终于露出了笑容。最后，农业部委派的专家组成员，到场进行现场监督验收，并进行产量测定。经烘干去杂后，平均亩产917.72公斤。

900公斤，一个振奋人心的900公斤！如果是对育种行业了解不深的人，可能不大理解这个数字的含义，其实这道理就好像是跳高运动员一样，到了一定的高度，别说想提高一厘米，就是提高半厘米，都是非常非常难的事情。

袁隆平终于实现了“超级稻”亩产900公斤的目标，用他一个有趣的比喻说，这个“900公斤重的姑娘”终于被他“追到手了”！

良心，沉甸甸的提案和语重心长的建议

谷贱伤农，这是袁隆平最不愿意看到的情形，可是偏偏却让他遇到了。怎么办，少种超级稻，用剩下的地块种些别的作物来增收，这虽然是一个创收的办法，但却治标不治本。

袁隆平在苦苦思索，用心寻觅。几年来，每当“两会”召开，袁隆平都会提出一些切实可行的、能够使百姓们受益的、关于粮食的提案。让我们回过头来，再看看那些殷切的提案，我们是否应该高喊一声：我爱你——袁隆平！

叶圣陶先生在他的小说《多收了三五斗》中，曾经有这样一段令人读罢百感交集的描写：万盛米行的河埠头，横七竖八停泊

着乡村里出来的敞口船。船里装载的是新米，把船身压得很低。齐船舷的菜叶和垃圾给白腻的泡沫包围着，一漾一漾地，填没了这船和那船之间的空隙。

面对万盛米行给出的“糙米五块，谷三块”的低价，农民的希望就像泡沫一样破灭了。

谷贱伤农，2000年的时候，袁隆平到田里去验收超级稻，种稻的农民说：“我从来也没有打过这么多的粮，我得感谢你！”

袁隆平听完这句话，心里很高兴。可是，种稻的农民接下来的一句话，让他的心跌入了冰谷：“我还要埋怨你，粮食种多了也不赚钱！”

他当时建议老农单产提高了，就不要用那么多地种粮了，腾出来种西瓜，养螃蟹。袁隆平的提议也有一定道理，但他这个主意根本解决不了谷贱伤农的问题。如何将仓库里积压的大量早籼稻处理掉，真的让袁隆平很费了一番脑筋。

2003年，袁隆平当选为第十届政协委员。他在政协会议上郑重提交了《用早籼稻作原料，生产燃料乙醇》的提案，乙醇就是酒精。

早籼稻产于中国南方省份，这种稻子不好吃。用袁隆平的话说，现在粮食多了，吃这种稻子的人越来越少，加上产量提高，湖南、湖北、江西等省都积压了大量的早籼稻，仅湖南省就有一二百亿斤。结果是早籼稻价钱低，农民不爱种，放在仓库里不但要花费大笔财政补贴，时间长了也会烂掉。

袁隆平的这个提案在2003年是全国政协大会上非常受重视的一号提案，后来这个提案被转到了发改委，但终因国家粮食安全问题，这个很具前瞻性的项目不得不停了下来。

稻米除了可以煮着吃，还可以怎么吃？这个问题不仅袁隆平在考虑，很多企业和科研工作者也都在进行有意义的探索。2010年4月16日，食品产业网转载了一则《科技创新，一粒稻谷变“戏法”》的报道，让我们看到了稻米深加工的曙光。

在湖南的澧阳平原，这里千百年来就有种植和食用稻米的传统。而现在的稻谷加工中，只有65%左右被加工成普米或精米，还有30%多是碎米和稻壳。

位于常德的湘鲁万福、金健米业等食品加工企业，决心将这原先30%的“尾货”变成精华。科研人员研制的“稻米淀粉糖深加工及副产品，高效综合利用技术研究”成果，使一粒稻谷像变戏法一样转换成14种产品，包括结晶葡萄糖、麦芽糊精、高麦芽糖浆、大米蛋白粉等；覆盖在稻米上的一层脂，被炼成米糠油，最后调和成多种精制稻米油；稻壳被输送到高炉燃烧，热能转化为电能，燃烧后的稻壳灰，经科学处理，变成活性炭和白炭黑，其中白炭黑可用在化妆品和橡胶生产上，一吨价值130万元；剩下的米渣、米糠、废渣水等，再经发酵处理产生沼气，或者发电，或者作为燃料……

湘鲁万福将每一粒稻米“榨干”的研究成果，引起了“杂交水稻之父”袁隆平的极大兴趣，袁隆平走进了湘鲁万福的生产车间，他看到刚刚提炼出来的高麦芽糖浆，就像一条小水线般流到了桶子里，晶亮透明。袁隆平兴致勃勃地触摸“水流”，然后放到嘴里舔一舔说：“好甜咧！”由湖南省科技厅组织的“稻米淀粉糖深加工及副产品高效综合利用技术研究”成果鉴定会上，袁隆平等10位专家出具了“该成果整体达到国际水平，其中在稻米葡萄糖结晶技术等方面居国际领先水平”的鉴定意见。

人类从茹毛饮血过渡到用火吃熟食的阶段，是人类生活质量的一次大飞跃，而面对更好、更有营养、更适口的食物的探索，人类始终也没有停下探索的脚步。稻米深加工，不失为一条解决我国稻米过剩、谷贱伤农问题的一个好办法。

2012年“两会”召开的时候，袁隆平又提出了一个更有力度的提案。提案的题目是《关于粮价的建议》。提案上说，根据湖南省物价局调查统计，2011年农民种植水稻，每亩除去国家的粮食补贴，纯收益只有7.5元。

面对记者，袁隆平激动地说：“七块五啊！太少了，农民多穷啊，农民多可怜啊，种地拿不到钱，农民就不种了，抛弃耕地到城里打工去了，种田的人越来越少，粮食从哪里来呢？”

从2010年起，袁隆平走访了湖南的多个县乡和农村。他发现大量耕地被荒废，甚至被用来作为建筑用地和垃圾场。因此，袁隆平建议，政府要以较高的价格收购农民的粮食，大大提高农民种粮的积极性，保住农民的基本利益，保住耕地；然后再以平价出售粮食，保障民生，保证老百姓的日常生活水平，保证国家粮食的安全和价格的平稳。如果由政府来补贴其中的差价，就能“两头兼顾”了。

袁隆平的提案确实是代表最底层的老百姓发出了呼声。随后，时任总理温家宝在政府工作报告中提到，要继续提高稻谷最低收购价，平均每100斤提高16元。

袁隆平当时兴奋地说：“这非常好，但我觉得还不够，应该每100斤提高50元，我们的政府现在有这个财力。”

袁隆平还有两份非常有名的提案，一份提案振奋人心，另一份提案却让一些人的额头上“唰唰”地冒冷汗！

“有人向我反映，国家粮库存在虚报现象，至少有两个地方粮库是空的。”袁隆平说。由于国家对粮库有补贴，所以虚报后，可以冒领这部分补贴，另外，空的粮库还可以转作他用，用以牟利。虽然我们国家也有相关的查验制度，但下面往往有机可乘。“下面到底存了多少粮食，建议国家好好查一查！”袁隆平建议检查时应该“微服私访”，不走官方渠道，不定期随机抽查，才能查出真实情况。

粮库是国家储存战备粮的地方。国家粮库如果有假，必将危及国本，这个地方一旦出了问题，那可就是关系到国计民生的大问题。袁隆平本着一个政协代表的责任、一个老科学家的良心，在政协会议上提交了查实国家粮库有无虚报的提案。

对于袁隆平的提议，相关部门高度重视。国家粮食局聂振邦局长、任正晓副局长和有关负责人专程去拜访了袁隆平，并认真听取了他的意见。同时，他们也和袁隆平就有关情况进行了沟通，并向他介绍了目前国家粮食库存情况，以及加强粮食库存监督检查所做的工作。

聂局长感谢袁隆平对粮食工作的关心和支持。他同时也表示，国家粮食局对袁隆平反映的情况和意见高度重视，对袁隆平反映的个别粮库的问题，国家粮食局立即派出司级领导带队的检查组，赴有关地区调查核实。

随后，粮食部门发生了一次大地震，多名“老鼠仓”“粮耗子”式的贪官，相继落马。

国外的种业巨头一直虎视眈眈地瞄准着中国这个大市场，面对我国粮食虽然逐年增加，但耕地却在不断减少的严峻形势，粮食安全、种业安全，都是不容回避的大问题。湖南是水稻产量的大省，又是杂交水稻的发源地，故此将长沙打造成“国际稻都”，对于持续保持中国水稻产业领先优势、掌握我国农业国际话语权、确保我国乃至世界粮食安全，确实有着不可估量的重要意义！

2013年“两会”召开的时候，袁隆平提出了要在长沙建立“国际稻都”的提案。提案中为我们勾画出了“长沙稻都”的远景图——长沙“国际稻都”将建成以种业为内核、产业为支撑、企业为主体、基地为依托，产学研相结合、“育繁推”一体化的现代农业产业硅谷，培育中国的世界级种业企业，打造全球杂交水稻研发和生产中心。

“国际稻都”的提案，是极具战略眼光的提案，这份提案的前瞻性和实用性都属一流的。且看《经济日报》2013年7月23日的报道——《浏阳河东岸华丽转身：长沙建设“国际稻都”》：

目前，“国际稻都”建设已从浏阳河东岸片区开始，“一馆两中心”规划已完成，并启动了立项工作……隆平水稻博物馆将通过视频、照片、农具实物等，立体诠释，我国悠久的稻作文化和农耕文明，全面展示卓越成就；隆平国际种业交易中心，由种业交易大厅、种业研发中心、企业总部等组成，打造具有国际影响的种业交易总部；隆平国际会展中心以展览展示空间为核心，以“隆平论坛”等会议空间为辅，力争建设成国际化的大型会展综合体。

相信不久之后，“国际稻都”就会以傲然耸立的雄姿，出现在世人的面前，那将是中国杂交水稻的摇篮，摇出一个不再饥饿的中国梦。

浪费粮食是最大的犯罪，省下一颗粮食，已许可以救活一个人的生命！爱惜粮食就是爱惜生命！

袁隆平在央视2013年1月23日《新闻30分》的节目中说：“粮食浪费是个可耻的行为。‘谁知盘中餐，粒粒皆辛苦。’现在我要建议，政府要出台（法规政策），把浪费当成可耻的行为、当成犯罪的行为来限制。我参加过好多宴会，好多种菜，十几种、二十种菜，每一样蜻蜓点水，吃了一点点，其他全部倒掉，如果你限制有多少人吃多少，浪费了之后要罚款……”

荣誉，探索的路上奖励纷至沓来

天空中有一颗以袁隆平名字命名的星星，中国科学技术最高奖的荣誉也落到了袁隆平的头上，可是袁隆平并不满足，他以科学家所独有的超常的敏锐的眼光，将下一个研究的目标锁定在一系法上，面对这个世界性的难题，袁隆平提出了两个切实可行的攻坚办法！

培育超高产超级稻，一直是国内外水稻研究的重点、热点和难点。袁隆平1997年提出了超级杂交稻选育的新思路，包括产量指标、形态模式和技术路线等，并将形态改良与杂种优势利用有机地结合起来，终于在2004年培育成功了米质达到农业部颁布的二级优质米标准、抗两种以上主要病虫害、亩产可达800公斤的超级杂交稻。

杂交水稻从三系法到二系法一路走来，而袁隆平最终的目标是要培育出一系法杂交稻，一系法杂交稻就是不分离的第一代杂种，并能将杂种优势固定下来，以省去年年制种的麻烦。

在袁隆平的杂交水稻培育中，利用野生水稻的增产基因始终是一条重要的途径。而如果想把野生水稻的增产基因提取出来，注入杂交水稻稻种中去，必须要有一个分子实验室。可是建这样一个实验室，至少要4000万元的资金。在20世纪八九十年代的时候，建立分子实验室对于袁隆平来说只是一个遥不可及的梦想。

为了解决这个难题，袁隆平从美国洛克菲勒基金会争取到了生物学奖学金的资助名额，连年派出了实验中心的硕士生到美国深造，并让他们利用外国的先进设备，进行必要的研究。

1995年，在康奈尔大学完成了博士学业后，肖金华和李继明在坦科里斯实验室，应用分子标记技术，结合田间试验，从马来西亚野生稻中发现两个数量性状基因位点（QTL），每个位点具有比现有杂交稻良种“威优64”增产18%的效应。

可是送回国内的两个QTL基因点，虽含有力的增产基因，也有某些可导致水稻性状不稳定的不利基因，分离这些不利的基因工作只能在国内做。随着袁隆平亩产800公斤超级杂交稻培育成功，国家对湖南杂交水稻研究中心的拨款也在逐年增加，袁隆平的分子实验室终于建了起来。

水稻优质高产，国际上有两条路线可走：一是形态改良，二是杂种优势。我国的超级杂交稻从大面积亩产700公斤跨越到900公斤大关，主要是靠形态改良与杂种优势综合运用。而杂交水稻育种更高层次的发展，就是利用远缘有利基因，培育一系法杂交稻。

一系法虽然有着充满了诱惑力的前景，但同时也是一项世界公认的难题。1986年，袁隆平出席意大利米兰国际无融合生殖学术会议时受到了启发。他回国后就在国内第一个提出了利用无融合生殖技术，固定杂种优势，继而实现一系法远缘杂交育种的构想。

无融合生殖技术，即是无性种子繁殖技术，其技术复杂，难度极高。在袁隆平提出了这一战略构想后，不仅国内迅速掀起了一股研究无融合生殖技术的热潮，而且在20世纪90年代后，美英日等发达国家也对这项技术进行了研究。

国外的水稻育种界同仁将研究的目光都瞄准了袁隆平，并跟着他的步子亦步亦趋，可见袁隆平的影响力之大，确实是无人能出其右。

湖北大学生命科学院院长蔡得田教授，在袁隆平的指导下，进行了多年无融合生殖技术的研究，其中水稻无融合生殖材料HDAR001和HDAR002，被国内同行认为是比较有希望得到确认的材料之一。

两条腿走路，才能走得更远，袁隆平开展无融合生殖技术的同时，还在指导后辈学者开展水稻多倍体研究。

水稻是二倍体作物，从生物变异的规律上看来，倍体越高，生物的体型越大，也就越高产。利用药物或者同位素辐射，诱发水稻这样的低倍体作物向多倍体作物转变，这项技术就是多倍体育种技术。

可是这项技术早在20世纪60年代的时候就已经偃旗息鼓了，因为我国科学家虽然培育出了四倍体水稻，而且四倍体的特性也被水稻一代代地遗传了下去，可是四倍体水稻却存在着结实率低的问题，以致产出来的水稻新品种并不高产。有些搞了一辈子多倍体研究的育种专家发出了这样的喟叹：“没想到多倍体水稻这么难搞，要早知道，我就不搞了！”

袁隆平并没有被上一辈专家失败的经验吓住，他对助手们说："以前他们是单搞多倍体，如果在杂交水稻上搞多倍体，是不是一种新的思路？"

一系法杂交水稻培育技术，是前无古人的一项技术，袁隆平给他的后辈和同事们除了指明方向之外，就是让他们放开手脚做实验。他当初培育三系法水稻的时候备受权威学者的打击，如今只要学生们有想法，不管袁隆平感不感兴趣，他都支持他们搞一搞，摸石头过河，没准那条路就是通向一系法的捷径。

第一个登上月球的人是美国宇航员阿姆斯特朗，可是有谁会记得跟在阿姆斯特朗身后第二个站在月球表面的同样是美国宇航员的奥尔德林呢？

科学就是这样，既公平，又残酷。一系法杂交水稻的研究还在继续，袁隆平相信在不久的将来，这项研究一定会取得成功。

袁隆平在小的时候，曾经听母亲将过一个民间故事，那个故事非常令人着迷。故事说的是一个人只要降生到这个世上，天上就会点亮一盏灯，来护佑你的人生，这盏灯，就是夜幕中的星星。袁隆平小的时候，也曾经仰望星空，寻找属于自己的那颗星星。天空中对着他神秘眨眼的星星，护佑他人生的那星星，究竟在哪里呢？

1999 年 10 月 26 日，在北京的人民大会堂举行了一批小行星的命名仪式，其中中国科学院河北兴隆观测站发现的小行星被命名为"袁隆平星"。国际天文学联合会为"袁隆平星"的命名还专门发布了小行星通报第 35490 号。

这颗星被命名为"袁隆平星"，内蕴有趣的含义。袁隆平星原来的暂定编号为 1996SD1，国际性永久编号为 8117。在暂定编号 1996SD1 中的 SD 正好是中文"水稻"的汉语拼音字头的缩写。

袁隆平获此殊荣，不仅是对他和助手们的个人成就的充分肯定，也是中华民族的光荣与骄傲。

2001年2月19日，首届国家科学技术奖励大会在人民大会堂举行，袁隆平和吴文俊获得了这一届的国家最高科学技术奖。时任国家主席江泽民签署并颁发证书和奖金。

袁隆平在代表全体获奖人员发言时表示，科技战线所取得的成就，无一不是党和政府长期以来关怀和鼓励的结果，并向全国科技工作者倡议，要大力弘扬科学精神，勤奋工作，大胆探索，为全面提高我国科技创新能力和科学技术水平贡献自己的智慧和力量。

在袁隆平获得科学技术最高奖之前，还有一个花絮。袁隆平在评奖的时候，因为他没有在美国的SCI发表过论文，故此，按规定他不能得这个最高奖。SCI是美国《科学引文索引》的英文简称，是国际公认进行科学统计与科学评价的最重要的检索工具，难道没有在SCI发表过论文，就不能得奖吗？很显然，答案是否定的。

袁隆平利用海南野生稻、湖南的杂交稻培育出的杂交水稻，解决了多少人的吃饭问题？他的学术成果，难道还要靠论文来衡量吗？

袁隆平和吴文俊获奖后，接受了中央电视台的专访。两个人在电视上的谈话非常有趣，吴文俊说："大家都称你是'杂交水稻之父'，按照学科来说，农业和数学的关系向来非常亲切！"袁隆平客气地说："数学是科学之母，任何科学技术，发展到最后阶段都要数量化、公式化！"

接着袁隆平又谈起他在念中学的时候所不理解的负数乘以负数得正数的问题，说："这个问题我现在也没搞清楚！"吴文俊告诉袁隆平，自己在念中学的时候，也是很不理解为何要负负得正，但他知难而进，最后成了数学家。而袁隆平知难而退，最后成了杂交水稻育种专家。

声音，树欲静而风不止

赞扬和反对是双胞胎，他们一起拉着手来到了人间，在有赞扬的地方，就会有反对的声音。

杂交水稻作为一个新生事物，虽然其明显的增产效果令很多稻农欢欣雀跃，但同时也出现了不和谐的反对声音。袁隆平作为一个公众人物，他的一言一行自然受到了更多人的关注。一次普通的车展，一张他和奔驰车的合影，竟都成了公众的话题。

作为一辈子都和粮食打交道的科学家，转基因是个绕不过去的话题，袁隆平又是如何评价转基因的呢？

袁隆平的杂交水稻自问世以来，争议就伴随着杂交水稻的增产之路一直未断，扰攘不休。

2011 年 4 月 27 日，“三农”问题学者李昌平在《南方农村报》的评论版发表了致“杂交水稻之父”袁隆平先生的一封公开信——《给农民留几粒真正的种子》。李昌平在信中希望袁老在有生之年，放弃杂交水稻研究，转向培育常规水稻品种，并佐之六大理由，呼吁还给农民自由选择种子的权利。

可是现在种植杂交水稻已成大势所趋，不仅在中国有大面积的种植，在世界上的种植面积也在逐年增加。这就说明了一个问题，杂交水稻是个好东西，它是受世界人民欢迎的，它不仅解决了很多人饿肚子的问题，也使很多稻农的钱袋子一点点地鼓了起来。

后来，袁隆平在央视的《新闻1+1》中做了如下的回答：我认为（放弃杂交稻，研制常规水稻）这是让我倒退，你知道吗？这个杂交水稻，是利用杂种优势来提高产量，杂种优势是一种普遍现象，普遍规律，叫我放弃杂交稻，那是不可能的。

袁隆平被称为“杂交水稻之父”，又是世界驰名的科学家，他的一举一动，自然受到了媒体的关注。

20世纪80年代起，袁隆平到实验田去做实验，骑的是自行车，后来条件改善后，他骑的自行车又改成了摩托车。2001年底，袁隆平在朋友们的劝说下，买了一辆赛欧牌家用汽车。这辆小汽车载着他无数次去过实验田。袁老的驾驶证不是考来的，而是交警大队的书记亲自送来的一本荣誉驾驶证，上面写着“袁隆平院士惠存”七个字，而且终身免检。但拥有荣誉驾驶证的袁隆平却告诉记者：“我从来不开到大马路上去，就是从家里开到我的实验田，其余哪里都没有去过。”

2008年7月19日上午，袁隆平领着一家人出现在了“2008湖南车展”上。在场的记者拍下了一组袁隆平和豪车合影的照片。两天后，网络上出现了袁隆平逛车展的配图新闻。报道里说，袁院士家里已经有六七辆车，还被一辆奔驰敞篷车吸引。

这张照片里，袁老参观的这种敞篷的奔驰车型号为SLK200K，是奔驰的一款跑车，市场售价为68.8万元。此帖一出，惯于“仇富”的网民却并没有谴责袁隆平的“奢华”，而是表现了与以往不同的态度。对于袁隆平看高档车，网民们表现了极大的宽容和支持。“仇富”不仇袁隆平，网友力挺袁隆平买车，认为袁隆平买中国最贵的车都无可厚非。甚至更有网友称，袁老就是买七八架私人小飞机也是应该的。

2008 年 7 月 28 日，袁隆平的秘书接受媒体采访时澄清，当天袁隆平并没有购买奔驰车的计划，仅是多看了两眼奔驰车，网络上就直接将该车划到了袁老名下。其实当天，袁老一家人看上的只是一款普通的国产两厢车。

为什么有的人购置豪华车，便会在网络上招致一片骂声，而袁隆平如果“买”奔驰车，反而会获得广大的网友的理解和赞誉？原因只有一个，袁隆平的钱，每一分都来得光明正大。这就说明了一个社会贡献的问题，也就是你为社会都做了什么。如果人人都像袁隆平一样，用干干净净的手段赚钱，然后回报社会，热心公益，那么其豪车消费也会得到广大网民和社会的理解。

2008 年 6 月 3 日，奥运圣火开始在湖南岳阳传递，袁隆平在岳阳楼前，从北京奥运官员手中接过了熊熊燃烧的奥运火炬。在现场观众高呼“北京加油，奥运加油”的口号声中，这位拥有无数荣耀的 78 岁老科学家对这短短的一百米路程显得十分珍惜，他缓缓跑过岳阳楼前的石板路，传递了湖南的第一棒奥运火炬。

范仲淹在他的《岳阳楼记》中曾经写道：先天下之忧而忧，后天下之乐而乐。而袁隆平心忧天下，无私奉献，故此，他成为湖南第一位传递奥运圣火的人选当之无愧。

2009 年 11 月，在中国政府颁发了两种转基因水稻的安全证书之后，转基因所涉及的食品安全、种子安全、粮食安全和经济利益之争等一系列问题，引发了持久性的大讨论。

赞成派说：“转基因是今后发展的方向，这种科学大潮，谁也阻挡不了！”

反对派说：“转基因抗病抗虫的功能来自于毒蛋白基因，虫吃了是要死的，人吃了会不会威胁健康？”

赞成派这时拿出了虫子吃了转基因食物会死的原因调查——昆虫的死亡，是因为气孔闭塞了，但这跟人的消化道完全是两码事。

反对派又会问：“你说转基因食品是安全的，那么奥运会、世博会为什么供给国外人员的食物，没有转基因食物?”

对于这个争论得很凶的问题，袁隆平自称是“中间派”。他认为:“从科学的角度看，转基因是否是发展方向，不能一概而论。现在我们正在把玉米的基因转到水稻上来，提高水稻的光合效应，这样的转基因有什么问题？一点问题都没有。”

袁隆平坦言：“人民不是小白鼠，不能用那么多人的健康和生命安全做实验，来冒险。”他还说“我愿意吃转基因食品，来亲自做这个实验，但是问题是，我已经没有生育能力了，转基因对性能力和遗传性的影响，是需要实验证明的。如果有年轻人自愿做实验，吃转基因食品在两年以上，不影响生育和下一代的健康，那才安全。”

袁隆平认为，在没有实验结果作为根据的前提下，将转基因用于主粮生产是“要慎重的……他们赞成转基因的，是用小白鼠做的实验，可是小白鼠和人能一样吗？他们有人类食用转基因的实验结果吗?”

袁隆平一直笃信一句话：没有调查就没有发言权。没有亲自实验过，也就没有发言权，所以不要轻易地肯定或否定，也不要猜测和推论，要用事实说话。

2012年“两会”召开前，袁隆平、厉以宁、钟南山等国内著名的院士曾集体发出倡议——成立“中国生命科学学会”。这个学会，是一个汇聚了众多领域顶级专家的“智库”，主要目标是为国家的重大决策提供科学依据与智力支撑。

袁隆平最后表示："怎么保证人民的健康和生命安全？怎么控制人口的增长？怎么处理好经济发展和环境保护之间的关系？我们需要多领域的专家，好好坐在一起商量出个对策，并且递交给中央，为国家出力。"

袁隆平谈论最多的，就是国家和老百姓，他从不为自己考虑。有人劝他说，直言不讳会"得罪人"。袁隆平说："我怕什么，我这么大把年纪了，还不能说几句实话？憋死人咯！"

9

真水无香，生活就是这个样子

假如你觉得自己的日常生活很贫乏，不要去指责生活，而应该指责你自己。——（奥地利）里尔克

袁隆平身价千亿，在一些人的想象中，他应该过着锦衣玉食的生活。可是真实的袁隆平，生活却异常简朴，十元一件的衬衣，他一买就是好几件。

会生活才会工作。袁隆平工作起来，可以废寝忘食，而他的业余生活，也是丰富多彩的。下棋、打扑克、游泳、打气排球，样样拿得起来放得下。

2010年，正值袁隆平八十大寿的时候，国家科技部、湖南省人民政府、湖南省科技厅、国家杂交水稻工程技术研究中心、湖南省农业厅等单位要联合起来，为袁隆平办一台祝寿的晚会，可

是却遭到了袁隆平的反对……

生活，非常的简朴

袁隆平被人称为中国的当代神农，由他主祭神农，显得意义非凡。

袁隆平身价千亿，他是中国最富有的“农民”。袁隆平去买衬衫的时候，因为衬衫的价格太低，他竟要一件给售货员加两元钱再购买。袁隆平在香港购买领带，因为金利来领带太贵，他领着同事们来到地摊，面对地摊上的领带，又发生了那些趣事？

袁隆平家教有方，三个儿子皆学有所成。袁隆平有两个孙女，在他领着两个孙女玩的时候，有趣的事情纷至沓来……

1996 年 10 月 17 日上午，金秋送爽，艳阳高照，湖南省炎陵县的炎帝陵已经修葺一新，炎帝始制耒耜，发明五谷，教民耕种，是农耕文化的开创者和为民谋福祉的农业始祖。

湖南省粮食系统计划在这一天公祭农耕始祖炎帝神农氏，是有其特别意义的。因为 10 月 16 日是“世界粮食日”，而 10 月 17 日，就是“世界消除贫困日”。湖南省粮食局局长说：“农关国本，粮系民生。弘扬炎陵功德，心系黎民百姓，管好粮仓，是历史和时代赋予广大粮食工作者的使命。我们期盼通过公祭始祖炎帝神农氏活动，传承弘扬农耕文化，促进粮食产业兴旺发达！”

炎帝陵前，人声鼎沸、万头攒动、钟磬齐响。上午 9 点半，袁隆平在参祭的领导和嘉宾的簇拥下，来到炎陵前。他在万众瞩目之下，庄严地高举火把，点燃了坛前的圣火。

巍巍罗霄兮，涛涛洣水；楚尾吴末兮，眠吾始祖；炎帝神农兮，以开农耕……在《祭炎帝》的赞颂声中，袁隆平为典礼仪式点燃圣火，盛大的拜祭炎帝的仪式拉开了帷幕。

以往的祭祀仪式，一般都是由当地或者更高的行政长官主祭，今日由被称为“当代神农”的袁隆平主祭，显得非常有意义。袁隆平总说自己是个普通人，他这一辈子只是做好了“杂交水稻”这样一件事而已。

1998 年 6 月 24 日，湖南四达资产评估事务所在长沙举行资产评估结果发布会，他们宣布，通过 210 天对 11 万组数据资料的严格审查，论证“袁隆平”这个品牌的价值，高达 1008.9 亿元人民币。

袁隆平的“财富”超过了许多大富豪，竟成了世界上最富有的“农民”！袁隆平现任湖南杂交水稻研究中心主任，中国第一支以科学家名字命名的股票——“隆平高科”上市，袁隆平本人持有 250 万股。但袁隆平拥有的只是股票期权而已。

对此，袁隆平泰然面对，他说：“人的身上，最值钱的东西是脑袋里的知识！我这么个糟老头子，才 1.69 米高，60 公斤重，连骨头卖了都值不了几个钱。我把这事看得很淡。我们家里从来不谈钱，我一个月工资 1600 多元，外加院士补助、其他津贴、顾问讲学费，掐指一算，也有三四千元，够了！”

袁隆平的生活极其简朴，他家住在湖南杂交水稻研究中心不远处，步行 3 分钟路程，有一片安静的小院。一座两层高的旧红砖楼，这里就是袁隆平的家。袁隆平和他的儿孙们住在一起。

袁隆平有三子，分别取小名为五一、五二、五三。五一就是袁隆平的长子，大名叫袁定安，大专毕业；五二大名叫袁定江，湖南财经学院毕业；五三最小，大名叫袁定阳，继承父业学农，研究生毕业后，随父亲一道从事杂交水稻研究工作，娶妻段美娟。说起段美娟和杂交水稻结缘，还有一段趣事。

1977 年，段美娟在中南农大毕业后，找到了袁隆平，她想到湖南杂交水稻研究中心工作。当时，袁隆平告诉她："搞杂交水稻，必须是要下水田做实验，日晒雨淋，工作异常艰辛，尤其易损女子皮肤之美，恐非女同志所宜，请三思而后行！"

段美娟表示不怕，她到研究中心工作后，表现甚为突出。后来，她成了袁定阳的妻子，却一点也没放松对自已的要求。1999 年 7 月，香港的辛世文教授来到湖南杂交水稻研究中心，当时，那个顶着烈日，站在水田中为辛教授示范异花授粉过程的人，就是袁家的三儿媳——段美娟。

袁隆平有两个宝贝孙女，一个叫袁有晴，一个叫袁有清。这两个朗朗上口的名字，就是袁隆平给起的。袁有晴出生之前，一直在不停地下雨，可是出生之后，雨过天晴。第二个孙女出生之时，恰逢雨水节，便取名袁有清。他们两个人的名字合起来念，就是有晴有清。有晴就是有太阳，有清就是有雨水。有太阳也有雨水，万物自然会茁壮成长。

袁隆平每天下班之后，都会陪两个孙女玩一会儿。他点着两个小孙女的头说："你个小淘气！"两个小孙女也像鹦鹉学舌一样说："你也是个小淘气！"

在这里生活的人们，经常会看到袁隆平行色匆匆，一个裤腿挽着、另一个裤腿放着在路上走着，至于他衣服上的第三个扣子扣着第四个扣眼，那更是常有的事情。

袁隆平对于穿衣服随随便便，但对于杂交水稻，却锱铢必较，洞彻烛幽，不研究透彻绝不罢休。袁隆平心里面装的，都是温饱天下的大事，对于个人的穿戴，他真的有些顾不上了。

袁隆平有一个癖好，那就是买衣服专挑便宜货，价钱高的东西他不感兴趣。有一天，他与夫人邓哲逛商场，看到货柜里有打折到10块钱一件的衬衫，他对售货员说，太便宜了，加2块吧，12块一件。

售货员笑着说："你这位同志真怪，人家买东西讨价还价，你却往上加，不可思议，不可思议!"

袁隆平一口气买了10多件，他是这样解释的："这样的衬衣好，下田的时候穿起来方便，不用担心弄脏了。"

他买皮鞋，不会超过200块钱，什么外国奢侈的品牌，他几乎看都不看一眼。有一次，袁隆平刚刚结束对委内瑞拉的考察，然后转机飞到香港，接受香港中文大学授予他的荣誉理学博士学位。为了穿得体面一些，同行陪他到街上买金利来领带。可是他到大商场中，看罢了高昂的价格，连连摇头说："太贵了，不能买!"最后在街角的地摊上，袁隆平花100港元买了6条地摊领带，然后对着不肯和他一起买便宜领带的同行调侃道："我晓得了，你们不买是舍不得掏钱，我老袁大方得很，每人白送一条，怎样?"

当时，袁隆平的三儿子袁定阳和段美娟正在香港大学读书，他们得到父亲来港的消息，便给父亲买来了一条金利来领带。可是，第二天出席仪式的时候，袁隆平戴的还是一条便宜领带，用他自己的话说："衣服行头提不高人的身价，人的身价是由人的内质决定的!”

2001年2月，袁隆平赴京领取首届国家最高科学技术奖。这一次，袁隆平穿的是一套过时的西装，坐下时稍不留意，里面的红色运动裤就露了出来。大家都劝他买一套好点的西装，他无奈之下，才花800元买了套打折的西装。这件打折的西服，就成了他每次出席重要会议的礼服。

天行健，君子以自强不息；地势坤，君子以厚德载物。袁隆平是个随性之人，但是这不等于说他是个“健忘”的人。他对于鼎力支持过自己、为推广杂交水稻作出过突出贡献的原湖南农业厅厅长陈洪新，始终是念念不忘。

1987年，袁隆平用自己得来的奖金，成立了袁隆平杂交水稻奖励基金会，他第一次用基金发奖的时候，奖给科研人员的奖金是3000元，可是奖给陈洪新的却是5000元。还有一位特殊获奖者，是已经去世的原国家科委九局的局长赵石英。

袁隆平第二次发奖的时候，得奖的科技工作者的奖金是5万，而他却为久病住院的陈洪新设了一个6万元的特别奖，用以奖励他在杂交水稻研发和推广中作出的贡献。

袁隆平知恩图报，不忘老领导，堪称年青人的师表。袁隆平无私奉献，不重钱财，只重人才，又是多么的难能可贵!

业余，多姿多彩的锻炼

最美不过夕阳红。袁隆平经常说自己有着70多岁的年龄，50多岁的身体，30多岁的心态，更有20多岁的肌肉弹性。袁隆平从不服老，有次他爬田埂，旁边人想扶他一把，被他一下挡开了："你以为我老了啊，我蹿田埂比你年轻人还快呢！"

2001年，《湘声报》记者到海南荔枝沟基地去采访，还听见他把雷洁琼的话拿出来念："百岁笑嘻嘻，九十也不稀，八十多来兮，七十小弟弟。"然后又嘿嘿一笑说："我71，是小弟弟。"

袁隆平和邓哲庆祝过银婚之后，他们的感情更加好得让人羡慕。袁隆平这时又被央视《开学第一课》的编导相中，一个拍片的电话，直接找到了袁隆平的秘书……

1982年除夕，妻子邓哲因突患急性病毒性脑炎住院，虽然她在袁隆平的精心照料下最后康复，但面对无情的病魔，袁隆平也感悟了生命的脆弱。

以后，他出差开会或者领奖时，只要有可能，他就将邓哲带在身边。袁隆平曾经对邓哲说过：一个人如同一粒尘土，无论怎样飞扬，怎样喧嚣，到末了，还是要落到自家的土地上；一个丈夫，如同一片树叶，无论它怎样张扬，怎样由绿变红、变黄，到末了，还是要落到自己妻子身边……

袁隆平和邓哲一起到过风景如画的鼓浪屿，一起到过高耸云霄的国会大厦，还到过风景如画的英国剑桥大学。

徐志摩《再别康桥》描绘剑桥大学的康桥、康河："那河畔的金柳，是夕阳中的新娘；波光里的艳影，在我的心头荡漾。"康桥桥下荡漾的金波，也在两个人的心中泛起了澜漪，柳荫带着时光的印记，夕阳在心中不会湮落，生命真的美好，美好得就好像一首悠扬的老歌！

达尔文告诫过世人：没有变化的生活，就像织布机上的经纬，一匹一匹的岁月都织出来了，而花色却是一个样子的单调。

袁隆平会工作，同时他也很会“玩”。袁隆平下棋是个高手，晚辈们基本上都不是他的对手。袁隆平下象棋喜欢和高手下，大家看他要输的时候，就会给他支招，袁隆平要是败了，他就会一巴掌拍在出招人的脑袋上：“臭小子，乱支招！”然后仰面大笑，那爽朗的笑声感染了场上的每一个人。

袁隆平在繁忙的工作之余，还喜欢找几个工作伙伴打扑克、打麻将，但他从来也不赌钱，谁要是输了，那就是钻桌子。后来，他腰扭伤了，就不打扑克和麻将了，改打气排球。

说起唱歌，袁隆平也不是外行，他在读大学时是合唱队的成员，专门唱低音。他喜欢经典老歌，比如《喀秋莎》《红梅花儿开》，还能用俄语唱《莫斯科郊外的晚上》。

有一次，袁隆平领着陈一吾和杜慎余，来到美国的加利福尼亚大学的实验站，帮助威尔其培育杂交水稻。那天晚上，威尔其在埃尔斯特市的一家酒店举行了一个小型的欢迎仪式，威尔其早有准备，他亲自唱起了中国歌曲，来欢迎袁隆平这位远道而来的客人。

唱完歌曲，威尔其请袁隆平和他的两名助手自由表演一个节目，陈一吾和杜慎余干工作是一把好手，可是表演节目，他们根本就不在行。就在这个关键的时候，袁隆平手拿话筒，大大方方地走上了台，唱起了一首美国早期电影的插曲《老黑奴》——

快乐童年，如今一去不复返，亲爱朋友，都已离开家园，离开尘世到那天上的乐园。我听见他们轻声把我呼唤，我来了，我来了，我已年老背又弯，我听见他们轻声把我呼唤。

为何哭泣，如今我不应忧伤，为何叹息，朋友不能重相见？为何悲痛，亲人去世已多年。我听见他们轻声把我呼唤，我来了，我来了，我已年老背又弯，我听见他们轻声把我呼唤。

幸福伴侣，如今东飘西散，怀中爱儿，早已离我去远方，他们已到我所渴望的乐园。我听见他们轻声把我呼唤，我来了，我来了，我已年老背又弯，我听见他们轻声把我呼唤。

这首歌，被袁隆平用低沉浑厚的英语唱出，他独具感染力的歌声，带着酒店中的众人，重新温习了一遍老黑奴的辛苦凄凉：他的亲人相继离他而去，可是他待世界仍然是无怨无悔。歌声唱罢，台下一片掌声，几个白人小姐竟被感动得连连落泪。

威尔其急忙走过来，钦佩地说道："真没想到袁先生不仅英语纯属，英语歌还唱得这么好，您真是多才多艺的科学大家！"

袁隆平还喜欢游泳，他游泳的速度，让一些小伙子都望尘莫及。闲暇的时候，袁隆平的家里时常飘出优美的小提琴和钢琴合奏的声音。

泰戈尔曾经说过：不要试图去填满生命的空白，因为音乐，就是来自那空白深处。袁隆平拉小提琴，时而是幽静清雅的《小夜曲》，时而是百转千回的《沉思曲》，时而是欢快激情的《浪漫曲》。邓哲弹钢琴伴奏，总能跟上小提琴的节奏，两个人琴瑟和谐、夫唱妇随的温馨，羡煞了旁人，他们两个人的感情，堪称恩爱夫妻的楷模。

袁隆平的家门口，有一块空场，袁隆平便动手在那里建了一个气排球场。气排球由软塑料制成，这项运动是一项集运动、休闲、娱乐为一体的群众性体育项目，很受老年朋友的青睐。

每当吃完晚饭，袁隆平走出家门，都会喊上两声：“打球了，打球了！”

随着袁隆平的招呼声，从旁边的家属楼中就会走出那帮球友，袁隆平照例是和邓哲分在一拨——袁隆平和老伴玩得不亦乐乎，他总自称是主攻手，比赛中不时地埋怨邓哲打得臭。要是自己的孙女在旁边看热闹，袁隆平便会恶作剧地用软球砸她的脑袋。

湖南杂交水稻研究中心和隆平高科总部曾经进行了一场气排球的友谊赛。研究中心的队员都是一些老专家，而隆平高科总部代表队则是一些小伙子。研究中心的老专家队在袁隆平的带领下，配合默契，球技高超。袁隆平是队内的主攻手，当打到兴致高涨时，他竟脱掉上衣，露出了上半身的肌肉，只见他时而为队友传球，时而自己跳起扣杀，最终老专家队以2∶1战胜了对手。

袁隆平在比赛完后笑称：“我现在是80多岁的年龄，60多岁的身体，40多岁的心态，30多岁的肌肉弹性。”他经常说：“不会休息的人，就不会工作，不会锻炼的人也不会工作，一个人的身体好坏，与他的事业成功与否成正比。”

歌德曾经说过：灰色的理论到处都有，我的朋友，只有生活之树四季常青，郁郁葱葱。

袁隆平除了领着杂交水稻研究中心的工作人员搞好杂交水稻的研究工作，还非常关心青少年的成长。

2010年，中央电视台要录制一个《开学第一课》的节目，这个节目要在当年9月1日的央视一套首播，而9月7日恰好是袁隆平80大寿，袁隆平要是能担任《开学第一课》的老师，那将是送给全国孩子们最好的开学礼物。虽然培育杂交稻的工作异常繁忙，但袁隆平还是欣然答应为《开学第一课》拍摄宣传片，鼓励全国的中小学生追寻自己的梦想。

生活若剥去了理想、梦想、幻想，那生命便只是一堆空架子。8月2日这一天，中央台的记者飞赴湖南，来到了长沙袁隆平的家中。拍摄当天，正值盛夏，酷热难耐，年近八十的袁隆平，衣着朴素，身体硬朗，他精神矍铄地坐在镜头前，面对全国的小观众，语重心长地说出了自己的梦想："我今年已经整整80岁了，但是我还没退休，我现在还精力充沛，能够干一番事业。发展杂交稻，造福世界人民，也是我终生的一个梦想吧……亩产900公斤第二期超级稻，这个目标，我们正在攻关，实现了之后，我还不满足。我到了90岁，如果身体还好，到那时我还能干，争取杂交水稻亩产能够达到1000公斤……希望小朋友们都有一个美好的梦想，为了这个梦想去奋斗，我觉得这样的人生，才有意义！"后来袁隆平还说，"我希望培养一些年轻人向更高的1100(公斤)、1200公斤来奋斗。这就是我的梦，为我们国家的粮食安全做出我应有的贡献。"

祝寿，明年更有捷报传

如果按照贡献来计算，一台晚会哪能表达亿万百姓对袁隆平的感谢之情？在那台万人瞩目、掌声四起的晚会上，袁隆平也向所有参加晚会的观众，每人赠送了一份大礼……

有道是：老骥伏枥，志在千里。烈士暮年，壮心不已。

袁隆平出生在1930年9月7日的北平城，到2010年9月7日，正好是80岁的寿诞。80年的风风雨雨，80载的坎坷路程，80个春夏秋冬的学习、探索和奋斗。袁隆平一路坚定地走来，终于走出了一片金黄色的“稻”路。

湖南望城县铜官镇，还保留着唐代传统制陶工艺的家庭作坊。胡武强就是铜官窑现存的唯一传人。他是目前唯一能制造出铜釉红色陶瓷的老艺人，著名画家黄永玉先生曾题“陶粹”两字墨宝赠予他。

2010年9月5日，胡武强老艺人来到了长沙，把他创作的陶艺作品“丰收箩”赠送给“杂交水稻之父”袁隆平，祝贺袁院士八十大寿。

国家科技部、湖南省人民政府、湖南省科技厅、国家杂交水稻工程技术研究中心、湖南省农业厅等单位想在袁隆平生日这天为他举办一个生日晚会，却遭到了袁隆平的反对。

袁隆平简朴一生，最讨厌的就是铺张浪费，怎么能因为他一个人过生日，就搞这么大的场面？他说：“拿着办晚会的钱，能办很多的事情！”

可是各级领导却不这样认为。他们要给袁隆平办晚会，而且这台晚会要通过卫星，向全世界同步播出。这不仅是对杂交水稻一次很好的宣传，更是党和政府对知识分子、对袁隆平这样德高望重的科学家的尊重。别的钱可以省着花，但这笔钱却得花，而且花得很值！

袁隆平无法拂大家的美意，最后只得同意，但他还是叮嘱道：“一定不能铺张浪费，能省则省，不然就不好了！”

2010年9月6日晚8点半，大型文艺晚会《为了大地的丰收》——献给首届中国杂交水稻大会和“杂交水稻之父”袁隆平80岁生日晚会，拉开帷幕。

一个人和一场科学的华丽长跑，一粒种子和世界上最伟大的田园实验室，一个民族对人类最温暖的问候……《为了大地的丰收》晚会在长沙举行，并由湖南卫视面向全球播出。

张丹丹担任晚会的主持人，她说：“这台晚会，歌手们不是最亮的明星。袁隆平才是最亮的明星。袁隆平对湖南、对中国、对世界的贡献是巨大的。希望观众能多了解袁老！”

现场观众唱响《生日快乐》，为袁隆平祝寿。同时，节目组还特意邀请了袁隆平的四个老同学和一个老朋友，现场分享往日趣事，并送上惊喜，大家一起合唱了一曲《喀秋莎》，赢得现场阵阵掌声。

晚会中，王峰饱含深情地朗诵了《妈妈，稻子熟了》，将晚会带入了高潮——

妈妈，稻子熟了

稻子熟了，妈妈，我来看您了。

本来是想一个人静静地陪您说会儿话，安江的乡亲们实在是太热情了，天这么热，他们还一直陪着，谢谢他们了。

妈妈，您在安江，我在长沙，隔得很远很远。我在梦里总是想着您，想着安江这个地方。

人事难料啊，您这样一位习惯了繁华都市的大家闺秀，最后竟会永远留在这么一个偏远的小山村。还记得吗？57年前，我要从重庆的大学分配到这儿，是您陪着我，脸贴着地图，手指顺着密密麻麻的细线，找了很久，才找到地图上这么一个小点点。当时您叹了口气说："孩子，你到那儿，是要吃苦的呀……"我说："我年轻，我还有一把小提琴。"没想到的是，为了我，为了帮我带小孩，把您也拖到了安江。最后，受累吃苦的，是妈妈您呐！您哪里走得惯乡间的田埂！我总记得，每次都要小孙孙牵着您的手，您才敢走过屋前屋后的田间小道。

安江是我的一切，我却忘了，对于一辈子都生活在大城市里的您来说，70岁了，一切还要重新来适应。我从来没有问过您有什么难处，我总以为会有时间的，会有时间的，等我闲一点一定好好陪陪您……哪想到，直到您走的时候，我还在长沙忙着开会。那天正好是中秋节，全国的同行都来了，搞杂交水稻不容易啊，我又是召集人，怎么着也得陪大家过这个节啊，只是儿子永远亏欠妈妈您了……其实我知道，那个时候已经是您的最后时刻。我总盼望着妈妈您能多撑两天。谁知道，即便是天不亮就往安江赶，可是我还是没能见上妈妈您最后一面。

太晚了，一切都太晚了，我真的好后悔，妈妈当时你一定等了我很久，盼了我很长，你一定有很多话要对儿子说，有很多事要交代。可我怎么就那么糊涂呢！这么多年呐，为什么我就不能少下一次田，少做一次试验，少出一天差，坐下来好好陪陪您。哪怕，哪怕就一次。

妈妈，每当我的研究取得成果，每当我在国际讲坛上谈笑风生，每当我接过一座又一座奖杯，我总是对人说，这辈子对我影响最深的人就是妈妈您啊！无法想象，没有您的英语启蒙，在一片闭塞中，我怎么能够用英语阅读世界上最先进的科学文献，用超越那个时代的视野，去寻访遗传学大师孟德尔和摩尔根？无法想象，在那个颠沛流离的岁月中，从北平到汉口，从桃源到重庆，没有您的执着和鼓励，我怎么能够获得系统的现代教育，获得在大江大河中自由翱翔的胆识？无法想象，没有您在我的摇篮前跟我讲尼采，讲这位昂扬着生命力、意志力的伟大哲人，我怎么能够在千百次的失败中坚信，必然有一粒种子可以使万千民众告别饥饿？他们说，我用一粒种子改变了世界。我知道，这粒种子，是妈妈您在我的幼年时种下的！

稻子熟了，妈妈，您能闻到吗？安江可好？那里的田埂是不是还留着熟悉的欢笑？隔着21年的时光啊，我依稀看见，小孙孙牵着您的手，走过稻浪的背影；我还要告诉您，一辈子没有耕种过的母亲，稻芒划过手掌，稻草在场上堆积成垛，谷子在阳光中哔啵作响，水田在西晒下泛出橙黄的味道。这都是儿子要跟您说的话，说不完的话啊！

稻子熟了，妈妈，我想您了！

最后，在《生日快乐》歌的旋律下，袁隆平的妻子、两个小孙女以及五位弟子推着蛋糕上场。对此，袁隆平表示很开心、很激动，并在现场当众许下心愿——“在我90岁时，实现亩产1000公斤”，并给现场每位观众和演员每人送上一份大礼——写着“丰衣足食”的精致的瓷饭碗，表达了袁隆平祈愿天下丰衣足食的心愿。

一粒种子就可以改变世界，

一粒种子就可以消除这世界上的饥饿。

当饥饿不再，

世界就会散发出夺目的金色光辉。

当光辉普照，

人类就充满了和平的希望。

愿希望永存、永驻、永放光芒！

主要参考资料

[1] 袁隆平．超级杂交稻亩产800公斤关键技术［M］.1. 北京：中国三峡出版社，2006.

[2] 袁隆平．科学出版社［M］.1. 北京：科学出版社，2010.

[3] 辛业芸．杂交水稻是怎样育成的－－袁隆平口述自传［M］.1. 长沙：湖南教育出版社，2010.

[4] 聂冷著．补天。袁隆平的精彩人生［M］.1. 南昌：江西人民出版社，2009.

[5] 朱仰晴．当代“神农”袁隆平［M］.1. 北京：现代出版社，2010.

[6] 祁淑英．袁隆平的青少年时代［M］.1. 太原：山西人民出版社，2013.

[7] 朱仰晴．“非常”农民：袁隆平［M］.1. 北京：现代出版社，2011.

[8] 祁淑英魏晓雯．袁隆平传［M］.1. 太原：山西人民出版社，2002.

[9] 李昌平．致杂交水稻之父袁隆平先生的公开信［N］．南方农村报，2011－04（1）.

[10] 开学第一课［EB/OL］.

http：//jingji. cntv. cn/20100901/103039. shtml.

[11] 袁隆平谈“转基因争议”［EB/OL］.

http：//finance. chinanews. com/jk/2012/03－13/3737787. shtml.

[12] 稻子熟了，妈妈我想您了［EB/OL］.

http：//www. tesoon. com/read/htm/02/7499. htm.